ダイアローグのことばとモノローグのことば

ヤクビンスキー論から読み解くバフチンの対話理論

田島充士【編著】

福村出版

ヤクビンスキー著『ダイアローグのことばについて』を収録した論文集『ロシアのことば1』(1923)の表紙。装丁はかなり悪く、国外の古書店やオークション等で入手した3冊のうち2冊は、背が壊れ、ページがバラバラになるか補修されていた。全296ページ。

『ロシアのことば1』の目次。『ダイアローグのことばについて』は、96ページから194ページに収録されていることがわかる。全体のおよそ三分の一を占めるヴォリュームである。

『ダイアローグのことばについて』最初のページ。

ヤクビンスキー, L. P. (1892-1945)。『ロシア語百科』(1979) より転載。ロシア・フォルマリズム運動の盟友であるシクロフスキー, V. B. から「額の美しい, 穏やか」な人物と評される (桑野隆 (1979)『ソ連言語理論小史』(三一書房) より)。

1986年に公刊されたヤクビンスキーの論文集。全208ページと比較的コンパクトなヴォリュームである。

1916年発行の『詩的言語論集』創刊号。「実用言語」「詩語（詩的言語）」の違いについて論じたヤクビンスキー『詩語の音』のほか，言語活動におけるほのめかしを分析したポリヴァノフの著名な『日本語の〈音的身振り〉について』も収録。第一次大戦末期，ロシア革命（二月革命）直前の混乱期に発行されたためか，紙質が非常に悪い。シクロフスキーは『詩的言語論集』を出版した当時の紙不足のひどさを回顧し，雑誌が「異様に薄い紙で刊行され，トイレ紙よりも薄かった」と述べた（桑野隆談）。

1917年発行の『詩的言語論集』第二号。「自動現象（自動化）」について論じたヤクビンスキー『実用言語と詩的言語における同一流音の重なり』のほか，「異化」概念を発表したシクロフスキーの著名な『手法としての芸術』が収められている。『詩的言語論集』は，シクロフスキーの父親が住む建物に入居していた名刺専門の小さな印刷所で印刷したため，活字が不足し，印刷用紙一枚分の活字を組んで印刷すると，またそれをばらして二枚目の活字を組まねばならなかったというエピソードが伝わる（シクロフスキー（1972）『革命のペテルブルク』（晶文社）より）。近現代文学研究史上，もっとも重要な文献の一つといえる。

バフチン, M. M.（1895-1975）。
1925年頃の写真。

『В．Д．ドゥヴァーキンのМ．М．バフチンとの対談』(1996) の表紙。最晩年，ドゥヴァーキンによるインタビューを受けた際に撮られた写真。

『文学と美学の諸問題』(1975)

『ドストエフスキーの創作の問題』(1929)

『ドストエフスキーの詩学』(1963)

『小説の言葉』は，バフチンが亡くなった1975年に公刊された『文学と美学の諸問題』において，初めて完全な形の原稿が収録された。第二次世界大戦前に発刊された『ドストエフスキーの創作の問題』は，戦後，大幅に加筆された『ドストエフスキーの詩学』として再発刊された。国際的に広く知られているのは後者であるが，バフチンが若い時期に書いた前者の方が，議論の展開がシンプルで読みやすい。

まえがき

1　本書の企画について

　本書は「ダイアローグ（対話）」および「モノローグ（独話）」概念を軸に，ロシア（旧ソ連）の思想家・バフチンの議論を実践的に読み解くことを目的としている。ただし「実践的」とはいっても，個々の実証的な調査の成果とバフチンの理論とを結びつけて解釈することを，本書の第一の目的とはしていない。むしろ読者が向き合うフィールドにおける諸現象と，バフチンの抽象的な議論・概念を橋渡しする上で有用になると思われる解説を，極力，具体的な事例（特にバフチンがこれらの概念を立ち上げる際に取り上げる文学作品からのものに力を入れている）を紹介しながら行うことを目指している。

　心理学・教育学・社会学などの実証研究を重んじる学問領域において，社会構造の分析や社会実践の効果検証を行う際の理論的ツールとして，バフチンが展開した諸概念を引用する動きはすでに，国内外において定着している。ダイアローグ・モノローグは，その中でも代表的なものといえるだろう。

　しかしこのバフチンのダイアローグ・モノローグ論にかなりの影響を与えているにもかかわらず，上記の学問領域においては，わが国はおろか，西側欧米諸国においても最近まで，あまり注目されてこなかった人物がいる。それが，本書で取り上げるヤクビンスキーである。

　ロシア・フォルマリズム運動の旗手の一人でもあった言語学者の彼が1923年に発表した論文『ダイアローグのことばについて』においては，バリエーション豊富な言語実践の事例紹介を通し，ダイアローグ・モノローグ概念の意味が具体的に肉付けされている。そしてバフチンの主要な著作には，ヤクビンスキーの論が引用されているとおぼしき痕跡（事例を含め）が少なからず認め

られる。

　『ダイアローグのことばについて』の内容を知らない多くの読者にとって，本論文を読んでいることを前提に書かれたかのように思われるこれらのバフチンのテキストを読解することは，かなり困難な作業である。しかし裏を返すならばそれは，本論文に目を通すことで，バフチンの議論の内実をより具体的に理解できるようになる可能性が高まることも意味する。特にダイアローグ（そしてその対概念としてのモノローグ）に関しては，ヤクビンスキーの議論を視点として読み解くことで，バフチン独自の意味づけをかなり明瞭に解釈することが可能になると考えている。

　ヤクビンスキーはこの論文の中で，非常に多くの具体的な事例紹介を交えた論展開を行っている。これらのヤクビンスキーの議論を知ることで，バフチンのダイアローグ論を漠然とした抽象論としての理解にとどめず，読者がそれぞれに向き合う社会実践の分析に役立つツールとして解読することが容易になると考えている。

　しかし『ダイアローグのことばについて』は，これまで邦訳はなされず，多くの日本人にとってアクセスが容易な英語訳（Jakubinskij, 1979; Yakubinsky, 1997, 2016）も抄訳にとどまっている。そのため日本において，英語以外の外国語の知識のない読者がこの論文の思想にアクセスすることはこれまで，かなり困難であった。一方でヤクビンスキーの著作は，昨今，バフチン理論を重視する欧米の研究者を中心に取り上げられ，バフチンの議論を理解する上での重要な基礎的文献の一つになってきている。このことが，本論文の邦訳を主軸に，バフチンのダイアローグ論を実践的に解読するという本書の企画の動機づけになっている。

2　各部の読み方ガイド

　次に，本書を編集・執筆した立場から，各部の読み方についてガイドしてみたい。

　I（第1・2・3部）は，ヤクビンスキーに関する情報を扱っている。

第1部は，本書において中心的に取り上げるヤクビンスキーの主著『ダイアローグのことばについて』の邦訳（田島充士・朝妻恵里子（訳）桑野隆（監訳））である。この論文の冒頭 §1 〜 §12 は，当時のロシアの文芸論・言語論の文脈にかなり引き寄せられた記述になっており，その読解にはエネルギーを要する。具体的なコミュニケーション事例が多く紹介されるのは §13 以降なので，まずはそこからスタートし，その後で §1 に戻ってもいいかもしれない。

　第2部「『ダイアローグのことばについて』解題」（田島充士）では，『ダイアローグのことばについて』における議論の概要を，著者なりの視点から解説するとともに，ヤクビンスキーがこの論文の中で十分に語り尽くせていないと思われるテーマについても発展的に解釈している。

　第3部「言語学者ヤクビンスキー」（桑野隆）では，ヤクビンスキー・バフチンが活躍した当時のロシアの言語学界の事情および，その中に位置づくヤクビンスキー論の特徴について論じている。ヤクビンスキーが具体的に何を見て，何を学び，どのようなことを訴えようとしたのかを解読することは，彼の議論を，現代社会の実践解釈に適用する上でも重要な作業と思われる。

　次のⅡ（第4・5部）では，ヤクビンスキーの理論的視座を意識した，バフチンの諸概念に関する発展的な議論について論じる。これらの部では，バフチンの主要概念を具体的な実践分析の視点に根下ろしすることを目的に，関連する文学作品等からの具体的なコミュニケーション事例をできるだけ多く，文中ないし脚注で紹介している。

　第4部「バフチンによるヤクビンスキーのダイアローグ論の引用と発展的展開」（田島充士）では，ヤクビンスキーの言語論を引用したと思われる痕跡が比較的識別しやすい『小説の言葉』を主な分析対象として，バフチンの議論におけるヤクビンスキーのダイアローグ概念の引用と解釈について論じるとともに，バフチン独自の議論の広がりについても論じている。

　第5部「ポリフォニー・ホモフォニー論の視点からみたダイアローグとモノローグ」（田島充士）では『ドストエフスキーの詩学』を主な分析対象として，ポリフォニー・ホモフォニー概念との関連から，ダイアローグ・モノローグ概

念の解釈の広がりについて検討している。

最後のⅢ（第6部）では，本書の知見の総括を行う。第6部「バフチン－ヤクビンスキー理論の実践的な解釈可能性」（田島充士）では，バフチンおよびヤクビンスキーによるダイアローグ論の実践的な読み解きを行っている。具体的には，著者が関わってきた学校教育を分析対象とした実践研究に焦点を絞り，具体的な研究成果との関係について検討を行っている。本書で論じた概念的な議論を，具体的な社会実践の分析ツールとして活用する際の，一つのモデルとしてご覧いただければと思う。

3　『ダイアローグのことばについて』翻訳の手順

第1部に収録した『ダイアローグのことばについて』の翻訳手順について説明する。翻訳を開始した2014年3月当時，英語訳については断片的な抄訳しか知られていなかったことから，桑野と田島との間で協議を行い，ドイツ語訳（Jakubinskij, 2004）が比較的，オリジナルの文章を忠実に翻訳していることを確認した。そして当初，田島がドイツ語訳から下訳を進めた。また朝妻もロシア語の原稿（Якубинский, 1923）から日本語への下訳を進めていた。これらの下訳をもとに，桑野がロシア語の原稿に依拠して全体的な監修訳を行った。

4　さいごに

ヤクビンスキーの議論を視点としてバフチンの諸著作を読むと，驚くほど，新たな論点を発見することができるように思う。とりわけ，異なる活動世界を背景とする者との生産的な相互交流という，現代に生きる我々すべてにとって重要な課題の達成を支援する方策について考える上で，両者の議論は有用であると感じる。さらに，彼らが引用する多くの会話事例や文学資料などの「データ」もあわせて比較・検討することで，バフチンの抽象的な議論を具体的な社会実践の有り様を分析するためのツールにすることができると考えている。その意味で，ヤクビンスキーのダイアローグ論を検討する作業は，忘れ去られた過去の記憶を掘り起こす回顧というよりもむしろ，バフチンの諸概念を，未来

に向かって走り続ける我々の営為を解釈し得る新たな「実践的理論」として再発見するための知的な冒険といえる。

　本書が多くの読者にとって，各々の課題とする具体的な実証データを分析する「理論」をつむぐ一助になるとすれば，望外の喜びである。

〈補足〉

　田島の担当章は，田島（2010, 2014）およびTajima（2017, 2018）で発表した研究成果をもとに，大幅に修正・加筆を行い執筆している。なお本著書文の執筆に際し，独立行政法人日本学術振興会・科学研究費助成事業・若手研究（B）「大学生の共創的越境力を促進する教育方法・評価法の効果に関する実証的研究（研究代表者：田島充士・研究課題番号：26780353・平成26年採択）」および基盤研究（C）「多文化社会を創造的に生き抜くためのリーダーシップ養成：「異文化跳躍力」の提案（研究代表者：田島充士・研究課題番号：18K03060・平成30年採択）」の助成を受けた。

引用文献

田島充士（2010）．「分かったつもり」をどのように捉えるか：ヴィゴツキーおよびヤクビンスキーのモノローグ論から　ヴィゴツキー学，別巻1, 1-12.
田島充士（2014）．ヤクビンスキー・バフチン・ヴィゴツキーの論にみるモノローグ・ダイアローグ概念の展開：社会集団の斉一性と人格の独自性とをめぐって　ヴィゴツキー学，別巻3, 1-20.
Tajima, A.（2017）. A dialogic vaccine to bridge opposing cultural viewpoints based on Bakhtin's views on dialogue and estrangement. *Integrative Psychological and Behavioral Science*, 51, 419-431.
Tajima, A.（2018）. Inculcating "meta-positions" that enhance understanding in conflictive worlds: A study based on Bakhtin's ideas about dialogic estrangement. In M. Puchalska-Wasyl, P. Oleś, & H. J. M. Hermans（Eds.）, *Dialogical Self: Inspirations, considerations, and research. Selected papers from the 9th International Conference on the Dialogical Self, 7-10 September 2016, Lublin, Poland*（pp. 95-112）. Lublin: Towarzystwo Naukowe KUL.
Якубинскии, Л. П.（1923）. О диалогической речи. В Щерба Л. В.（ред.）, *Русская речь.* 1, Петроград, С. 96-194.
Jakubinskij, L. P. Knox, J. E., & Barna, L.（Trans.）.（1979）. On verbal dialogue, *Dispositio*, 4, 321-336.
Jakubinskij, L. P. Hommel, K., & Meng, K.（Trans.）.（2004）. Über die dialogische Rede. In K. Konrad & K. Meng.（Hrsg.）, *Die Akutualität des Verdrängten: Studien zur Geschichte der Sprachwissenschaft im 20*（pp. 381-433）. *Jahrhundert*. Heidelberg: Synchron.
Yakubinsky, L. P. Eskin, M.（Trans.）.（1997）. On dialogic speech. *Publications of the Modern Language Association of America*, 112, 243-256.
Yakubinsky, L. P. Eskin, M.（Trans.）.（2016）. *On dialogic speech*. New York: Upper West Side Philosophers.

目次

まえがき　ix

I　ヤクビンスキーについて　1

第1部　ダイアローグのことばについて　2

第1章　ことばの機能の多様性　2
第2章　発話形式　18
第3章　直接的な形式について　20
第4章　ダイアローグの自然さとモノローグの不自然さ　28
第5章　口頭のモノローグや書かれたことばによる
　　　　モノローグと比較した場合のダイアローグに関する所見　34
第6章　ことばの知覚における統覚の契機　39
第7章　日常的なパターンとダイアローグ　55
第8章　ダイアローグとことばのオートマチスム　63

第2部　『ダイアローグのことばについて』解題
　　　　── 異質な文脈へ開かれたコミュニケーションの実現を目指して　80

第1章　『ダイアローグのことばについて』のねらい　81
第2章　直接的形式・間接的形式とダイアローグ形式・モノローグ形式　82
第3章　様々な「社会的方言」をうみだす「統覚量」という契機　84
第4章　時間・空間を隔てた話者同士をつなぐ
　　　　モノローグ形式のコミュニケーション　88
第5章　自然なダイアローグ・人工的なモノローグ　91
第6章　個人の思考世界と社会集団の多様性・斉一性との関係　95
第7章　ヤクビンスキーが価値づける話者のコミュニケーション能力の姿
　　　　98

第8章　まとめ：ヤクビンスキーが投げかける課題と
　　　　　バフチンの議論との関係　116

第3部　言語学者ヤクビンスキー　120
　第1章　詩的言語　120
　第2章　ヤクビンスキーの生涯　128
　第3章　言語活動の多様性　134
　第4章　ヤクビンスキーとバフチン・サークル　140
　第5章　おわりに　143

II　バフチンについて　147

第4部　バフチンによるヤクビンスキーの
　　　　　ダイアローグ論の引用と発展的展開
　　　　　——『小説の言葉』を中心に　148
　第1章　バフチン・サークルの著作とヤクビンスキーのダイアローグ論　149
　第2章　『小説の言葉』にみるバフチンの世界観　153
　第3章　バフチンが価値づけるコミュニケーションの姿　161
　第4章　異化の観点からみたラズノレーチエ・小説の言葉　170
　第5章　まとめ　187

第5部　ポリフォニー・ホモフォニー論の視点からみた
　　　　　ダイアローグとモノローグ
　　　　　——『ドストエフスキーの詩学』を中心に　192
　第1章　小説のジャンルとダイアローグ　192
　第2章　ドストエフスキーの方法　212
　第3章　「同意・一致（ソグラシエ）」と他者への「信頼」　231

xv

第4章　まとめ　237

III バフチン−ヤクビンスキー理論の社会的実践への示唆　243

第6部　バフチン−ヤクビンスキー理論の実践的な解釈可能性
―― 教育実践研究を事例として　244

第1章　バフチンとヤクビンスキーによるダイアローグ・モノローグ論の総括　245

第2章　バフチンとヤクビンスキーのダイアローグ論を接続した言語交流モデルの提案　247

第3章　学校教育におけるダイアローグを価値づける　250

第4章　まとめ　259

あとがき　261

索引　265

I

ヤクビンスキーについて

第 1 部

ダイアローグのことばについて[1]

L. P. ヤクビンスキー 著

田島充士・朝妻恵里子 訳　桑野 隆 監訳

第1章　ことば[2]の機能の多様性

§1　言語活動の多様性[3]

　人間の言語活動とは，**多様な**現象である。この多様性 многообразие は，（個々の社会グループの方言，さらには個人的な方言までも含んだ）無数の言語，大小の地域方言などが存在するということにのみあらわれているのではない[4]。当の言語や方言の**内部**にも（個人の方言の内部にさえ）多様性は存在しているのである。こうした多様性は，さまざまな要因（ファクター）が複雑に入り組んだ結果生じており，人間のことばはこうした要因と相関関係にある。**これらの要因を考慮に入れずしては，またそれらに機能上対応していることばの多様性を研究せずしては，生き生きとした知覚に直接に与えられている現象としての言語の**

1　原注は論文末にまとめる一方，訳注は脚注で示すことにする。
2　「ことば」の原語は речь（独 Rede，英 speech，仏 parole）。現在のロシアの言語学においてはソシュールの「ラング」には язык，「パロール」には речь があてられている。この区別自体は，ヤクビンスキーの師ボードアン・ド・クルトネによって1870年頃になされていたものの，1920年代のロシアでは用語として明確に区別されておらず，著者や著書によって речь の定義は様々である。ヤクビンスキーのこの論文でも幾通りかの意味で使われているが，この訳では「ことば」という訳語に統一した。ただし，この形容詞 речевой は「言語……」，「言語的」と訳している場合もある。例えば речевая деятельность は「ことば活動」ではなく「言語活動」と訳した。
3　各節の小見出しは，原文になく，訳者が付したものである（以下も同様）。
4　地域的方言だけでなく，階級・職業・集団などに特有の社会的方言にも注目するのは，ボードアンの教えを受けたペテルブルグ学派（ヤクビンスキー，ポリヴァノフ，シチェルバ等）の特徴のひとつである。

研究も，また言語の起源や「歴史」の解明も，不可能である。[5]

§2　心理的要因と社会的要因

　言語とは，人間の**行動**のひとつである。人間の行動は，人間という有機体の現れとしてみれば**心理学的（生物学的）**事実である一方，人と人とが**相互**に作用しながら共同で暮らしているということに依存した現れとみれば，**社会学的**事実でもある。

　このことからも明らかなように，上記の要因には，**心理**面の要因と**社会**面の要因があることになろう。[6]

§3　ことばと心理

　ことばが心理に左右されることからすれば，次のような基本的変種を区別することが不可欠となる。すなわち，一方では，人が**通常**の状態にあるときのことば，**病的な**状態にあるときのことば，**変則的な**状態にあるときのことば。他方では，**情緒的契機** эмоциональный момент の影響が勝っている場合のことばと，知的契機の影響が勝っている場合のことば（原注1）。

　こうした変種のすべてを（人が変則的な状態の場合だけを除いて），現代言語学は十分に**考慮に入れている**。だが，残念なことに，ただ考慮に入れているだけであって，上記の要因のうちの何が変種を規定しているかという観点から言語現象を具体的に研究した例となると，**ほとんど見られない**。これまでのところ，言語学と言語病理学のあいだには交流がなく，また情緒的な言語現象も研究されておらず，語の使用法の分野を除くと，この問題に関する資料さえ集められていない。また語の使用法の分野にしても，満足のいく結果が得られているとはとうてい言えない。さまざまな情緒的状態が**発音**に及ぼす影響もまっ

5　ボードアンは，ソシュールに先行して，共時態と通時態の区別の必要性を説いていた。
6　ペテルブルグ学派は，言語の心理面と社会面を考慮に入れていた。モスクワ言語学サークルのヤコブソンから見れば，ペテルブルグ学派はこのように心理面を重視していたがゆえに，言語を内在的に研究する姿勢を徹底できず，「構造主義者」になりきれなかった。ちなみに，ヤクビンスキーは本論文の直後から，もっぱら社会面を重視する方向に変わっていく。

たく研究されていないが、こうした研究は史的音韻論にとってきわめて興味深いものとなりうる。だが史的音韻論は、この分野では沈黙を強いられているか、さもなくば拙論『詩語の音について』(原注2)で引用したような、偶発的で説得力の乏しい見解に留まっている。**統語論**の分野も、この点ではまったくおなじような研究状況にある。

言語学でとりわけ状況が芳しくないのは、人が**変則的な**状態にあるときのことばに関してである。なかでも、抒情詩を創作する際の言語活動がそうである。この分野での問題解明はきわめて重要なものとなろう。解明された場合には、抒情詩のことばのなかに、**芸術上の理由から生じたのではなく**、人の特別な変則的状態が影響して生じたような特徴が取りだせる可能性がある。

§4　ことばと社会

社会学的性質の要因に関しては、次のような分類が可能である。第一には、**慣れ親しんだ（諸）環境のなかでのコミュニケーション** общение в привычной среде **という状況**、および**不慣れな（諸）環境との相互作用**（インタラクション） взаимодействие с непривычной средой **という状況**が、考慮に入れられなければならない。第二に、**コミュニケーションの形式**、すなわち**直接的なコミュニケーション形式** непосредственная форма общения と**間接的なコミュニケーション形式** посредственная форма общения、**一方通行的なコミュニケーション形式** односторонняя форма общения と**相互的なコミュニケーション形式**

7　この論文は、『詩語の音について』という題で冒頭部分が日本語に訳されている（『ロシア・フォルマリズム論集』現代思潮社、1971）。ただし、原文全体はこの5倍ほどの長さであり、ここでいう「偶発的で説得力の乏しい見解」にあたる箇所は訳されていない。その箇所には、情緒が音にもたらす影響に触れたフォスラー、バイイその他の見解が挙げられている。
8　ヤクビンスキー『詩はどこからあらわれるか』(1921)には、「夢、エクスタシー、精神的病は、まさにそのような意識の変則的な状態であり、そのもとでは幼児的な言語体験が再びあらわれ、意識的な言語やその残骸と組み合わさって新たな種類の言語的現れをつくりだす。こうした説明方法を詩に適用したい誘惑にかられずにはいられない」とある。Якубинский, Л. П. *Избранные работы: Язык и его функционирование*, М., «Наука», 1986. С .195.
9　「コミュニケーション」と訳した общение は、バフチン・サークルの著作の桑野訳では原則として「交通」という訳語を当てている。

перемежающаяся форма общения（これについては本稿で後述）が，考慮に入れられなければならない．第三に，**コミュニケーション**（および発話высказывание）の目的，すなわち**実用的な目的** практическая цель と**芸術的な目的** художественная цель，**中立的な目的** безразличная цель と**説得的な（鼓舞する）目的** убеждающая цель，さらに説得的な目的の場合には，**知的に説得する目的**と**情緒的に**説得する目的が，考慮に入れられなければならない．

　あらかじめ断っておくが，以上の分類は決して最終的なものではない．この分類は，ことばが機能面で複雑に条件づけられているというきわめて重要な問題の提起に，少しなりとも近づくのに寄与できるようめざした，まったく**予備的な**ものでしかない．

§5　コミュニケーション条件との関係

　言語を**コミュニケーション条件**に依存するものとして考察することは，現代言語学の基礎となっている．現代言語学が解明し，記述し，起源を研究している（言語と方言を含んだ意味での）方言の複雑な多様性は，何よりもまず，コミュニケーション条件の結果であると同時に，そうした条件も関連した（地域，民族，国家，職業などによる）種々の特徴にもとづく種々の社会集団——互いに複雑に作用しあう集団——の形成の結果でもある．もちろん言語学はこの点に関してまだ結論を下してはいないが，（上記のような広義での）**諸方言の研究という分野**での成果には多大なものがある．

　しかし留意すべきことに，言語を環境の現象，および環境どうしの相互作用の現象として研究するという面では，基本的ともいえる問題すら提起されてい

10　ロシア・フォルマリズムの詩学運動において重要な役割を果たした「実用言語」と「詩的言語」の区別は，ヤクビンスキーが『詩語の音について』(1916) においてはじめて理論化した．詳しくは，本書第3部の『言語学者ヤクビンスキー』を参照．

11　ここからもわかるように，ヤクビンスキーは，「実用言語」と「詩的言語」の区別にとどまらず，実用言語をさらに区分している．『レーニンにおける高尚な文体の格下げについて』(1924) などにおける「演説のことば」の特徴への注目もそのひとつの例である．ちなみに，「実用的な目的と芸術的な目的，中立的な目的と説得的な（鼓舞する）目的」に関連した内容は，本論文ではほとんどとりあげられていない．

ない．すなわち，**心理学的**観点および（広義の）形態学[12]的観点から見て，発話や言語的コミュニケーションが**当該**の慣れ親しんだ環境における**コミュニケーションの条件**によってどの程度条件づけられているのかという問題である．これは，いまだ解決されていないアクチュアルな課題である．実際のところ，こうした問題が解決されてはじめて，**さまざまな言語環境の相互作用**という問題も十二分に検討されよう．

§6　発話の目的

言語学は，発話の**目的**[13]に関する問題にあまり注意を払ってこなかった．この問題をまったく無視してきたと言っても，過言ではなかろう．いずれにせよ，「青年文法学派」に代表される伝統的な言語学に関しては，こう言っても間違いはない[14]．

とはいえ，目的の違いにもとづいた多様性が，学問の問題として浮上してきていた一連のケースもあげられる．ときとして，例えば詩の理論のような派生的な部門や，あるいはいわゆる言語「哲学」のような言語学の特殊な分野などで浮上していた．

最近では，科学的な詩学を構築しようとする試みと関連して[15]，目的の相違が引き起こすことばの多様性が再び関心を集めている．しかし，この問題に関して決定的とも言えるほど貴重な見解となるとまだひとつも見られない．

12　「形態学」はここでは，統語論，形態論，音韻論等のような言語研究の一レベルを指しているのではなく，生物学の一分野であり，生物の構造と形態に関する学問の意味で使われている．

13　本書第3部の『言語学者ヤクビンスキー』123頁を参照．ヤコブソンの『最新ロシア詩』(1921)では「目的的志向」という表現が使われている．

14　言語学（とくに青年文法学派）は，言語研究にあたり，「原因」を重視し，「目的」に関心を払ってこなかった．

15　ロシア・フォルマリズム Русский формализм の試みを指している．フォルマリストのひとりヤコブソンによれば，「つい最近まで芸術史，とりわけ文学史は学問ではなくて，言わば雑談(causerie)であった」(「芸術におけるリアリズムについて」『ロシア・アヴァンギャルド⑥ フォルマリズム』国書刊行会，1988年，49頁）が，フォルマリストたちが「詩学の領域において，多様な機能を担う言語に関する科学的思考の発展に実質的に寄与した」(「詩的芸術の学にむけて」同書，332頁）．

§7 フンボルト

　すでにフンボルト（原注3）は，機能面から見たことばの多様性をいくつか指摘している（ときには言及だけではあるが）。かれは，まず二つの異なる言語現象として「**韻文** поэзия」と「**散文** проза」を対置している。しかし，この区別はあまり明白ではなく，言語の分析も伴っていない。ここで指摘されているのは，韻文と散文は「全般的な要求」の点においては，おなじ条件にしたがっているが，その「**方向** направление」（目的？）および「**手段** средство」（形態学的特性？）においては，「互いに異なり，本来，けっして融合することはない」ということである。また，「韻文は……音楽と不可分の関係にある」のに対して，「散文はもっぱら言語に頼りきっている」ということも指摘されている（原注4）。この場合，「韻文」という語で理解されているのは，明らかに詩である。散文に関してはフンボルトは，「言語は実際の使用に際して**自身の長所**を利用するだけでなく，その長所をここでの中心的な**目的**に従属させてしまうのである」（原注5）と指摘している。「散文においては，文の従属や組み合わせによって，**まったく独自の仕方で，思考の展開に照応した論理的な**律動的な調和が生まれてくる。この調和のなかにあって散文のことばは……**目的に応じて調整されている**」（原注6）。韻文と散文の違いは，「芸術」と「自然さ」，「韻文の芸術的形式」と「散文のもつ自然なままの単純さ」という対立する概念においても，明らかにされている。フンボルトは「韻文と散文の相関関係や，その両者の内外二面の類似性」（原注7）に関しても言及し，人々の「散文的な気分」が盛り上がってくると「**文字の助け**」を必ず求めるにちがいないこと，また「韻文の発展過程においては，**文字を用いるか用いないかで区別される二つの異なった種類の韻文が成立する**」（原注8）ことについても言及している。フンボルトは，純粋な言語分析に関しては何も提起していないが，それにもかかわらず，「韻文でも散文でも言語は，表現の選択や，**文法形式**の用い方，

16　括弧内のことばは，ヤクビンスキー自身によるもの。ここでヤクビンスキーはフンボルトが用いている「方向」「手段」を，「目的」「形態学的特性」と読み替えている。

語の結合の仕方などにおいて，それぞれに独特の特性を持っている」（原注9）と述べている。

「散文」と「現実」の相関関係に関してフンボルトが主張しているところによれば，散文は，現実のたんなる描写に限ることはありえないし，観念や感覚を**喚起**せずにいわば事実の**伝達**にのみ仕えて完全に**表面的な目的**にのみ留まっているようなことはありえない。もしそうだとしたら，散文は**普通の口語**と変わらないことになってしまう（原注10）。ここでは，機能面から見たさらにもうひとつのことばの変種が設けられており，別の箇所でフンボルトはこの概念（普通の口語）を詳細に検討し，「**教養豊かで思慮深い会話** образованный и обильный мыслями разговор」と「**ありきたりの日常の雑談** повседневная или условная болтовня」（原注11）とを区別している。フンボルトはさらに，「学問的散文 ученая проза」の言語を取り出している。フンボルトによれば，「まさにこの"学問的散文"言語が，**概念**の確立や区別をするための最終的な決定をしたり，**言わんとする目的**を表現するために**文やその構成要素**を最も純粋なかたちで選び取ったりすることができる」（原注12）。言語には，「厳格さ」そして「最高度に**明晰にする力**という性格があるとされている。他方では，学問という領域で言語を用いようとすると，冷たいと思われるほどの飾り気のなさが必要となり，統語論的構成では，**凝った言いまわし……**を避けることが必要とされるのである。このように，学問的散文の調子は，上述した散文の調子とはまったく異なったものである。この場合，**言語は自身の自立性を主張することなく**（強調はヤクビンスキー），できる限り思考に適応し，思考と共に歩み，思考をあるがままに描き出さなくてはならない」（原注13）。興味深いことに，アリストテレスの言語の特徴をそのときの「思考方法や研究方法」そのものからではなく「精神」という個人的特性から導きだそうとしている者たちと論争するにあたり，フンボルトは，この「学問的言語」の**機能が考慮されて**[17]

---

17 「アリストテレスの言葉遣いが，どちらかと言えば優美さに乏しくて飾り気もなく，固い言語であるということは否めないにしても，それは，彼が生来無味乾燥な人間で，いわば精神が困窮した状態にあるからだと思ったりすれば，とんでもない誤りを犯す羽目に陥りかねない」。

いることを強調しているかに見える。すなわち，フンボルトは，アリストテレスが音楽や詩に取り組んでいたことや，アリストテレスが残した「詩的な昂揚にみちた」讃歌や，『倫理学』のいくつかの箇所を挙げている。フンボルトは，「アリストテレスの言葉遣い」と「プラトンの言葉遣い」を，「相異なる方法」，二人の発話のいわば相異なる目的論とむすびつけて，対照させている。アリストテレス個人は，「詩的ことば」とならんで「学問的」ことばも持ち合わせていた。つまり，これは，一個人の内部に存在する**機能的多様性**である。

フンボルトは「学問的散文」に言及するにあたり，その「**まったく特殊な美しさ**」を詳細に検討している。その美しさとして，「フィヒテやシェリングの著作に見られる哲学的言語や……，一部ではあるが，驚くべき美しさのカントの著作における哲学的言語」（原注14）が挙げられている。さらには，フンボルトは，「雄弁」の散文についても触れている。すなわち，特別な変種として**演説のことば**を取りだしているのである（原注15）。

§8　アリストテレス

「韻文」と「散文」の区別に対する言語学的アプローチや，言語の特別な変種としての詩的言語の抽出に対する言語学的アプローチに関しては，かなり重要な資料が詩人たちの証言から得られよう。この問題は，「言語作品の理論」においても，アリストテレスに端を発し，つねに浮上してきている。ただし，言語学的に説得力のあるものはきわめて少ないため，すべてをあとづける必要はない。ここでは，アリストテレスがこの点に関して語っていることにのみ言及しておきたい。というのも，（私の知る限り），『詩学』におけるこの箇所は簡潔であるにもかかわらず，上記の伝統の**淵源**となっており，アプローチの明晰さや事実の正確さは今日もなお色あせていないからである。

アリストテレス『詩学』の第二章（原注16）で述べられている見解を見て

　　原注3にあげた邦訳の313頁。
18　アリストテレスは，論理的な記述を目的とした「学術言語」だけでなく，美的な効果をもたらすことを優先して内容よりも言葉そのものに注目させる「詩的言語」も使いこなしていた。

みよう。

　アリストテレスは言語の二つの「優秀さ」，すなわち「明瞭さ」と「高尚さ［平凡でないこと］」を区別している。明瞭さは，「単純で自然な語や表現の使用によって得られるが，と同時に，月並みな言いまわしに陥りやすい」。「他方，凝った言いまわしは，**日常の衣裳を投げ捨て，祝祭的な外見を添える**」［他方，重々しさがあり，凡庸を避ける文体は，聞きなれない語を使うことによって生まれる］。[19]「凝った言いまわしとは，借用語，隠喩的表現，長めの表現，**その他日常の語とは違ったすべての語**のことである。けれども，凝った言い回しばかりでは，謎になったり異国語となるおそれがある」［聞きなれない語と私がいうのは，稀語，比喩，延長語，そのほか日常語とは異なった語のすべてである。しかし，もし人がこのような語だけを使って詩作するなら，その作品は謎になるか，あるいは異国人の物言いになるであろう］。……「したがって，うまくこの二つの成分を混ぜ合わせねばならない。実際には，**月並みに用いられる**語によって言語は明瞭になり，外来語，隠喩的表現，修飾語やそのほか先に述べた語によって言語は月並みな言いまわしを避けて，高尚になるのである」［したがって文体は，日常語とそのほかの語をある仕方で混ぜて使うことが必要となる。なぜなら，稀語や比喩や修飾語やそのほか上に挙げた種類の語は，平凡でもなく平板でもないものをつくり出すであろうし，他方，日常語は明瞭さをもたらすだろうから］。

　「言語の明瞭さと高尚さを保つのに少なからず役立つのは，語形を長くしたり，切って縮めたり，**語をさまざまに変形したりすること**である。このような語は，その変化した響きでもって，**日常性**の痕跡を失う」（原注17）。アリストテレスは，詩的言語に必須の属性として，「凝った表現，隠喩的表現，そのほか比喩的言語のさまざまな種類」を挙げるとともに，例を引きながら「それらを**日常的なことば**に置き換える」ことを提案している。例えば，アリストテレスは，アイスキュロスとエウリピデスがおなじイアンボスの韻律［短長格］を用いた

19　アリストテレスを扱ったこの節では，露訳とかなり違う箇所は邦訳を［　］に入れて添えた。

詩を例に挙げ，「**一般に用いられる**語のかわりに，たった一語を**凝った**語に置き換えただけで，一方［エウリピデス］の詩はすばらしいものとなり，他方［アイスキュロス］は平凡なものとなる」(原注 18) と述べている。さらにアリストテレスは，**日常会話で誰も口にしないような表現**を悲劇役者たちが使っているとからかっているアリプラデースとも，論争している。アリストテレスによれば，「こうした表現のすべては**日常会話**のなかに存在しないからこそ，平俗さを破る表現なのである（すなわち，詩的な表現である――ヤクビンスキー）。きわめて重要なのは，合成語，凝ったことば，そして**詩的言語** поэтический язык のあらゆる種類を巧みに利用することであり，そして何よりも，比喩的言語に通じることである」(原注 19)。興味深いことに，アリストテレスは詩的言語の特性を問題にするにあたって，言語のあらゆる「側面」――すなわち，音声学（「変化した響き」，詩行における位置），語形成論（「合成語」），語法（一般には用いられない語），意味論（隠喩，修飾語）――に言及している。アリストテレスは，リズムを特権扱いしておらず，詩と散文を対置させる区別に裏付けを与えていない。すでに第 1 章で，「韻文にとって材料となるのは**言葉だけ**であり，散文か詩か，二つ以上の韻律で書かれた作品かひとつの韻律で書かれた作品かは，どちらでもよい」［言葉だけを用いるか，あるいは韻律を伴う言葉を用いる表現がある。韻律を伴う場合には，二つ以上の韻律を混用するか，一種類のみの韻律を使用する。しかしこの言葉による再現には今日まで名称が欠けている］と述べている。さらにアリストテレスは，「詩を韻律ではかる」ような「形式的な方法」（当時もそのような者たちがいた！）の代表者たちと論争すら行っており，ホメロスとエンペドクレスをひとくくりにしている（原注 20)。

これまで述べてきたことから明らかなように，アリストテレスは「形象性〔イメージ〕」を特権視していない。[20]アリストテレスは，隠喩（および形象性）に関して論

---

[20] 「ポテブニャとその多数の弟子からなる学派は，詩を一種の思考，つまり形象（イメージ）の助けを借りた思考とみなす。……ともあれ，イメージによる思考は，あらゆる種類の芸術とむすびつける要などではないし，それどころか，言語芸術の範囲にかぎってみてもそのすべての種類をむすびつけるものなどではない」（シクロフスキイ「手法としての芸術」『ロシア・アヴァンギャルド⑥　フォルマリズム』20 頁)。

じる際も，言語面の検討に留まっており，詩人固有の特別な思考を分析するのではなく，隠喩を「**日常的なことば** обыденная речь」に対置している。また，『詩学』の別の箇所では，隠喩がほかの言語現象と同列におかれている。「名辞には，広く用いられているものもあれば，他の方言から借用されたものもあり，**隠喩的なもの**もある。また，装飾に役立ったり，新たに考え出されたり，長くしたり，短くしたり，変化したものもある」［名づけ言葉は次のいずれかである。(1) 日常語, (2) 稀語, (3) 比喩（転用語）, (4) 修飾語, (5) 新造語, (6) 延長語, (7) 短縮語, (8) 変形語］。たしかに，アリストテレスは「もっとも重要なのは，比喩的言語に通じることである」［とりわけもっとも重要なのは，比喩をつくる才能をもつことである］と述べているものの，すぐあとの箇所で理由を，「**詩のあらゆる美しさのうち，ただその比喩的言語だけは学んで得られるものではない**」［これだけは，他人から学ぶことはできない］からであると断っている（原注 21）。そのあとまたすぐに，「合成語」「凝った語」などといった話題に移っている。アリストテレスは，詩的言語に共通する概念を定めるにあたり，**詩的言語** поэтическая речь を**日常会話**に特有の言語――**毎日の，日常的な，一般に受け入れられ，一般に用いられている言語**――と一貫して対照させながら分析し，**ことばのあらゆる側面**を考慮に入れている。また，詩的言語の解釈においては日常言語との対比に立脚している。注目すべきことに，アリストテレスは，詩的言語のどの現象においても日常言語の存在が不可欠であるとみなしている。というのも，そのおかげで明確になり理解が可能になるからである。他方，詩的言語の上記のような**独自性**や本質的特徴を，「高尚さ」というカテゴリーにまとめている。

　もう一度強調しておくが，アリストテレスには，問題に対する客観的で，ことばにのみ関するアプローチ，いわば言語学的アプローチそのものが見られる。アリストテレスは，詩的言語の現象を分析するにあたり，まさにことばの特性の観点からアプローチしており，**言語外的な**要因，例えば思考の特性，特別な「精神的意図」その他から，「詩的言語 поэтическая речь」という概念に向かおうとはしていない。このような研究姿勢は，偏していて或るひとつの契機（例

えば,「形象性」)のみの強調にすっかり陥ってしまっているはるか後世の詩学体系の多くには見られない。このテーマに関するアリストテレスのほかの著作がわれわれの手には入らず,『詩学』さえも省略, 要約された異本でしか届いていないのは, かえすがえすも残念である。

§10 機能の多様性の無視

　青年文法学派に代表される時期の学問的な言語学には, フンボルトによる上記の区別すら見いだせないであろう。青年文法学派からすれば, フンボルトは「最近の研究者たちにもっぱら精神面で影響を与えている」(原注22)言語学者であるか, あるいはフンボルトの意義は「言語の生の一般条件に関する問題の研究を……心理学の領域へ決定的に移行させた」(原注23)ことに尽きる。

　フンボルトが触れた, ことばの機能の多様性に関する問題は, 言語の方言学的(原注24)研究の際には本質的でないと思われていたため, 浮上しないままにあった(もちろん, こうした立場には同意できない。機能言語学の発展は, まちがいなく,「方言学者」たちの学説に数多くの修正をもたらすであろう)。また, たとえ言語事象の単なる観察という面でこの問題とたまたま直面したことがあったとしても, 青年文法学派は, そこに立ち止まることはなく, しかるべき事実を適切な研究対象とはみなさず, この問題を素通りしてしまっていた。「すべての言語, すべての方言はもっとも未開で非文化的な民族のものですら, 学問にとっては等しく価値を有している。いずれにしても, 後者の言語や方言は, 教養ある民族の標準語よりも学問的研究に値する対象である。言語学者にとっての標準語は, 植物学者にとっての温室育ちの植物とおなじことである」(原注25)。そもそも「標準語」というのは, 言語に対する機能的なアプローチの必要性をとりわけ明確に強調している概念であり, またそれゆえにこの概念には言語学上のかなりの混乱がまとわりついている。トムソンのおなじ本から

21　とりわけ, ポテブニャに依拠する象徴主義者の詩論を念頭においている。
22　第9節がなく, 第8節のあとに第10節がきている。

何箇所か引用しよう。XI章（「人工言語」）では，「民族共通語」の特徴について こう述べられている——「民族共通語とは，当該の民族の教養層における，**文学**，学校，行政，仕事，私的つきあいの言語である。……しかし，こうした教養層の**口頭上の**つきあいの民族共通語を，その民族の**文学**の言語，または**文章語全般**と**完全に**同一視してはならない。というのも，書かれたことばによる叙述では，ふつう，口頭でのことばでは不自然と思われるような語や表現，構文が用いられるからである」（原注26）。

このわずかな引用になんと多くの混乱があることか！ トムソン教授は，「温室の」問題を簡単に「片づけ」，自己矛盾にすら陥っている。「民族共通語」は，はじめに「文学」の言語でもあるとされていたのが，あとでは文学の言語とは異なるとしている（「**完全に**（！）同一視してはならない」）。

「文学の言語」と「文章語全般」のあいだのこの「または」は，きわめて特徴的である。「文学の言語」という術語には**何の正確な内容**も含まれていないことが，歴然としている。「口頭のことば」という術語は，「口語」の意味で用いられている。というのも，そうでなければ，「不自然」の箇所は理解できないだろう。確かに，十分な知識を持ち，入念な観察力のあるこの研究者に，フンボルトが「精神面で」しか影響を与えなかったということは，おそらく惜しむべきことであろう。実際，ことばの機能面での多様性について言えば，学問的な言語学はいまだ学校文法との感動的な団結状態にある。他の点では，学校文法から懸命に手を切ろうとしているにもかかわらず。例えば，学校文法は「ロシア」語の統語論を研究するにあたり，口語からも「散文」からも「詩」からも，区別なく例を挙げている。しかし，学問的な言語学も，学校文法からほとんど離れておらず，グリボエドフやゴーゴリを材料として「文学の・標準の」言語の統語論の研究が可能であるとしている。

ここでは，相変わらず概念の完全な混同がまかりとおっている。

混乱の**古典的な**例となっているのが，「イギリスの労務者」の語彙，古代ペルシアの銘文の語彙，「高等教育をうけた教養のある人」の語彙，「物書きの思想家」の語彙，ユダヤの旧約聖書の語彙，そしてシェイクスピアの語彙を数値

化する有名なやりかたである。こうした「さまざまな言語」の語彙に関する数値は，対比され，何かを示しているものとみなされているが，実際には，次元の異なる数値を比較している一目瞭然の例であって，アルシン［ロシアの長さの単位。0.71 メートル］とフント［ロシアの重さの単位。409.5 グラム］を加算しているようなものである。

§11　ポテブニャ

　言語学は機能の多様性を無視しているために，事実のまえでは無力であるという例を，これ以上挙げるつもりはない。要するに，このような現象面での問題提起そのものが言語学には**無縁**であって，一般言語学に関する著作はこの問題には**触れていない**。すでに指摘したように，言語学者のまえにこの問題が浮上したのは，言語学者が詩の問題に関心を持ったときであったが，そうしたことはさほどひんぱんに起こったわけではなかった。この点では，ロシアの言語学の場合，ポテブニャについて特筆しておく必要がある。ポテブニャは，言語における「詩的」要素と「散文的」要素の存在を指摘していた。これは，こうした問題に関する研究としては今日では物足りないとはいえ，ポテブニャの大きな功績となっている。[23]

　さらにつけ加えるならば，**生きた方言**の研究者たちも，言語学的には準備不足の点があったとしても，われわれが関心を寄せている問題に，ときとして興味深い材料を提供してくれている。ここには，**日常の口語**と**詩的作品**の語彙の不一致に関するかなり多くの裏づけも含まれる。ただし，こうした事実は自覚されておらず，たとえ（詩的語彙の「古くささ」や，文学の影響や，歌の「放浪的性格」などによって）説明されていたとしても，事の本質から外れてしまっている。

23　ポテブニャは，「詩的要素」と「散文的要素」の違いを形象性の有無で説明しており，詩的言語が言語そのものに関心を集中するという点には注目していない。

§12 ロシア・フォルマリズム

　目的から見た言語の多様性に対する興味と関心は、わが国では最近になって再び、韻文の問題とむすびついて浮上してきている（原注27）。

　こうした点は、『詩的言語論集』の第1号（ペトログラード、1916）と第2号（1917）、（新たな論考を加えた）論集『詩学』（ペトログラード、1919）で検討されていた。

　『詩的言語論集』では詩的言語が関心の的であったため、当初は、言語における二つの機能的な変種、すなわち**実用言語** практический язык と**詩的言語** поэтический язык が取り出されていた。その際、分類の契機となっていたのは、目的という契機である（原注28）。この区別には、双方のケースのかなり表面的ではあるが心理学的な特徴づけが伴っていた。のちになってようやく『論集』の参加者たちが出版物においても指摘せざるをえなくなったように、「実用言語」という術語は、ことばのきわめて多様な現象を覆い隠しており、無条件にそれを用いることはできない。日常の**会話**の言語や、**学術的・論理的言語**、その他を区別する必要性が指摘されたのである。この点では、おそらくモスクワ言語学サークル、とりわけヤコブソンの貢献が大きいだろう。モスクワ・サークルによる区別については、**ヤコブソン**の著書（原注29）や**ジルムンスキー**の著作（原注30）から判断することができる。残念なことに、両者の研究とも、これらの問題はことのついでに触れられているだけで、多くの点が不明なままにある。

　興味深いことに、上に挙げたようないくつかの著作で設けられた機能上の区

24　「創造的語彙結合の活動は……自己目的となっており、活動自体が、それを実現している者たちを満足させる。……それ自体で価値があるように思われるこのような人間活動を、みずからにとって局外の目的を追求しており、これらの目的の達成手段として価値のあるような活動と区別しなければならない。」(Якубинский, Л. П. О поэтическом глоссемосочетании. (ヤクビンスキー「詩的語彙結合について」), Поэтика: Сборники по теории поэтического языка, Пг., 1919. C. 12.

25　本書第3部『言語学者ヤクビンスキー』123-125頁を参照。

26　ロシア・フォルマリズム運動は、ヤクビンスキー、シクロフスキー、エイヘンバウム、トゥイニャノフ等からなるペテルブルグのオポヤズ（詩的言語研究会）と、ヤコブソン、ボガトゥイリョフなどからなるモスクワ言語学サークルによって、展開された。

別——すなわち，口語，詩的言語，学術的・論理的言語，演説の言語——は，すでにフンボルトが提起していた（上記を参照）。

§13 なぜ発話形式か

以下のところでは，発話**形式**に関する問題を扱うことにする。ほかでもないこの問題をとくに取りあげるのは次のような理由からである。まず第一に，この問題は，言語的表出の多様性という事実をめぐる最近の論議では，**目的**という契機（モスクワ言語学サークルの術語では，「ことばの機能性 функциональность речи」という言葉で表現されているもの）に遮られて，いわば陰に隠れてしまっている[27]。第二に，発話形式の差異にもとづく区別は，方法論的な理由からして，他の区別，とりわけ目的にもとづく区別より先行すべきである。実際，「目的」の分野で区別をするとき，われわれが実際に区別しているのは**言語現象**ではなく，こうした現象の**要因**であり，われわれはそれらの区別を**ことばそのもの**の分野に大まかに投影させることすらただちにはできない。これに対して本稿では，ことばの形式の区別に立脚しつつ，要因の言語外的な分野から言語現象へとすみやかに橋を架け渡しており，例えば何らかの変種におけるもろもろの**伝達手段**の区別をすみやかに問題としたり，**言語**現象として**モノローグ** монолог と**ダイアローグ** диалог をすみやかに対置させたりすることが可能になっている。

---

[27] 「詩とは言語が美的機能を発揮したものである」と，ヤコブソンは『戦争と革命の時代のスラヴ・フィロロジー』(1923) で述べている。「機能」とは，どのような役割，どのような仕事をするかということにほかならない。ヤクビンスキーは「目的」を自分たちのペテルブルグ学派，「機能」をモスクワ言語学サークルそれぞれのキーワードのように区別しているが，実際には「目的」，「機能」ともに，両グループのキーワードである。

第2章　発話形式

§14　発話形式の分類

　人間の相互作用の直接的な（「向かい合っての」）**形式**には，**言語的相互作用の直接的な形式**が相応している。これらの形式は，発話者が視覚的，聴覚的に直接的に知覚する点を特徴としている。人間の間接的な相互作用には，ことばの分野では，例えば書かれたことばによる発話形式が相応している。

　相互に作用し合う個々人の行動(アクション)と反応(リアクション)の比較的すみやかな交代を念頭においた**間欠的な**相互作用形式には，言語的コミュニケーションの**ダイアローグ形式** диалогическая форма が相応している。また，コミュニケーションにおいて**持続的な**作用が続く形式には，発話の**モノローグ形式** монологическая форма が相応している。

　ダイアローグの形式は，実際にほぼいつも，直接的な形式とむすびついているが，そうしたことがない場合や，直接的な知覚が不完全にしか実現していない場合，とりわけ，きわめて重要である**視覚的な**知覚（後述）が直接的な知覚から抜けているような，特殊な場合もある。ほかでもないこのような例は，暗闇のなかや，電話，閉じた扉越し，壁越しなどでのダイアローグ的コミュニケーションに見られる。「メモ」による（例えば，会議における）ダイアローグ的なコミュニケーションという特別な場合もある。これは，書かれたことばによる形式，つまり間接的な形式が，ダイアローグ的であると同時に——話し相手を視覚的に知覚している以上——直接的でもある形式と，まれに組み合わさった事例である。

　書かれたことばによるコミュニケーション形式に関して言えば，それはおもにモノローグ的な形式と組み合わさってあらわれる。まれに例外として，いま挙げたばかりの場合やそれらに類似した場合があるが，きわめてまれである（例えば，電報による「ダイアローグ」）。直接的な相互作用の際には，もちろ

ん，ダイアローグ形式もモノローグ形式も可能である。まさにこのケースこそ，比較研究に最適であろう。

§15　モノローグ形式・ダイアローグ形式の相互関係

　直接的な言語的コミュニケーションの領域には，一方では，会議や裁判の場でのことば［スピーチ，演説］のような，**モノローグ的な**ことばの疑う余地のないケースがある。他方では，**ダイアローグ**の極端なケースとなっているのが，なんらかの日常的なテーマや実務的なテーマに関する断続的で速いテンポの**会話**である。この会話に特徴的なのは，ことばの比較的速い交換である。その際，交換の各構成要素は**応答** реплика となっており，一方の応答は他方の応答に大きく条件づけられている。交換は，事前の熟考がまったくないままにおこなわれる。交換を構成している諸要素は，特にあらかじめ課せられたことを含んでいるわけではない。応答のことばの組み立てには，前もって考えられた**一貫性**もなんらなく，応答はきわめて**短い**。

　同様に，モノローグの極端なケースに特徴的なのは，一続きのことばが長く，それがゆえに一貫性があり，ことばが秩序だっていることである。また，即座の応答を当てにしていないがために発話が一方通行的な性質をおびていること，あらかじめ課せられたことや事前の熟考などが存在していることである。

　しかし，これら二つの場合のあいだには一連の中間的な場合があり，その代表的な例はダイアローグがモノローグの交換となっているような場合である。例えば，あいさつの交換である。あるいはまた，印象や経験，冒険などについてなんらかの儀式の場で交互に物語るときのような小さな「演説」の交換も挙げられよう。後者の場合，言語的相互作用の順は基本的に守られながらも，個々のモノローグ断片が応答によっていわば伴奏されていることもある。韻文で用いられている「モノローグ的ダイアローグ монологический диалог」の場合は，「偽りのダイアローグ」の例にほかならない。

　こうした「モノローグ的ダイアローグ」の場合と会話とのあいだには，**話し合い** беседа［長めの会話］とでも呼べそうなものがある。これに特徴的なのは，

いっそうゆっくりした交換のテンポであり，比較的，構成要素の量も多いという点である。その結果，おそらく，ことばはいっそうまとまっており，熟考されている。話し合いが典型的なかたちで展開されるのは，余暇のような状況においてであるが，実務的な話し合いもありうる。後者の場合は，まさに余暇について話すことなど許されず，表明するための一定の**時間**が前提とされている。

§16 三種類の組み合わせ

発話のダイアローグ的形式やモノローグ的形式と，直接的な形式および間接的な形式との可能な組み合わせのうち，社会的により重要で，かなり広く普及しているのは，次の三つの組み合わせである。直接的な形式とダイアローグ的形式の組み合わせ，直接的な形式とモノローグ的形式の組み合わせ，間接的な形式，より正確には書かれたことばの形式（書かれたことば以外にもことばの「仲介者」は考えられる）とモノローグ的形式の組み合わせである。**本稿においては，ダイアローグの直接的な形式を問題にしていく**ことにするが，必要な場合はほかの形式との対照もおこなうつもりである。断るまでもないが，筆者としては，この複雑な問題の全貌に一般的な提起のかたちですら触れられるとは，いささかも考えていない（原注31）。

第3章　直接的な形式について

§17 視覚の役割

話し相手に対する視覚的および聴覚的な知覚は，間接的な言語的コミュニケーションの際には欠けており，通常のダイアローグの場合にはつねに存在しているものであるが，**ことばの知覚**を規定している要因，またしたがって，話すことそのものも規定している要因として，大きな意義を有している。

話し相手を視覚で知覚するということは，**顔の表情** мимика や**身振り** жест，そして**身体の動き** телодвижение すべてを知覚するということである。身体の

動きは，ときにはそれだけで相互作用や相互理解の実現に十分なものとなることがある。また，「距離をおいての思考伝達」の現象の多くは，まさに顔の表情やパントマイムの知覚によって説明がつく。顔の表情やパントマイムは，一般に知られているように，一種の「言語」となっている。演劇の「パントマイム пантомима」とは，**日常生活**の現象を凝縮し，芸術的に用いたものにほかならない。ことばの交換とむすびついた場合も，視覚的な知覚のこうした役割はもちろん残っており，ときにはことばに**優越している**。こうしたケースの会話は，**タルド**の表現によれば「吟味しあう二人の視線の，補助物 дополнение к бросаемым друг на друга взглядам」[28]でしかない。われわれは，直接的なコミュニケーション，とりわけダイアローグ的なコミュニケーションの際に顔の表情や身振りが持つこうした意義をほとんど考慮に入れてないが，その意義は**きわめて大きい**のである。こうした現象を例解しているトルストイの『アンナ・カレーニナ』から引用してみよう。

「そろそろ終わりますよ」医者が言った。こう言った時の**医者の顔が，あまりに真剣だったので**，レーヴィンは《終わりますよ》という言葉を，死ぬ意味にとった（原注32）。

ここでは，語の（より正確には，文の）意味の理解が，話し相手の顔に対する知覚によって規定されている。

「ひと言だけ言っておきたいんだけど」と夫人は切りだした。**急に生気をおびた厳粛なその顔つきから，キティは話の内容を察した**（原注33）。

「で，どういうことになさったの？」ドリイは，子供がどちらの姓を名

---

28 「ギディングス氏……によれば，二人の人間が出あったときにかわす会話は，二人が同じ……社会集団に属するかどうかをさぐりあい，吟味しあう二人の視線の，補助物にすぎない」G・タルド『世論と群衆』稲葉三千雄訳，未來社，1964年，134頁。

のることになるのかを，聞こうとしかけたのだが，**ふいにアンナの顔がくもったのに気づいて**，質問の意味を変えた（原注34）。

§18　顔の表情と身振り I

　顔の表情や身振りは，ことばによる表現の代わりをし，ダイアローグにおける**応答**の役割を果たすこともある。顔の表情による応答は，ことばによる応答よりも早く答えを返すことがよくある。例えば，話し相手のうちの一方が反論**したくてうずうずしており**，話そうとすると，他方としては，その顔の表情や応答欲求を勘案しており，この顔の表情による応答だけで十分で，例えば「いや，ちょっと待ってください，あなたが言いたいことはわかっていますから」などと言い，さらに話を続けるのである。往々にして，顔の表情や身振りによる応答は，ことばによる補足をまったく必要としていない。

　他方で，顔の表情や身振りは，**イントネーション** интонация の意味と似た意味を持っていることも多い。すなわち，顔の表情や身振りは，語の意味を一定の仕方で変形させるのである。ある文(フラーザ)が，われわれの発するイントネーションに依拠して，さまざまな意味を持ちうるように，顔の表情（や身振り）が伴うと，通常のニュアンスとはしばしば対立するような何らかのニュアンスがことばに伴うことがある。われわれは，顔の表情やパントマイム，身振りなどによる「イントネーション付与」を問題にすることができよう。

　顔の表情や身振りは，人間のあらゆる反応につねに伴っており，つねに強力な伝達手段となる。直接的なコミュニケーションの際には，ことばによる表出はいつも顔の表情や身振りによる表出とむすびついている。

§19　顔の表情と身振り II

　オペラグラスで舞台を見たほうが，よく見えるだけでなく，よく聞こえ理解もできる。顔の表情や身振りの一つひとつを目で追うことにより，何が起こっているのかがよく見え，よくわかるからである。演説を聞く際にも同様である。演説者にとっての特別な場所（講壇，演壇）ゆえに，演説者の言うことがよく

聞こえるだけではなく，演説者がよく**見える**のである。オペラグラスで演説者をのぞいてみると，やはり，よく聞こえ理解できる。

　われわれは本能的に相手を見ながら話をする。幼児はしゃべって返事を待っているとき，手でもって母親の顔の方向をたびたび変える。会話の際に互いを見つめ，そのようにして理解を得るためのあらゆる可能性を利用しようとする，まさにこうした本能的志向が理由のひとつとなって，話し合いのための場所にほかならない客間で誰かに背を向けて座ることを「無作法」とみなす習慣ができているのであろう。

　顔の表情や身振りは，会話において副次的，補足的，偶然的なものではなく，逆に会話と一体になったものである。話し相手を視覚的に知覚することのない電話越しのダイアローグの場合でさえも，顔の表情や身振りがたびたび伴っているのである。

§20　顔の表情の知覚

　話している最中にきわめて大きな意義を持っているのは，関心または無関心，注意または不注意，夢中または退屈などをあらわしている顔の表情の知覚である。というのも，（ダイアローグのときもモノローグのときも）こうしたことと関連づけることによって，ことばの集中度合が決まり，連想が容易になり，求めている適切な表現がより早く見つかる，一言で言えば，より「雄弁」になるからである。もちろん，こうした現象は，誰しも自分で経験済みのことである。ことばの調子やことばの「温度」は，話し手が聞き手の顔の表情によってどの程度「熱くなっているか」あるいは「さめているか」しだいで異なってくるのである。聞き手が耳を傾けてくれている，それも**よく**耳を傾けてくれているときには，ことばの進行は容易になる。

§21　聴覚──強弱, イントネーション, 音色

　直接的なコミュニケーションにおいて話し相手に対する**聴覚的**な知覚が持っている意義を，ことさら主張する必要はなかろう。他者のことばを知覚する際

に**強弱**，**イントネーション**，**音色**の関係が果たしている伝達上の大きな役割は，周知のとおりである。文字による間接的な伝達においては，こうした関係はごくわずかにしか考慮に入れられない。この場合に問題にしているのは，当該言語で話すときに一般に見られ，諸々のパターンとなっているような強弱，イントネーション，音色の関係ではない（このような関係は，慣れ親しんだ連想によって書かれたことばを知覚するときにも再現されうる。例えば，「コンマのまえ」におけるトーンの上昇や，疑問のイントネーションなどのように，ときには記号であらわされている）。そうではなく，この場合に問題にしているのは，ことばのなかにさまざまな意味的ニュアンス，ことに情緒的ニュアンスが持ちこまれていて，先に述べた強弱，イントネーション，音色の関係が**独自の伝達的意味**を有しており，当該の他者のことばの理解を決定づけたり，実際の意味を伴った語そのものよりも精神状態をより十分に，より完全に明らかにしているときの，イントネーション付けなどである。

　ドストエフスキーの1873年付の『作家の日記』(「小景」の章）から一部を引用してみよう。そこには，いま述べたことに関するみごとな例示がある。ドストエフスキーは，酔っ払いの言語について論じており，この言語は「辞書に載っていないひとつの名詞を形式ばらずに名ざしているにすぎない」と述べている。

　　ある日曜日のことであったが，もうそろそろ夜になる時分，六人の酔っぱらった工員の群れと十五歩ばかり肩を並べて歩かねばならない仕儀に立ちいたった。そしてそのとき突然，このたったひとつの，しかもきわめて簡潔な名詞の呼称だけで，ありとあらゆる思考や感覚，いやそれどころか実に深遠な論議さえも表現できることを，私は確信するにいたったのである。
　　つまりひとりの青年が，それまでみんなの共通の話題になっていたなにかについて，自分の**この上なく軽蔑的な否定の意志**を表明するために，**叩きつけるような猛烈な調子で**，実はこの名詞を口にしたのであった。するとそれに答えて別の男がそれとまったく同じ名詞を繰り返したのであるが，

しかし今度は**その調子も意味も**それとはまったく**別であった**，――つまり最初の青年の否定の真実性を**まっ向から疑う**意味がこめられていたのである。すると第三の男が最初の青年に不意に**はげしい怒りを感じて**，鋭い調子でむきになってふたりの会話に割って入り，相手に向かってまたそれとまったく同じ名詞を**叩きつけた**。だがそれはもはや**罵詈讒謗**の意味をこめて叫んだものであった。するとまたもや第二の青年が第三の男，つまり悪態をついた男に向っ腹を立ててふたりのあいだに割り込み，「なんでえ，おい，なんだっておめえは横合いから口を出すんだ？おれたちはおだやかに議論しているのに，なんだっておめえは藪から棒に横合いから口を出して――フィーリカに悪態なんかつきやがるんだ！」というような意味をこめて相手を押しとどめた。ところが，これだけの意味のことを彼は，やはり同じたったひとつの禁制の単語，やはり同じきわめて簡潔なあるものの名称で言ってのけたのである。そのほかにしたことと言えばせいぜい**片手を上げて第三の青年の肩をつかんだ**くらいのものであった。ところがそのとき不意に第四の青年，仲間のうちいちばん年が若く，それまでずっと沈黙をまもっていた男が，口論の原因となった，いちばん大本の厄介な問題の解答がおそらく急に見つかったのであろう，**有頂天になって，片手を振り上げて大声でわめいた**……。エウレーカ（わかったぞ）と叫んだものと，諸君は思われるだろう？発見した，発見したと叫んだものと？どういたしまして，ぜんぜんエウレーカでもなければ発見したのでもない。彼は辞書には載っていない例の同じ名詞を，たったひとこと，あとにも先にもたったひとこと，ただし**すっかり有頂天になって**，**感激の**，しかもどうやら度を越していると思われる感激の**叫び**とともに，繰り返したにすぎなかったのである。度を越しているというのは，それが第六の男，陰気くさい顔をしたいちばん年かさの青年には「もっともである」とは思えなかったからであった。そこで彼はさっそく，そっちのほうを向いて，**気むずかしげなお説教調のバス**でその青年の青二才じみた感激ぶりに水をさして鼻柱をくじいたものだが……繰り返されたのは相も変わらぬ婦人のまえでは禁制に

なっている例の名詞だったのである。もっとも，今度のそれははっきりと紛れもなく正確に，「なにをわめいていやがるんだ，のどが裂けても知らねえぞ！」という意味を現わしていた。そんなわけでほかの言葉はひとつも口にしないで，この連中は，つぎからつぎへと，つづけざまに前後六回にわたって，このお気に入りの言葉だけを繰り返したのであったが，それでお互いに十分その意志を疎通させたのである。これは，私が実見した事実なのだ（原注35）。

§22　トーンと音色

　トーン ТОН や音色の重要性について上述したことと関連して，われわれは以下のような指摘をしたい。すなわち，話し手のことばに見られるトーンや音色は，すでに話しはじめの段階で，われわれに一定の立場を占めさせ，話し手やその発話に対して一定の**調子**をとらせる。われわれはこの「調子」に合わせて発話を知覚する。ときには，話しはじめの数語を聞いただけで，そのトーンゆえに，われわれは何か特別に身構えざるをえないことがある。例えば，敵意を抱いたり，同情したり，あるいはまた何かほかの方向に。すなわち，話しはじめの数語ゆえに，知覚が統覚的なものとなり，そのあとの展開を見分ける「観点」がわれわれのなかに生みだされる。またときには，話しはじめの語がそのトーンでもって，決定的な反感を起こしたり（「私はあなたのいうことなどこれ以上聞きたくもない」），あるいは逆に，同情を引くこともある。ちなみに，話し相手に対する視覚的な知覚も，ある程度おなじような意味を有している。

　話し相手の（トーン，顔の表情などの）直接的な知覚によって，ただちに，話し相手を**再認**したり，話し相手が知り合いであると感じられたり，まったく同様に，そのあとの知覚が容易になることもある。

　一方では顔の表情とパントマイムの役割，他方ではトーンと音色の役割が，直接的なコミュニケーションという条件下でますます重要なのは，それらが互いに密接にむすびつき，相互に規定し合っており，また当該の知的・情緒的な状態に相応する一定の身体様式として共通の「源」をもっているがためである。

こうした状況は，**オザロフスキー**の著書『生きた言葉の音楽』において，さまざまな具体例によって図解入りでとくに強調されている。オザロフスキーは，「ほかでもないトーンや音色は……顔の表情のなかで生まれる」と指摘している。全体としてかれは確かに正しい。詳細についてはかれの著書を参照されたい（原注 36）。

§23　ダイアローグと顔の表情・身振り

　上記の顔の表情・身振り，音色，イントネーション，強弱などの契機は，ダイアローグとモノローグのいずれの場合により大きな役割を演じているのかということが，問題になってくる。私には，明らかに**ダイアローグ**の場合であると思われる。実際，ダイアローグでは，このコミュニケーション形式の本質そのものからしても，こうした契機はきわめて**双方向的**であり，さらにはダイアローグでは格段に**多様な**ものとなっている。モノローグは顔の表情や身振りが伝えるメッセージを補うようなことはけっしてないのに対して，ダイアローグはこうした補足的役割を果たしていることが実際によくある。この点に関するタルドの指摘は，正しい。[29]

§24　言語的刺激と非言語的刺激

　直接的な言語的コミュニケーションにおいて発話者に対する視覚的・聴覚的な知覚がどのような意義を持っているかを，簡単に見てきた。この意義は，大まかに言えば，視覚的な知覚の存在に依存している直接的なコミュニケーションの際には，言語的刺激 речевое раздражение の役割が程度差はあれ相当**減少する**という点にある。[30] というのも，ことばの知覚と理解は，言語的刺激全体と視覚的刺激 зрительное раздражение の双方の作用の結果成立するからである。したがって，実際に話す場合にも，「ことば的なもの」そのものにのみ関心が

29　前掲，タルド『世論と群衆』91–92頁。
30　Бехтерев, В. М. *Объективная психология*, СПб., 1907 (ベフチェレフ『客観心理学』1907年) の用語。

注がれているわけではない。なぜなら，顔の表情や身振りの効果を無意識的ないし意識的に「計算」に入れているからである。

イントネーションや音色などの知覚のおかげで，**語そのものやことばそのものの重要性**，より正確には，ことばのうち**イントネーションや音色などの契機と重なっていない側面の重要性は**，**減少する**。したがって，発話するときには，顔の表情に関する場合とおなじくそうしたことが生じる。直接的なコミュニケーションの諸条件によって知覚と理解の統覚的な契機が規定されていることはすでに述べたが，そうしたこともおなじ方向で影響を及ぼす。というのも，知覚の統覚性が強まる，すなわち現前の刺激によって規定されない知覚の側面が強まると，この刺激の重要性は低下するからである。

以上の検討結果が示しているところによれば，直接的な言語的コミュニケーションにおける発話は一般的に，ほかの条件がおなじであれば，間接的な言語的コミュニケーションの場合よりも，**単純な**意志行為 простой волевой акт として進行することができる。すなわち，意識や関心にしばられることなく進行することができるわけである。ただし，話し相手に対する視覚的および聴覚的な知覚はダイアローグの際に重要な役割を果たしている以上，こうしたわれわれの結論がとりわけ強調されるべきは，ダイアローグ的な直接的な言語的コミュニケーションの場合である。

第4章　ダイアローグの自然さとモノローグの不自然さ[32]

§25　「ダイアローグ主義者」シチェルバ

思慮に富む言語学者たち，なかでも生きた方言に取り組んできた言語学者た

31　ヴントの精神心理学の用語。ヴントはこれを「複雑な意志行為」と対置している。ヤクビンスキーは，この箇所では「行為」を акт と訳しているが，他の箇所では действие を用いている。
32　「不自然さ」の原語は искусственность。英語の artificiality と同様，日本語には「人為的なこと」「わざとらしさ」とも訳されている。

ちは，ダイアローグやモノローグに関して何らかの「理論」が必要であると自覚することがよくあった。言語現象を研究するにはダイアローグ形式とモノローグ形式の区別が重要であることをとりわけ強調したのは，**Л・В・シチェルバ**教授の著書『東ラウジッツ方言』である。その見解を少し引用させていただくことにする。「こうした半農民，半工場労働者のなかですごした時間を思い起こしてみると，改めて驚いたことに，私はかれらのモノローグを**一度も**聞いたことはなく，**断片的な**ダイアローグしか聞いていなかった。かれらがライプツィヒの見本市や近隣の町へ仕事で行くときなどに居合わせたことがよくあったが，**誰もけっして**自分の印象を物語ったりはしていなかった。通常，多かれ少なかれにぎやかなダイアローグだけであった。これは，非文化的なせいではなく，むしろ，たぶん逆であって，きわめて〈文化的〉なせいであり，新たな通り一遍の感想をいつも求めているせいであり，工場労働者をほんとうの農民から分けているようなある種のせわしなさが伴っているせいであろう」。「こうした観察のすべてが改めて示しているように，モノローグというものはかなり**不自然な**言語形式であり，**言語が実態を明らかにするのはダイアローグにおいてだけなのである**」(原注37)。

この引用では，シチェルバ教授は明らかに「ダイアローグ主義者」の立場をとっている。きわめて興味深いのは，［農民とちがって工場労働者の］生活様式や社会の経済体制と，モノローグ形式に比してのダイアローグ形式の増加とのあいだに関連がある，との指摘である。しかしこの場合とりわけ重要なのは，**モノローグを知らない**ような言語集団の存在を確認していること，また，ダイアローグをモノローグの**不自然さ**と対置して，ことばの自然な形式であると主張していることである。

ひとつめの状況からすれば，ダイアローグ形式を**普遍的な**形式として研究することが重要になってくる。**そもそも**ダイアローグのないところには言語的相互作用はないが，モノローグ形式を知らずにダイアローグ形式**だけ**を知っているような相互作用集団が存在する，というわけであるから。

シチェルバのふたつめの指摘に関しては，もっと詳しく立ち入りたいと思う。

というのも，ここでは，非常に重要で本質的と思われる状況が指摘されているだけでなく，他方では，不自然さや自然さという言葉は，多少なりとも詳細な説明なしに使えるようなものではないにもかかわらず，シチェルバにおいては，ダイアローグやモノローグに関してことのついでに「注」で部分的に触れているだけであり，そうした説明が欠けているからである。[33]

§26　問いかけと応答

　じつは，人間のあらゆる相互作用 взаимодействие は，まさに**相互に**・作用する взаимо-действие ことにほかならない。相互作用はその本質からして一方通行を避ける傾向にあり，双方向的，「ダイアローグ的」であろうとし，「モノローグ」を避ける。

　どんな一方通行的な働きかけも，人間の知覚に属するものである以上，知覚のなかで多かれ少なかれ強い反応を呼び起こし，その反応は表にあらわれようとするものである。モノローグのことばの働きかけも，この点では変わらない。しかもこの場合，知覚のレベルで起こっている反応（態度や評価その他）は，当然，**ことば**となって表面にあらわれようとする。ここでは三つの要素が役割を果たしている。すなわち，第一に，あらゆる働きかけにあれこれ反応するわれわれ 人(オルガニズム) としての一般的特徴。第二に，われわれの観念，判断，情緒など（ことに，反応としても発生しているもの）と言語的表出とのあいだの密接な結びつき。第三に，とりわけ，**言語的**反応(リアクション)を呼び起こしうる**言語的**行動(アクション)の能力。

---

[33]　シチェルバは注においてつぎのように述べている。「これらすべての観察が改めて示しているように，モノローグはかなり不自然的な言語形式であり，真の存在を言語が見せるのはダイアローグにおいてだけである。ダイアローグでは，新しい語や形態，言い回しがつくりだされる。……あらゆるモノローグは，事実上，「共通」言語の萌芽形式となっている。モノローグには，一方では伝統的な諸要素がつねに含まれており，他方では，モノローグはほかの者たちによって部分的にせよ反復されるため，モノローグ化の能力のある卓越した個人が社会に影響を及ぼす。したがって，その時点での言語**規範**に関心のある者は，言語のモノローグ的形式，つまり文書や文章語を優先的に研究すべきである。言語の歴史は「共通」言語と個人言語の相互作用からなっている以上，言語史研究者にとっては言語活動の現れの双方の形式を理論的かつ同様に研究することが重要である。」(Щерба, Л. В. *Восточно-лужицкое наречие*, т. 1. Пг., 1915. С. 4 приложения)

しかも，この状況は往々にして，反射的に近い性質を帯びている。

　考えることと口に出すことがつねに連合しているために，問いかけはほとんど無意識に，「自然に」応答を生み出す（なぜ，口に食べ物を含んだ人に問いかけたり，ただ話しかけるだけでもいけないのだろうか。それは，まさに問いかけが答えを——台詞が応答の台詞を——自然に生みだしてしまうために，人々は食べ物を呑みこむまえにかならずむせたり，喉につかえたりしてしまうからである）。これとおなじように，どんな言語的刺激も，いかに長く続くものであろうと，意識や感情を反応へと誘い，その人を言語的反応へとかならず導く。

　私が述べていることは，作り話ではなく，観察によって証明された事実である。最近，学術的テーマで話し合ったりちょっとした報告のためにときおり集まる幾人かの知り合い（全部で四人）と一緒の際，上述したことの正しさを確信することになった。この人々は教養があり，報告を聞かんがために集まっていたのだが，この「聴講」は，注意をすっかり集中しているときにかぎって，報告者の話を断ち切ってしまうのであった。報告者の「モノローグ」は，応答によってしじゅう断ち切られ，これらの応答は全員による会話へと移っていったのである。とくに，報告者がこのことに抗議しないときはそうであった。報告のあとの「討論」も，遮り合いへと変わっていた。話し相手たちは順々に話そうとしてはいたのだが，「不自然な」仕組みである「順番」は，ダイアローグにしようという自然な欲求に対してなすすべがなかった。かりに誰かが黙っていたとしても，その顔には話したいという気持ちがありありと見えた。ときには，話しはじめようとして，すでに唇は動いているが，自然な欲求をなんとか抑えつけて黙ることもある。また，沈黙している者たちが，周りを見まわし，ほかの者が言うことを聞きながら，顔の表情で応えているときもある。またあるときは，心のなかで「ぶつぶつ言っており」，もうちょっとで音が「喉から出かかっている」こともある。

第1部　ダイアローグのことばについて

§27 モノローグに対する聞く能力

　他者の言うことに耳を傾ける**能力**を身につけ，聞くという行為を**習得する**ことが必要なのであって，他者の話の腰を折る**能力**は必要ないと言われるのも，もっともなことである。なぜなら，それが**自然**だからである。他方，他者の話の腰を折ることは**無礼**である。すなわち，この場合は，ほかの場合と同様，不可欠ではあるが人間の自然な傾向によっては支えられてはいない社会的形式が，「礼儀正しい」と「礼儀正しくない」，「丁重である」と「丁重でない」といったカテゴリーによって保たれ，動機づけられているのである。

　人びとがモノローグを聞くには，通常，一定の付帯条件が不可欠である。例えば，**会議を催す**場合，順番，「発言」許可，議長が伴っており，しかも，ここにはいつも「席からの声」が存在する。

　会議において言語的相互作用がおこなわれる様子を観察してみると，ここにもダイアローグや応答を志向する傾向があることに容易に気づく。この応答は，「報告」に耳を傾けているときに伴う内言において表現される。また，応答は，いろいろなメモで書き留められていることも多く，そのあとの討論は，モノローグの知覚の際に生じた内的応答 внутреннее реплицирование を体系的，またときには断片的に表出したものにすぎない。このように，ここでは，特殊で不自然な事情（とりわけ，相互作用に参加している人の数）ゆえに，ダイアローグの通常の状況のいわば**転移**が生じている。会議ではたびたび，報告者のモノローグ的な発話と並行して，ささやき声や「ちょっとしたメモ」による「聞き手たちの」生き生きとしたダイアローグが起こっている（私としては「部外者の」会話は考慮に入れていない）。この場合に議長が鳴らすベル音は，不自然なモノローグの合図となっている。

　モノローグを聞く場合，（集会などの組織度に関する上記の要素のほかに）集まった人々の**数**も影響することがよくある。人数が多いと，人の話を「さえぎろうとする」おのおのの自然な欲望ゆえに，「がやがや」しゃべりだす。会議そのものがうまく組織されていない場合，このがやがやも収まらないと，やはり「自然と」しだいに中断あるいは会議そのものが止まることになる。よく知

られているように，若者の集まりなどはいつも「がやがや」状態に至り，挙句の果てには，「議長を選び」，「会議」を司れとの要求が出る。

§28　モノローグに対する聴衆の反応

「話し合い・会議」のような例は，一定の文化水準にある社会に固有のものである。これとは別の状況においては，モノローグの傾聴は，（どんな文化水準にとっても意味を有しているとはいえ）別種の事情――すなわち慣習，儀式，儀礼など――に規定されている。権力を持っている者や特別な権威を享受している者の話を聞くときは，感化されやすい状況にあり，知覚はある程度受動的で，反応は主として共感的であり，「相槌をうつ」応答が基本となっている。とくに強調したいのは，**権威**，**儀礼**，**儀式**などとモノローグ化との結びつきである。というのも，こうした場合には，モノローグ的な口頭のことばがことば一般，とりわけダイアローグ的な言語的表出に**影響**をもたらしうるような感化作用が随所に見られるからである。ちなみに，こうしたことは言語の起源の研究にとってもかなり重要である（いうまでもないが，感化作用はダイアローグという局面でも生じうる）。ときには，モノローグ化は，その内容が格別におもしろく興味深いがために生じたり，驚きの反応を呼び起こすこともある。皆はじっと座ったまま，口を「ぽかんと開け」，静まりかえっている。

興味深いことに，書かれたことばによるモノローグ（本や論文）の知覚でさえも，中断や応答を呼び起こす。ときには頭のなかで，ときには声に出して，またときには，アンダーラインや余白のメモ，付箋などのかたちで記すことによって，中断したり応答している。

§29　社会的事実としてのダイアローグ

この章で言及してきた問題――すなわち，ダイアローグの自然さ，モノローグの不自然さ，モノローグの遮り，さまざまな付随的要因とモノローグ的表出との関係――は，きわめて複雑で重要な問題であり，むろん，引用したシチェルバの見解と関連づけてここで提示したことよりもいっそう詳細な解明を必要

としている。いずれにせよ，モノローグとダイアローグに関して「自然さ estественное」と「不自然さ искусственное」という語を適用したが，これは明らかに条件つきのものであることは指摘しておきたい。モノローグもダイアローグも，結局，おなじように何らかの社会構造の自然な現れなのである。モノローグの存在そのものが呼び起こされる理由も，モノローグ的表出の可能性を左右している付随的要因も，この点では自然であるのと同様である。ダイアローグが自然なものであると主張できるのは，主として次のような意味においてである。すなわち，行動と反応（アクション　リアクション）の交替であるダイアローグは，社会的なものが生物学的（精神生理学的）なものにもっとも近づいているような社会的相互作用事象に相応しているのである。ダイアローグは，まぎれもない「文化」現象であると同時に，モノローグよりは「自然」現象なのである。

第5章　口頭のモノローグや書かれたことばによるモノローグと比較した場合のダイアローグに関する所見

§30　ダイアローグの遮り

　ダイアローグに特徴的なのは，**話し相手になんらかの応答をすること**である。すなわち，当該の話し相手が話している状態が，別の人（または別の人々）の話す状態と入れ替わる。この入れ替わりは，**交替**というかたちか（一方が「終え」，他方が「はじめる」など），**遮り**というかたちで生じる。後者のケースは，ことに情緒的なダイアローグの際にはごく普通に見られる。しかし見方によっては，お互いの遮りこそダイアローグ全般に特徴的であるとも言えよう。

　このことは，なによりもまず，遮りというのはダイアローグの際に**潜在的**につねに存在しているという意味で主張できよう。**可能性**，ただし十分に**現実的**で，経験から知られている可能性として，遮りは話す過程全体を大きく規定している。こうした「邪魔だて」の予想や，その場に居合わせていて今にも応答しようとしている話し相手を意識した発話，言いたいことを最後まで話せないのではないかという一定の懸念が，ダイアローグの際のわれわれの話しぶりを

特徴づけているのである。したがって，他の条件が等しければ，ダイアローグの際のことばのテンポは，モノローグの際よりも早い。

さらに，ダイアローグにおける遮りという契機は，話しているどの状態も話し手の観点からして**終了した**ものではけっしてないという意味で，問題にすることもできる。すなわち，話している状態は，相手の応答のあとに続く**継続**を前提としているのである。この点では，**自分の**応答が話し相手の応答へと交替することは，その都度，次に自分がダイアローグに入るまでの**休止**ということになる。さらに，その都度の応答は，まさに話し相手の応答に左右されて**変化している**とはいえ，それと同時に，そのダイアローグ状況下における自分の発話**全体**の一要素でもある。このダイアローグに，自分が発話している思考や感情のある種の方向性全体も相応している。その意味では，応答の交替というものは**休止**でもある。この節の冒頭で述べたことを修正するならば，一般にダイアローグの際には，応答の交替は一方が「まだ話し終えていない」のに他方が「引き継ぐ」というようなかたちで生じると主張できよう。

こうした状況もやはり，ことばのテンポが比較的速い原因になっている。しかし，ことばのテンポが速いことは，**複雑な**意志行為 сложное волевое действие[34]——熟考や選択，諸動機の闘いなどを伴った意志行為——としての言語活動の流れに好都合な契機ではない。逆に，ことばのテンポが速いことは，むしろ，慣れ親しんだ要素を伴っているような**単純な**意志行為 простое волевое действие としての言葉の流れを前提としている。後者は，ダイアローグの場合，簡単な観察で確認できる。実際に，（とりわけ書かれたことばによる）モノローグと違って，ダイアローグ的コミュニケーションは，「即座」の発話とか，さらには「するや否や」「行き当たりばったり」の発話すら，前提としている。まさに特殊であるとわれわれが意識するようないくつかの特殊な場合においてのみ，ダイアローグの際に熟考や選択などが確認される。

会話の際に話し相手のことばのテンポが遅いのは，その人の個人的な特性か，

34　訳注31を参照。

もしくは意図的な契機が考えられることによって説明がつくが，一般に，相手に苛立ちを引き起こしたり，なにか邪魔な，受け入れがたいものと思われたりする。もしかすると，それほどはなはだしいわけではけっしてないこうした遅れが大げさに受けとめられるのは，まさに応答するという契機と関連しているせいかもしれない。

§31　応答の準備

通常，ダイアローグの際の応答は，先に指摘したように，交替順にそってだけではなく，遮りというかたちでも続いていく。いずれにしても，発話への**準備**がどのようなものであれ，準備は，通常，**他者のことばの知覚と同時に**発生する。自分の二つの連続的な応答のあいだにあるインターバルは，話し相手のことばを知覚し理解するためにも，話し相手に対する自分の**返答**を（テーマやことばとして）準備するためにも，利用しているはずである。これら二つの契機の一致は，**モノローグ**としてことばを使う際には**存在しない**。この事情は**きわめて本質的である**。なぜなら，われわれの意識に余裕がない場合，応答どうしのあいまにわれわれが直面する「課題」の曖昧さは，二つの契機（他者のことばの知覚や理解と，自分の返答の準備）のそれぞれを体験することをむずかしくするからである。しかし，話し相手のことばの知覚は，返答の準備よりも客観的に先行するはずである。一方，われわれの関心はことばの「形式」よりも返答の「内容」やテーマに自然と集中する傾向にある。そのため，**発話そのもの**の準備や，**言語事象の選択**，それらの**熟考** обдумывание のためには時間はふつう残されていない。言語的な面は，単純な意志行為として，あるいは観念運動性の行為として進行していく。したがって，前の節とおなじ結論にいたるのである。

§32　語の省略

単純な意志行為としてダイアローグのことばがこのように進行しがちな背景には，ダイアローグの本質そのものに根づいている次のような現象がある。そ

れは，使用される語数である，つまり，ことばの客観的な複雑さの度合である。よく知られているように，質問に対する答えが必要としているのは，考えうる全体 мыслимое целое を完全に表出するのに必要な語よりもかなり少ない語数である。例えば，「散歩に行く？」「ええ（散歩に行きます）」，「たぶん（散歩に行きます）」などといった具合である。もちろん，ダイアローグは問いと答えのやりとりに限られたものではないが，どんなダイアローグの際でも，ある程度は，このように言い落としや不完全な発話がありうるし，モノローグ的なことばの場合やダイアローグの出だし部分ならば同様の思考全体をあらわすために動員されるにちがいないようなすべての語を動員する必要もない。

§33　モノローグの複雑さ

　ダイアローグが構文（コンポジション）面で単純であるのとは反対に，モノローグは**構文が**一定程度**複雑**になっている。すなわち，言語材料をある程度複雑に配置するという契機そのものが，大きな役割を果たしており，**言語事象を意識の明晰な領域へと導く。関心は，言語事象に格段に集中しやすくなる**。モノローグは，表現手段が当該の心理状態に適っていることを念頭においているだけでなく，言語単位の**配置や組み合わせ**そのものをも別途考えるべきものとして前面に押し出している。**純粋に言語的な**面に関して評価が下されることになる，すなわち，「筋が通っている」，「整然としている」，「つじつまがあわない」，「間をあまりおかずにおなじ語が繰り返されている」，「"который" という語［関係代名詞］があまりに多い」，「語順がよくない」などである。この場合，言語面が，意識のなかにあらわれる体験そのものの規定要因や源になっている。「言葉のなめらかさ」（フラーザ）といういくらか曖昧ではあるが感じをよくとらえている概念は，意味のいかんにかかわらず，語法に影響を及ぼし，例えば，付け加える必要がなかったかもしれないところに語を付け加えさせたりする。これとおなじ理由で，統語論上のパラレリズム［対句法］やシンメトリーといった各種の現象も生じるのである。というのも，**複雑さ**というのは何らかの**組織化**や**組み立て**をおのずと惹き起こすからである。

§34 書かれたことばによるモノローグ

　書かれたことばによるモノローグは，ますますもってダイアローグのことばと対置されねばならない。顔の表情，身振り，イントネーションのような契機や，話し相手の直接的な知覚全般や，それと関連してことばの理解の際に見られる特性は，ダイアローグに特徴的なものであるとともに或る程度は口頭でのモノローグにも特徴的なものであるが，書かれたことばによるモノローグには欠けている。書かれたことばによるモノローグの理解は，**語や語結合によって**なされる。上記のように，ダイアローグは，その本質そのものからして，複雑な活動としての言語過程の進行を促さないのに対して，逆に，書かれたことばによるモノローグ形式は，他の条件が等しい場合，こうした複雑さを**とくに促す**。それは，モノローグ的形式である書かれたことばに特有の理由にもとづいているだけではなく，まさに**「文字」**，つまり**間接的な**コミュニケーションであることともむすびついている。

　書かれたことばとは，書かれている過程で**定着される**ことばである。したがって，その結果残っているのは，**ある状態にとどまる**もの，**作品**のようなものである。書かれたことばが定着されうるものであるがために，言語事象に対して，それが当該のわれわれの心理状態に適っているかどうかという観点から，いっそう注意深い態度をとることになろう。「ペンで書かれたことは，斧では切り倒せない」［いったん書かれたものは変更したり修正することができない（その効力に従うほかない）］という格言は，心理学的に大いに根拠があり，書かれたことばの際に言語事象に注目するがゆえの自然な帰結となっている。話し相手の知覚がないことや，いま指摘した定着性の契機と関連して，書かれたことばは言語事象そのものの重要性の減少をまったく前提としていない。逆に，表現手段の一定の選択や一定の検討がつねに存在しており，**複雑な**言語活動とみなされている。

　書いたことに目を通したり**修正**しようとする自然な傾向は，メモや請願決議のような単純なケースにさえもあらわれる。下書きをすることも，これとおなじ理由による。「下書き」から「清書」への道は，まさに複雑な活動の道であ

る。しかし，実際に下書きをしないときでさえ，書かれたことばにおける熟考の契機はきわめて強い。すなわち，われわれは，まず「心のなかで」よく考え，そのあとで書くといったことがきわめて多い。この場合は，「頭のなかでの」下書きが存在している。

第6章　ことばの知覚における統覚の契機

§35　統覚量 I

　フランス語の "[avoir]esprit mal tourné"「つむじ曲がりである」という表現は有名だが，この表現は，聞いたことを何でも悪い意味，「下品な」意味で理解する人間に使われている。われわれは，言われたことを全体として理解するか理解しないかのどちらかであると言えるが，たとえ理解しているとしても，それは，一定のなんらかの意味における理解であって，ある方向にわれわれの "esprit tourné"「精神が向けられている」ということと無関係に理解しているわけではない。このことを学問的な言語に訳すならば，他者のことばに対する知覚や理解は（あらゆる知覚とおなじように）**統覚的** апперцепционно であると言えよう。この知覚や理解は，外的な言語的刺激のみに左右されるのではなく（往々にしてそれよりもむしろ），過去のわれわれのあらゆる内的経験および外的経験に，そして結局は，知覚の瞬間における知覚者の心理の中味に左右されるのである。この心理の中味が，その個人の「統覚量 апперцепирующая масса[35]」となっており，まさにこの統覚量によって個人は外的な刺激を同化するのである。

35　英語では apperceptive mass 。ウィリアム・ジェイムズ『心理学』（今田寛訳，岩波文庫）では，「統覚集団」と訳されている。

§36 統覚量 II

われわれの知覚を規定する統覚量には，**恒常的で安定した**要素が含まれているが，こうした要素が生じるのは，われわれに固有の**環境**（あるいは複数の環境）が**恒常的で反復的な**影響を及ぼしているためである。また統覚量には，瞬間的に発生する一時的な要素も含まれている。基本となっているのは，明らかに，恒常的で安定した要素であって，一時的な要素は前者を背景として生じ，前者を修正したり複雑なものにする。前者の構成部分となっているのは，当然のことながら，なによりもまず**言語的**要素である，すなわち，簡単に言えば，当該の言語の知識，さまざまな言語パターンの習得である。

以下では，ことばを知覚する際の統覚量の**言語外的**要素がもつ重要性に関して，若干述べてみたい。

§37 統覚による同化

よく知られた遊びに，何文字か抜かして単語を書くというものがある。抜けた文字はハイフンでしるされており，単語全休が復元されるように，ハイフンの代わりに文字をあてがう遊びである。往々にしてさまざまな文字の代入が可能であるが，推察している人はもちろん**偶然にではなく**，その際に自分の統覚量の程度を示しながら，いずれかの文字を当てるのである。例えば，ду-а という単語には，р も ш も м も г も当てはめることができる[36]。どのケースでも，文字の代入は恒常的または一時的な統覚の契機にもとづくことになろう。под-о-ный という単語を，水夫が подводный（「水面下の」），医者が подкожный（「皮下の」），ほかの職業の者たちが подзорный（「観察用の」），подробный（「詳細な」），поддонный（「底の下にある」），подложный（「偽造の」）などと読むであろうとの有名な観察は，**原則的に**正しいのである。

さまざまな略語もやはり，ことばの統覚性の例示のための典型的な資料となっている。われわれは，名前や父称の略した表記（А. М. Иванов）を読みな

36　дура「ばか」，душа「心，魂」，дума「思い」，дуга「弧，弓形」

がらこの略語を解読しようとするとき，われわれの統覚量の程度しだいで《Анатолий Матвеевич アナトリイ・マトヴェエヴィチ》または《Александр Михайлович アレクサンドル・ミハイロヴィチ》と読む。ほかでもないこうした略語のさまざまな解読の可能性は，今も昔も喜劇的な目的で広く利用されてきている。ラビッシュ[37]のボードビルのひとつでは，ある夫婦が「Chevreuse シェヴロウズ」という土地の別荘へ出かけようとしており，出発の挨拶にまわろうとしている。妻はカードに《P.P.C.》(《pour prendre congé》「お別れのご挨拶までに」) と書く。一方，上流社会の洗練された慣習に不慣れな夫は，その《P.P.C.》を《partant pour Chevreuse》「シェヴロウズに向けて出発する」と読んでいる。夫は，妻が「それじゃヴェルサイユに発つときには《P.P.V.》と書かねばならなくなるわよ」と言って説得するまで，自分の読み方を譲らない。もっとも，夫が最終的に納得したのは，《P.P.V.》の場合《V》を「Versailles ヴェルサイユ」と読むことができるだけでなく，「Ville-d'Avray ダヴライ市」または「Venise ヴェニス」とも読めるからでしかない。これとおなじような略語判読は，単語のはじめの文字を互いに書き合う「セクレテール secrétaire」という遊びの基本にもなっている。この場合，理解が実現するのは，書き合う者たちの統覚量がある程度一致していて正しい推測が可能になっている場合か，あるいは発話そのもののテーマが**パターン化されている**場合である。この後者にもとづくのが，新聞広告のタイプの略語である。発話テーマのパターン化自体，統覚量の作用があらわれたひとつのケースにほかならない。

　このように文字を省略したり，抜かしたりする例は，ただ奇抜なだけの例を挙げるよりはるかに重要である。というのも，ことばのなかの語を通常知覚する際にも，われわれは語のすべての要素を知覚しているわけではなく，いくつかの要素だけ知覚して，残りは推測で補っているからである。この推測は統覚量の同化にもとづいており，この統覚量はその語の知覚に先行する一連のことばによって直接的に規定されている。

37　ウージェーヌ・ラビッシュ。フランスの劇作家 (1815-88)。

§38 不正確な知覚

われわれは，そのときのわれわれの心理を（意識にはあらわれていたり，いなかったりするが）なんらかの理由で支配している考え，感情，願望などのせいで，他者のことばを不正確に知覚したり理解してしまうことがよくある。そうした状況を描き出している例を引用してみよう。

事例1

私はペトログラードで勤務していた。あるとき，私は病気になり，ペテルゴフの親戚のところにとどまった。勤務先からはペテルゴフの私のもとに「配給食料」が通常調理済みの状態で運ばれてきていた。ある日，運ばれてきたもののなかに柔らかい感触の小さな紙包みがあった。すぐに私はしばらく「支給されなかった」バターだと思い，配達者にいったいこれは何かとたずねた。"форшмак［フォルシマク（ひき肉・ニシンとジャガイモのパイ）］"との答えがあったのだが，私はこの答えがはっきりと**聞こえなかった**。そして，包みをほどき，それがパイであったことがわかるとはじめて，実際にはこの語で答えていたことを，**あたかも思い出した**かのようであった。

この場合は，すぐにバターを思いついてしまったために，この言語的刺激を知覚できなかった，あるいはより正確には，意識できなかったのである。

事例2

私の同居人は勤め先からたいそうおなかをすかして帰ってきて，ジャガイモを炒め，自分の席に持ってきた。私も食べたかったので，ジャガイモをまだ焼くことができるかどうか（すなわち，料理台に火がまだついているかどうか）をたずねた。かれは「いいや」と答えた。「できるかどうか」という［ロシア語の］フレーズの出だしから，私がジャガイモをねだっていると「推測」したのである。料理台はといえば，まだ火がついていた。

この場合は，空腹感が不正確な知覚の原因となっていた。

事例 3

イサーク広場を部隊が通りすぎていたとき，「位置につけ！」（ナ・メ・ー・ス・ト）という命令が響いた。歩道に立っていた少年のひとりが，もう一人の少年に驚いて問い直した。「マエストロ？」

この不正確な知覚は，少年は「位置につけ！」という命令をあまり知らなかった一方，「マエストロ」という言葉には**反応しやすかった**ことによって，説明がつく。おそらく，少年は，軽演劇などの流行小唄歌手たちがこの言葉を用いて「楽団」指揮者やピアノ伴奏「嬢」に呼びかけ，出し物の会話部分から歌へと移っているシーンがよく出てくる，映画での使い方から，この言葉を知ったのであろう。

事例 4

私はセルビアの歴史に関する本を探しに次々と本屋を駆け巡った。やっと或る売り台で，『セルビア史』と表紙に書かれている本を見つけた。私はその本を手に取って店員の方へ向かったが，すでに途中でこれが『シベリア史』であったことに気づいた。

事例 5

最近，私はバルカン半島の地図を調べなければならなかった。今はもうアルバニア人が住んでいない場所におけるアルバニア住人の痕跡を探し求めてである。私はアルバニア語の一群の語，とりわけアルバニアの地名によく出てくる語をつねに記憶に留めていた。そのため，これらの語の特徴につられて読み間違いをした。例えば，《Bodrovo》を，（アルバニア語の《kodre》「丘」のせいで）《Kodrovo》と読んでしまうのである。

第1部　ダイアローグのことばについて

事例6

レーヴィンの嫉妬は……もはやどうしようもないところまで進んでいた。今，妻の言葉を聞きながら，彼はすでに自分なりに解釈していた。……キティの言葉の意味は，今度はもう，レーヴィンにはこういうふうに翻訳された……(『アンナ・カレーニナ』(原注38))[38]。

事例7

「そろそろ終わりますよ」医者が言った。こう言った時の**医者の顔が，あまりに真剣だったので**，レーヴィンは《終わりますよ》という言葉を，死ぬ意味にとった(原注39)。

この場合，「そろそろ終わりますよ」という語の理解は，医者の顔つきによってだけでなく(原注40)，悪い「終わり」がありえるというレーヴィンの強い恐怖感によっても，条件づけられているのである。

事例8

あるとき私は，引用している例をほかの例とも合わせて友人Xに読んで聞かせ，その際事例7のあとにまだいくつか例を用意していたのだが，Xは出だしの言葉「そろそろおわりますよ」を「例の列挙がおわる」という意味で知覚した。このとき，私の声のイントネーションはそのような根拠を与

---

[38] 「じゃ，明日，猟にいらっしゃるの？」彼女は言った。レーヴィンの嫉妬は，この数分間で，特に，妻がウェスロフスキイと話をしていた時にその頬を染めた紅の色を見て，もはやどうしようもないところまで進んでいた。今，妻の言葉を聞きながら，彼はすでにそれを自分なりに解釈していた。あとになって思いだすと実に不思議でならなかったが，今の彼には，猟に行くかどうかを妻がたずねる以上，見たところすでに妻が恋しているらしい，ワーセニカ・ウェスロフスキイに，彼がその楽しみを与えてくれるかどうかを知りたいばかりに，そんなことに関心を示すのだ，という気がはっきりとしたのである。「ああ，行くよ」われながら不愉快な，不自然な声で，彼は答えた。「だめよ，明日一日，見送った方がいいわ。でないとドリイはずっと旦那さまに会っていなかったんですもの。明後日，いらしたら」キティが言った。キティの言葉の意味は，今度はもう，レーヴィンにはこういうふうに翻訳された。『あたしと彼とを引き離さないで。あなたが行くのは，どうだってかまわないけど，あのすてきな青年との交際を，あたしに楽しませてちょうだい』(『アンナ・カレーニナ』II, 198頁)

えてはいなかったにもかかわらずである。

「そろそろおわりますよ」という語のこうした理解は，Xが例を聞くのに飽きあきしていて，例が「おわる」のをひたすら待っていたことによって，説明がつく。

§39　ことばの知覚と意識

「別のこと」を考えているとき，われわれは，話しかけられた内容をよく知覚できなかったりよく理解できないだけでなく，往々にしてまったく知覚していない（「聞いていない」）。したがって，われわれがことばの知覚または理解と呼んでいるものにとっては，言語的刺激の存在だけでは不十分である。われわれは，言われていることと「おなじこと」を考えていなければならないのである。すなわち，少なくともわれわれは，知覚している発話に対して中立的ともいうべき立場をとらねばならないのである。

外部からの言語的刺激の種は，耕された土に落ちなければならない。そのときはじめて種は発芽するのである。われわれのことばのなかに広く普及している，会話を開始する「呼びかけ」タイプの語や表現は（「すみませんがおうかがいします……」，「イヴァン・ペトローヴィチ……」など），この点では，はじまりつつある発話に関するまえもっての信号の役割を果たしており，「土」を耕している。話し相手がちょっとまえまで話していたことから内容の点で逸れているときや，演説者が「質問」に関係しない話をはじめたとき，かれらを理解するのがいかに難しいかは，よく知られている。演説者は，こうした場合，「何が言いたいのだ？」，「何を言ってるのか，わからんぞ！」などといった野次で話の腰を折られる。話し相手は，このような場合，例えば「実を言えば，別の話に移りたいのですが」といったような補足の信号を出すべきである。

論文の表題なども，論文の内容に対するわれわれの知覚を一定の流儀で調整している一種の信号となっており，表題が不適切な場合は知覚がむずかしくなる。（或る学童向け雑誌に載っていた）物語がとんでもない方向に知覚された

滑稽きわまりない事例に，たまたま出くわしたことがある。その物語は，トゥルゲーネフの短編小説『ホーリとカリーヌイチ』とは何の共通点もないのに，著者は「冗談に」『ホーリとカリーヌイチ』という題をつけていたのである。他者のことばの理解に関する興味深い事例は，プログラムどおりにおこなわれず，またそのことが聞き手に知らされていないコンサートで見うけられる。この場合，ときには聴衆はしばらく時間がたってからはじめて，このコンサートが「プログラムどおりでない」ことに気づくが，それまでは，聞こえてくるものを，不正確に呈されたプログラム信号と関連づけて知覚していた。

　ことばをまったく理解していないし知覚していない状態が，読書の際にときおり見られることがある。関係のないなんらかの考えによって気が逸れてしまったまま，「読み」つづけている，すなわち，わけのわからないまま走り読みしているようなケースである。

　以下では，トルストイの『アンナ・カレーニナ』から二つの例を引用することにしたい。ことばの知覚や理解と，意識が準備している状態との関係を，例示したものである。

> 1.
> 親友たちは途中ずっと黙っていた。レーヴィンは，キティの顔にあらわれた表情の変化が何を意味していたのかを考え……。オブロンスキーはみちみち夕食のメニューを作っていた。「君はひらめが好きだったな？」馬車を乗りつけながら，彼はレーヴィンに言った。「何が？」レーヴィンはききかえした。「ひらめ？ うん，ひらめなら**大好き**だよ」（強調はトルストイ）（原注41）

　この例では，頭のなかが以前からの悩みで一杯だったレーヴィンは，「ひらめ」に関する問いに答える準備ができていなかった。そのため，レーヴィンは二度問い直し（「何が？」と「ひらめ？」），そのあと答えはしたのだが，その答えは明らかに機械的なものであった。そのことを，まさに「**大**」《ужасно》という誇

張の語でトルストイは強調しているのである。

2.
「お宅のご主人のお話が明快で正確なのには, いつも感心させられますわ」彼女（ベッチイ）は言った。……。「ええ, そうですわね！」ベッチイが言ったことなどひと言もわからぬまま, 幸福の微笑をかがやかせて, アンナは言った（原注42）。

この場合, アンナの肯定的な「答え」は, ベッチイの発言のイントネーション構成に対する曖昧な受けとめにもとづいている。ベッチイのイントネーション構成が, アンナに発言そのものの「内容」をまったく認識させることなしに「同意」の言葉を機械的に呼び起こしたのである。

§40　話し相手の統覚量との一致, 不一致

話し相手の統覚量と自分の統覚量とに共通性があればあるほど, 会話で他人のことばを容易に理解, 知覚することができる。これと関連して, 話し相手のことばが完全に言い尽くされていなかったり, ほのめかし намек に富んでいる場合もある。また逆に, 話し相手どうしの統覚量が相異なれば異なるほど, 理解は困難になる。例を挙げよう。

事例1
キティは理解しようと努めて, 額に皺をきざんでいた。が, 彼が説明しはじめるか, はじめないうちに, 彼女はもう理解した。……彼女は, レーヴィンがまわりくどく表現した思想を, 完全に読みとり, 言いあらわしてくれた。レーヴィンはうれしそうにほほえんだ。ペスツォフと兄を相手の, 言葉数ばかり多い, こみいった議論から, いきなり, ほとんど言葉なぞ用いなくとも, このうえなく複雑な思想を簡潔明快に伝え合える世界へ移ったのが, ひどく彼を感動させた（原注43）。

事例 2

彼(レーヴィン)はこのヒントで彼女(キティ)の気持ちをさとった(原注44)。

事例 3

この種の鮮やかな例となっているのは，語の最初の文字を用いたキティとレーヴィンの説明である(原注45)。この場面はよく知られているため，抜書きは控えておく。[39] この場面が重要なのは以下のような理由のためであ

---

39 彼女は相変わらずテーブルの上にチョークで線を書きなぐっていた。……
「まあ！ あたくししたら，テーブルをすっかり線だらけにしてしまって！」彼女はこう言うと，チョークをおいて，立ちあがりそうな動作をした。
『このひとがいないところに，おれひとり残されたりしてたまるもんか！』彼はぎょっとして思い，チョークをとった。
「ちょっと待ってください」テーブルの前に腰をおろしながら，彼は言った。「ずっと前から，一つお聞きしたいことがあったんです」
　彼は，キティのやさしい，そのくせおびえたような目を，まっすぐみつめた。
「どうぞ，おたずねになって」
「じゃあ」と彼は言って，単語の最初の文字ばかりを書きつらねた。К・В・М・О，Э・Н・М・Б・З・Л・Э・Н・И・И・Т？　これらの文字は，こういう意味だった。《Когда вы мне ответили: этого не может быть, значило ли это, что никогда, или тогда?(いつぞや，それはできませんとあなたはお答えになりましたけど，あのときのお言葉は，絶対にという意味だったんですか，それともあのときだけのことなんですか？)》こんな複雑な文章を彼女が理解してくれる確率は，まったくなかった。しかし彼は，キティがこれらの言葉を理解してくれるかどうかで，自分の一生がきまるのだ，という顔付きで彼女をみつめた。……
「でしたら，これをお読みになって。あたくし，そうなってほしいと望んでいることを，申し上げますわ。心から望んでおりますのよ！」彼女は単語の最初の文字だけで綴った。Ч・В・М・З・И・П・Ч・Б。これは，こういう意味だった。《чтобы вы могли забыть и простить, что было.(あんなことがあったのを，忘れて許してくださったら，と思いますわ)》
　彼は緊張にふるえる指で，ひったくるようにチョークをとると，チョークを折るほど力をこめて，次の文章の最初の文字だけを書いた。《мне нечего забывать и прощать, я не переставал любить вас.(許すことや忘れることなんて，僕には何ひとつありませんよ。僕はいまだにあなた愛しつづけているんですもの)》
　彼女は微笑を顔にとどめたまま，彼を見つめた。
「あたくし，わかりましたわ」彼女がささやくように言った。
……
「書記(セクレテール)ごっこでも，やっとるのかね？」老公爵がそばに来て言った。
……
　今の二人の会話で，何もかも言いつくされていた。キティが彼を愛していることも，明日の朝彼が正式に訪問することを，彼女の口から両親につたえておくということも，すべて語られたのだった。(『アンナ・カレーニナ』Ⅰ，477-480頁)

る。すなわち，ここでは，意識の向かう方向がおなじで，言語的刺激の役割は最小限（最初の文字）になっているのだが，理解は誤りなくなされている。ちなみに，このほか，この事例をトルストイが自身の思い出から引いていることも重要である。

事例4
レーヴィンはこのごろではもう，自分の考えを正確な言葉で表現しようと苦労しなくとも，大胆に述べることに慣れていた。彼は，今のように愛情に満ちた瞬間には，妻が自分の言おうとすることを，ちょっとしたほのめかしですぐ理解してしまうのを知っていたし，事実キティは夫の気持ちを悟っていた（原注46）。

事例5
教授は話が中絶したために精神的な苦痛でも受けたかのように，むっとした顔つきで，哲学者というよりむしろ舟曳き人夫を思わせるこの質問者を，じろりと睨みつけ，それから「これじゃ話もできませんな？」とたずねるみたいに，コズヌイシェフに目を移した。しかしコズヌイシェフは，教授ほどひたむきに一面的な態度で話していなかったし，教授に答えながら同時に，今のような質問を起こさせる単純な，ごく自然な観点を理解してやるだけの余裕を頭のなかに残してもいたので，にっこりして言った（原注47）。

この場合，教授が理解できなかった原因は，レーヴィンと教授の「哲学者像」に関する理解の不一致，会話へのレーヴィンの介入の奇妙さや意外性，そして教授自身の知的気質の極端な一面性や狭さにあった。
　おなじような現象は以下の例でも見られる。

事例6

レーヴィンは地主と話をつづけ，すべてのトラブルは，われわれが労働者の気質や習慣を知ろうとしないために生ずるのだということを，証明しようと努めた。しかし地主は，他人とは関係なくひとりきりでものごとを考える人間の例にもれず，他人の思想に対してはのみこみがわるく，自分の考えに特に執着した（原注48）。

§41　「問題は何か」

　ことばの理解には，「問題は何か」を知っていることが必要である。「問題は何か」を知ることによって，推測で理解したり，ほのめかしからことばを理解できるような，幅広い余地が生じる。以下の例は，こうした状況をある程度解明することを目的としている。

　事例1
　持ち前の判断力の早さで，彼（オブロンスキー）は（新聞記事の）それらの皮肉の……ことごとく意味を理解した（原注49）。

この場合，もちろん，「皮肉のことごとく」を理解できたのは，「判断力の早さ」だけではなく，オブロンスキーがそれまでの読書や会話などから，記事で話題になっていたことを「よく知っていた」ためである。まさに「問題は何か」がわかっていたからこそ，理解したのである。

　事例2
　電報をひらくと彼（ステパン・アルカジエヴィチ）は，例によって間違いだらけの電文を推測で訂正しながら，読んだ（原注50）。

　事例3
　「ところで，モスクワへはどんな用で来たんだい？……」……

「もう察しがついてるんだろ？」……レーヴィンは答えた。

「うすうす察しはついてるけど，こっちから，**これ**を切りだすわけにゃ行かないやね……」……

「じゃ，君の考えをきかせてくれないか？」……「君は**これ**をどう見る？」……

「僕か？」……「**これ**ほど望ましいことはないと思うね」（原注51）。

「これ」（《это》）という語はここではいくらか婉曲的なニュアンスを帯びているとはいえ，相互理解は，語彙的に曖昧な会話のトーン（「これ」《это》）にもかかわらず，実現されている。これは「問題は何か」を承知しているおかげであり，またそれまでの印象や会話などからこの場合の正しい推測ができるような余地が生じているおかげである。レーヴィンとオブロンスキーの会話における《это》（「これ」）は，フランス語の《le chose》（「物」）と似ている。この語はどんな語にも置き換えが可能であるのに，「問題は何か」がわかっているときには理解困難をもたらすことはないのである。参照せよ。「j'ai vu le chose et il m'a dit...私はそれがわかった。そしてかれは私に言った……」

事例4

まだとても幼かった頃の印象のうち，私は，キエフ市長ソリスキーの死について同い年の者と話したことを覚えている。これは町中の「事件」であり，大人たちが話題にし，私たちも話題にしていた。何かの遊びをしているさなか，私はまったく藪から棒に，「それで，なんでかれは死んでしまったの？」とたずねた。この問いは客観的に不明瞭であるにもかかわらず，かれは，友人として即座にしかるべき答えを出した。というのも，かれの頭のなかはどうやら私とおなじくらいソリスキーが占めていたからである。

事例5

だれ一人，彼（ニコライ・レーヴィン）の言ったことを聞きとれなかったが，

キティだけは理解した。病人に必要なことを，たえず頭の中で考えつづけていたために，理解できたのだった（原注 52）。

§42　ほのめかし

「問題は何か」を知っている状態での推測による理解，および，そのことに合わせての，ほのめかしによる発話，さらには話し相手同士の統覚量の共通性などは，言語交換に際して**きわめて大きな役割**を果たしている。これに関して，次のように述べているΕ・Д・ポリヴァノフはまったく正しい。「実際に，われわれの話すことのすべては，〈問題は何か〉を理解している聞き手を必要としている。もしも，われわれの述べたいことのすべてがわれわれが使用している語の形式的意味にあったならば，一つひとつの思考を述べるために，現実になされているよりもはるかに多くの語を用いなければならなかったであろう。われわれは，必要なほのめかしだけで話しているのである」（原注 53）。

この引用における「ほのめかしで話すこと」という言い方の意味を明らかにするにあたってわれわれが言えるのは，ここで問題になっているのは，言語交換の一定の諸条件に依存した**統語論的構造の独自性**，とりわけ（上述の統覚量の同一性がないときの）より論証的に話すことと比べて統語論的構造が客観的に**単純**であるということである。しかし強調すべきは，統語論的構造のこうした単純さは，おなじ要因に条件づけられているにしても，この場合，発生には**二通り**ありうるという点である。実際，統覚量が同一であり，また話し相手が言われたことをすぐに理解すると確信しているときには，ことばに対するまったく無頓着な態度があらわれる可能性があり，「ほのめかしで話すこと」は「**行き当たりばったりに話すこと**」となるだろう。発話は，意識のコントロールなしにおこなわれ，この場合，話し手に関係なくさまざまな精神生理学的要因の影響を受ける。この種の「簡略化された」統語論のタイプは，容易に理解してくれる話し相手を**意識的に当てにした**，**もうひとつの**ありうるケースとくらべると特異なものであるということになろう。後者の場合には，**特別な緊張状態**という状況のなかで話されており，**最大限に統語論的に区分した状態で**（前者

の場合には統語論的区分は最小限になりうる），語が意識的に選択されている。この場合のことばによる「ほのめかし」は，述べられている考えを**濃縮**したかたちで含み，内容に満ちたものとなるであろう。ことばの簡略化そのものは，また別の方法でなされることとなろう。

たしかに，「ほのめかしで話すこと」は，ポリヴァノフの論文からの引用の枠内にとどまるならば，統語論的構造の独自性や「極端に少ない語数」の使用を指摘することで尽くされているかに思われるが，実際にはそうではない。「ほのめかしで話すこと」は，ほかの**法外に重要な言語学的**現象の原因にもなっているのである。

「ほのめかしで話すこと」ゆえに，例えば，まず第一に，語を使用する際の**定**（［例えば定冠詞］der, le）と**不定**（［例えば不定冠詞］ein, un）という文法的カテゴリーが言語に存在しうる（原注 54）。どんな語（книга「本」，стол「テーブル」，напильник「やすり」）も，しかるべく具体化する補足的説明なしで（ほのめかしで）具体的意味で使用できるのは，「問題は何か」を知っている，すなわち統覚量がある程度共通している場合に限られる。語の意味論の分野における一連の現象，とりわけ，いわゆる語の意味の具体化も，同様におこなわれている。さらには，当該の環境の枠内での統覚量の共通性は，言語発達の基本的事実のひとつ——独自の語彙，語法，統語論などを持ったさまざまな**社会的方言** социальный диалект の形成——の原因にもなっている。

§43　話し相手の統覚量

ここまでの節では，他者のことばを知覚および理解する際の統覚性について例を挙げながら説明してきた。すなわち，主にこの現象の一般的条件に言及してきた。不可欠なのは，とりわけダイアローグという条件下での統覚過程を詳しく明らかにすることである。

40　ロシア語の場合，冠詞は存在しないが，語順その他で定と不定の区別をある程度まで表すことはできる。

当該の話し相手の統覚量は，会話の開始時点では，その者に固有の恒常的な統覚量から「構成」されており，この統覚量は，その瞬間に補足される統覚や，話し相手や状況に対する知覚，さらに会話のテーマに関するある程度具体的な観念の知覚などによって拡張される。すなわち，会話の始まりにおいては，当該の話し相手の統覚基盤は，話し相手の応答の内容を知覚することによってさらに拡張し，変化する。このようにして，このあとは，要するに，知覚したばかりの応答に規定されている統覚量を背景にして，話が次々と進んでいく。直前の応答を知覚したものの，述べられていることが理解できたとか自分のものにできたという意識がない場合には，問い返すか，ダイアローグが徐々に打ち切られることになる（ここで念頭においているのは，話し相手の考えへの**同意**ではなく，その考えを会得するという意識そのものである）。後者のケースはわれわれにはほとんどの関心がない。というのも，その際にはわれわれの検討対象そのものが消えるからである。前者の場合は，表現形式そのものに注意を集中するとともに表現力という意味でいくらか説明を加えた発話を，話し相手から引きだすことになる。その先，会話は続けられるか，あるいは，こうした試みを繰り返したあと，消滅していく。これに対して，応答の内容を会得した場合は，後に続くどの話しも，先行する応答の内容が統覚量に持ちこまれるため，著しく容易になり，またしたがって，純粋に言語面での緊張は，話しているどの場合においても弱まる。基本的な統覚量が共通している際にも，発話の言語成分は著しく簡略化する。というのも，後に続く応答のたびにこの共通性が強まるからである。この場合は，語数ははるかに少なく，語法の明確さもはるかに少なくてすむのである。

　ことばの知覚における統覚性が言語的刺激そのものの意義を減少させる要因として持つ一般的意義は，ダイアローグのことば全般，とりわけ今述べてきたケースにおいて，モノローグのことばにおけるよりもはるかに鮮明にあらわれている。モノローグのことばにおいては，統覚量の更新という契機が欠けており，話し手にとって明確な，ことばを知覚する者の側からの反応がない。またそれゆえに，純粋に言語的なものが，意識的および無意識的に，より完全，よ

り複雑に実現される。

第7章　日常的なパターンとダイアローグ

§44　日常的なパターンと言語パターンとの関係 Ⅰ

よく知られているものに，次のような二人のおしゃべりおばさんのやりとりがある。二人のうち，一方は聾者であった。

　——おばさん，こんにちは
　——**市場に行ってたのよ**
　——耳が不自由だったかしら？
　——**雄鶏を買ったわ**
　——さようなら，おばさん
　——**50コペイカだったわ**

このやりとりは，聾者の「的外れな」答えを茶化している。しかしそれにもかかわらず，聾者の「答え」にはある一貫性，「法則性」を見いだすことができる。これらの答えはある程度「正確」ではあるが，その正確さというのは質問に対してではなく，**特定の日常的な状態**に対してのものである。すなわち，二人の知り合いの出会いと，その出会いに際してのパターン化した会話である。

じつは，聾者は初歩的な誤りをひとつ犯していた。出会った際には挨拶をかわすということを忘れていたのである。これに対して残りの答えは，パターン化された一続きの質問——どこに行っていたのか，何を買ったのか，いくら払ったのか——を念頭においていた。この点では彼女の推測は実に生き生きとしたものであり，「会話」は次のように進行していくはずだったろう。

第1部　ダイアローグのことばについて　　55

——おばさん，こんにちは

——**おばさん，こんにちは**

——どちらへ？

——**市場に行ってたのよ**

——何を買ったの？

——**雄鶏を買ったわ**

——いくらだった？

——**50コペイカだったわ**

このようであれば，話しかけたおばさんは，受け答えするおばさんが聾者であることに気づかなかっただろうし，会話はまったく順調に流れていったことだろう。

　聾者たちはいつも的外れな受け答えをしているわけではけっしてなく，しばしば適切な受け答えができている。多くの場合に聾者が指針としているのは，まさに状況の考慮や，日常的なパターンの重視であり，このパターンに言語パターンも対応しているのである。いずれにせよ，それぞれのケースにおいて聾者は正確な，あるいは不正確な推測をするが，推測の「基礎」そのものは，言語的コミュニケーションの際の有効な契機としての，日常生活のパターンと言語パターンとの一致という契機を，かなり明確に指し示している。こうした契機は，もちろん，聾者にとってだけでなく**全般**に有効なものである。

§45　日常的なパターンと言語パターンとの関係 II

　われわれの日々の日常生活は，**反復されたりパターン化したもの**に満ちている。他の人々との相互作用全体のうちのかなりの部分が，**パターン化した相互作用**となっている。しかしわれわれの相互作用は，どんなものであろうと，ほぼつねに言語的相互作用，言語的交換を伴っており，そのため，パターン化した相互作用はパターン化した言語的相互作用にあふれている。この両者のあいだには，きわめて密接な連想的結びつきができあがっている。われわれは，慣

れ親しんでいることには一般にほとんど気づかないのとおなじように，こうした事情にもほとんど気づいていない。しかし，この結びつきは**時間面**においてさえあらわれているのである。すなわち，一日の一定時間に，一定の言語事象が対応しているのである。この結びつきはきわめて緊密なために，毎日の決まった「用事」をする一日の一定時間には，われわれが知覚する他者のことばが，特定の意味で，ときには「不正確に」知覚されたり，日常の事情の考慮に依存して統覚されることもある。例を挙げよう。

　私は「夜にサモワール［ロシアの湯沸かし器］を沸かす」ことを日課としている。けれども，それは没頭するほど重要なことでもないので，誰かが「サモワールを沸かす時間だ」と大声を出すまでは，たいてい自分の部屋にいる。この文は私の頭のなかで夜9時近くの時間とひじょうに密にむすびついているため，この文と意味上は何の関係もない文をもその文でもって統覚してしまう。このため，次のようなダイアローグがありうることになる。

　　――「今日，新聞買った？」
　　――「まだ早いな，30分後に沸かすよ」

つまり，このダイアローグは，先に挙げた「耳が不自由だったかしら？」とまったくおなじ流儀で進行しており，応答は，言語的刺激の具体的意味とむすびついておこなわれているのではなく，日常的パターンの（もちろん無意識的な）考慮とむすびつけた言語的刺激が**理由で**おこなわれている。

　おなじような「ダイアローグ」の別の例も見てみよう。私は朝，自室から「今日はいやに冷えるじゃないか！」と叫ぶ。「もう10時ですよ」と返事が返ってくる。この「的外れな」返事は，毎朝の私の第一声は「何時ですか」，すなわち，もう起きる時間かどうかがふつうであることによって，説明がつく。もうひとつ例を挙げよう。私は自室から出て，「招待状をどこかに置き忘れてしまった」と言う。「アヌシカが電話をかけてきたんですよ」と「返事がある」。実際，私には聞こえなかったが，電話はあったのである。通常私はいったい誰

から電話があったかに興味を抱いており，それについてよくたずねるために，今回も，「誰から電話があったのか」というパターン化したダイアローグに合わせて，「返事があった」のである．

§46 日常的なパターンと言語パターンとの関係 III

　もちろん，上記のように日常的パターンを指針とするケースがもっとも明瞭に確かめられるのは，「的外れな」答えの場合においてであるが，ごく普通の場合においても存在することは言うまでもない．

　あるアパートにあなたといっしょに「ミーシャ」某がいるとき，あなたが大きな声で「ミーシャ！」と言うと，ミーシャはそれを聞いて，理解し，「なにか？」と答えるだろう．しかし，こうした間違いのない理解をもたらす事実となっているのは，「ミーシャ」という語を明確に知覚したことだけではなく，いやそれよりもむしろ，――この語をだいたい知覚しつつ――あなたがほかの人を呼ぶことはありえない，あなたが以前にもかれをおなじように呼んだ，あなたがかれを必要としていることにかれは実は気づいているといったこと等々を，無意識に「推断している」ことである．あなたがかれを「ミーシャ」ではなくほかの名前で叫んだとしても，かれはおなじ理由でそれを「ミーシャ」と知覚する可能性がある．

　もしあなたが食事の席についており，皿を渡すように頼まれたならば，あなたに向けられた語を理解する要因となるのは，これらの語そのものだけではない．食事中という状況や，食事の席ではいつも皿を渡さなければならないということ，それが食事のパターンであるということも，要因となろう．

　もしあなたが新聞売りに近寄り，「クラースナヤ［という名の新聞］をください」というならば，その新聞売りはあなたの言ったことをすぐに理解するだろう．しかし，あなたが「チェルヌイショフ横町にはどう行ったらいいのですか」とかれにたずねたとしたら，しかも新聞売りにとって書き入れ時にこうたずねたとしたら，新聞売りはあなたの言ったことをそう簡単には理解できず，問い直すか，またはことによったら，答えの代わりに新聞をあなたに渡すだろう．

理解の諸要因のなかには，言語交換と，新聞売りにとってパターン化している日常的状況との間に一致がないからである。またあるとき，私が居合わせていた折に，女性が理髪店に立ちよって，理髪師に向かって「石鹸を買っていただけませんか？」と言った。理髪師は「調髪しますか？」と問い直した。つまり，理髪師は彼女を客だと思い，理髪店におけるパターン化したダイアローグの慣れ親しんだ「テーマ」にもとづいて，彼女の問いかけに反応したのである。

§47　日常的なパターンと言語パターンとの関係 Ⅳ──モーパッサンから

　これまで述べてきたような，パターン化した日常的相互作用がパターン化した言語的相互作用を生みだしていく状況をもっとも容易に示しうるのは，きわめて閉鎖的かつ単調で，パターンの反復に満ちた環境といった**極端な**場合である。例えば，**モーパッサン**の短編『**家庭**』(原注 55) がそうである。

　これは，「官吏としての几帳面な生活をずっとつづけてきた」カラヴァンについての話である。「かれは毎朝，自分の役所へ，判でおしたように出かける。**おなじ道すじを**通り，**おなじ時間に**，**おなじ**場所で，やはり出勤するおなじ人々の**見知った**顔も出会う。そして，毎夕，**おなじ道すじを**自家に帰ろうとすると，**またしてもおなじ**顔に出会うのだが，その顔が老いぼれてゆくのをずっと見てきたのである。**毎日**，場末のサン・トノレの街角で一スウで新聞を買ってから，例によって，二切れのパン菓子を物色に行く，……役所に出頭するのである。叱責されはしないかと，心配のたえまがないので，**いつも**びくびくして……」(原注 56)。「この男の生活の**単調な**秩序を，何ごとといえども変えるということはなかった。なぜなら，役所の仕事，進級，賞与以外は，いかなる事件も彼には関係なかったからだ。……自分の役所に関係のあるもののほかは，どんな考えも，どんな希望も，どんな夢もいだいていなかったのだ」(原注 57)。かれは「ヴェルモット」を飲みに「行きつけの」カフェを訪れ，そこではもちろん，**おなじ顔**と会っていた (原注 58)。当然のことながら，このような日常の単調さ，このような極端にパターン化した生活は，ことばの面においてもおなじような単調さとパターンを生みだしていた。「毎晩，夕食を食いながら，

彼は細君の前で大いに大いに議論してみせるのだった」(原注 59) など。勲章をもらったあと, 「**何かにつけ**,〈おれの勲章〉**と言っていた**」(原注 60)。「この二人の男(カラヴァンとシュネー)の会話は, 凱旋門からヌイイに至るまで, 要するに, **いつもおなじ**であった。その日も, 毎度のことながら。まずこの地方のさまざまな悪弊からはじめた……。それがすむと, いったい医者といっしょだと**かならずそういうことになる**ものらしいが, カラヴァンも病気のほうに話題をもってゆくのである……」。その後, 90歳の老婆である自分の母親の長寿ぶりに話を変え, 「あんな年齢まで生きるなんて, よくあることですかね?」と「**かならずたずねるのである**」(原注 61)。カフェではいつもの「親身の言葉」と「なにか変わったことありませんかい?」という「**きまり文句**」(原注 62) があった。

　カラヴァンの家でも, やはりパターンときまりがあった。妻は**自由な時間のすべてを**アパートの掃除に費やしており, 「おきまりの」メリヤスの手袋とバラ色のリボンのついた帽子を身につけていた。「彼女が……灰汁(あく)で洗ったりしているところを人から見られようものなら, **いつもきまって**言うのであった。〈わたしはお金持ちではありませんので, 宅では万事質素です。でも, 清潔が私の贅沢(ぜいたく)なんです〉……」,「**毎晩**, 食卓で, それから寝床で, 夫婦は役所の仕事のことをきり果てしもなく語るのであった」(原注 63)。毎日, カラヴァンが戻ると, 「お役所に何か変わったことありまして?」と質問される(妻にも娘にも質問されるのだが, 娘は母親のような口のきき方をし, 母親の言いそうなことを言い, その身振りまでもまねていた)。役所での新しい辞令に関しては, カラヴァンは「**昔ながらの駄洒落をくり返し**」, 娘は「そんなら, また一人, パパを追い越しちゃったのね」とパターン化したフレーズを言う。カラヴァンは話題を変えようと, 「**三階(うえ)のおかあさん**, 変わりないかね?」とやはり明らかに繰り返された文句を言う(原注 64)。

　もうひとつの作品(『死の如く強し』(原注 65))ではモーパッサンは, パターン的に繰り返される「上流社会の人」の日常生活の一場面を取り出している。「下男に着付けをしてもらった**紳士**は, まず髭剃りに参上した床屋を相手に**二,**

三のわかりきったような考えを述べる。それから朝の散歩に出かけるのだが，馬丁たちに馬の健康状態をたずねてから，森の小道を小刻みに馬を走らせる。……昼の食事は……奥方と差し向いだが，話題といっては今朝がた見かけた人々の名前をいちいちあげるだけである。それから日が暮れるまで，サロンからサロンへと渡り歩いては同類との付き合いを通して自分の頭を鍛え直す。晩餐はどこかの大公の邸に招待されているから，そこに行ってみんなして欧州の情勢を論じる」。

われわれみんなも，個人生活において，こうしたパターン化した反復要素やそうした要素に対応するパターン化した言語的表出を見いだすことはできよう。カラヴァンにおいては極端な程度で見られるものが，ある程度（**かなりの程度！**），**われわれみんな**にも存在している。われわれ各自のなかには日常生活のカラヴァンが潜在しており，そしてそれらにはことばのカラヴァン Караван речевой が相応している。

§48　日常的な状況と言語的刺激

本章の冒頭の節で述べた日常生活のパターンとことばのパターンとの一致という契機に話題を戻し，これまでの観察から結論をだそう。この契機は，ことばの知覚，またしたがって話しぶりをも規定している言語的コミュニケーションの際に，有効な契機である。

結論はこうである。（ここで見てきたばかりの）ダイアローグ的コミュニケーションの際には，日常的な状況は，ことばの知覚のもろもろの要因のひとつであり，**伝達的**意味を持っている契機にほかならない。このため，言語的刺激の役割は減少し，言語的刺激はいくらか後方へしりぞき，明確に知覚されなくなる。話すこと自体は，日常的な状況のこうした伝達的意味を無意識的に当てにしており，それゆえに，十全さや明瞭さに乏しいこともある。熟考や選択の契機は不可欠とはみなされず，話すこと自体は，単純な意志行為として進行しがちであり，そのうえ慣れ親しんだ要素を伴っている。このようにして，われわれはすでに先に出した結論と類似した結論に辿りつこうとしている。

§49　パターン化した文

　日常生活の一定のパターンとむすびついた話しぶりは，あたかも当該の日常的状況やパターン化した会話テーマに専用となっているかのような，パターン化した文を形成することであろう。このような文の数多くの例が，さまざまな実用外国語入門書や旅行案内書[41]に見うけられ，そこでは例がまさに会話のパターン化されたトピックごとに分けられている。例えば，「衣服」，「家」，「食べ物」，「寝起き」，「洗面」，「天気について」，「商売，売買」，「病気について」，「カフェとレストランで」などといったトピックに属する文である。

　こうした文は，おなじような日常生活状況で利用されつづけているため，まるで**化石化した** окаменелый かのようであり，一種の**複合的な統語論的パターン**と化している。文の分節はかなり**消えており**，話し手も文を諸要素に**分解することはほとんどない**。このような文の再生や活用は慣れ親しんだパターンの再生であり，これは慣れ親しんだ語や「慣用句」の再生と比較できる。もしこのような文を用いるときに，それが個々の要素——すなわち「語」——から成り立っていると漠然とでも感じるとしても，それは，この漠然とした分節が，**われわれの思考が分節されている**ことによって引き起こされているためではない。そうではなく，主として，純粋に形態論的な連想のため，すなわち屈折的要素（格変化，活用）の存在のためである。しかもこうした文は，спустя рукава（「いいかげんに」）[42]や，железная дорога（「鉄道」）[43]といったタイプの「慣用句」と完全に似ている。железная дорога では，分節は——それが存在している限りだが——（「形容詞+名詞」という）似たような形態論的な連想に**のみ**もとづいているのであって，しかるべき観念の分節可能性によって支えられているわけではまったくない。ただし言うまでもないが，このようなタイプの

41　19世紀後半から20世紀初頭のロシアのツーリズムや旅行ガイドについては，L. マクレイノルズ『〈遊ぶ〉ロシア』高橋一彦ほか訳，法政大学出版局，2014 が参考になる。

42　動詞 спустить の副詞的分詞（「おろして・おろしたあと」）+対格（直接目的語）の名詞複数形 рукава（「両袖を」）からなっている。英語でいう分詞構文にあたる：直訳すれば「袖をおろした状態で」↔「腕まくりをして」

43　形容詞単数女性形 железная（「鉄の」）+女性名詞 дорога（「道」）からなっている。

フレーズは，もうひとつのタイプとは明確に対置すべきである。спустя рукава の場合は，思考が区分されていることにも相応している明白な分節を伴った一定の**組み合わせ**になっている。このタイプのフレーズは，パターン化した語の使用よりも，むしろ，慣れ親しんだ形態素を使っての新語形成とくらべられよう。この спустя рукава の場合は，実際，[спустя という語の]**動詞的**意味を持った**統語論的構造**を問題にすることもできよう。これに対して железная дорога の場合は，**構造化している**既成のフレーズ——**名詞的**意味を持った構造——が利用されている。

　これら二つのタイプのフレーズの区別が，言語学，とりわけフレーズ論にとっていかに重要であるかは，強調するまでもない。この問題にこれ以上詳細に言及することは，拙論の課題に含まれていないが，パターン化したフレーズのようなタイプは日常生活のパターンという条件下で話すことと関連してダイアローグのなかに生じる以上，この状況を指摘しておくことは不可欠であると考えた。

第8章　ダイアローグとことばのオートマチスム

§50　選択や，諸動機の闘い

　ことばの使用は，部分的には，複雑な意志行為として進行している。すなわち，ことばを用いることそのもののまえに，選択 выбор や，諸動機 мотивы の一定の闘いという契機がある。このようなことばの複雑な使用の例をいくつか見ていこう。

事例1

　私は，何かとても言いづらいことを，尊敬する好きな人に伝えなければならない。私のなかでは二つの感情が闘っている。一方では，事情をありのまま述べ，すべてを一挙に言ってしまいたい，すなわち「だしぬけにしゃ

べりまくり」，片をつけてしまいたいところであるが，他方では，その人を腹立たせ，ことによると侮辱することになりはしまいかと恐れており，その結果，慎重に少しずつ考えを述べたり，ことばを選びながら遠まわしに話したり，はっきりと話さないでいたりする。

事例2
ことばで一連の推論を伝えることが不可欠な場合。例えば，私のなかでは，思考を明確に表現しないですます，日常言語で培われた慣習と，自分の結論をより正確に，より明確に示すべきであるとの意識とが，闘っている。後者が優勢であり，私は，自分の目的に適しているかどうかという観点から語や語結合のあいだで選択をしたり，文の可能な組み合わせのあいだで選択をする。

事例3
「上流社会の」サロンで，さまざまなくだらないことをめぐって，皮肉や冗談の調子で，しゃれや「bon mot 気のきいたことば」を用いて，会話がおこなわれており，それに応じて，語やイントネーションが選択されている。そして，たまたま言語化される表現は，「causerie 雑談」に共通の文体を乱していないかどうかという観点から，評価される——受け入れられるか，退けられる。

事例4
自分と異なる社会環境にある人と話をする。例えば，自分よりも「文化的」でない環境にある人や，子どもと話をする。私は，話し相手が私のいうことをできるだけ容易に理解できるように，語や語結合の選択をおこなう。書かれたことばの分野でも，こうした現象は見られる。例えば，ポピュラーサイエンスのパンフレット。

事例5
詩人が詩を書いている。詩人はあれこれと語結合や語を選ぶ。ある動機(例えば音を考慮)にもとづいて，当該の「異本」に決めがちであるものの，ほかの動機(例えば意味を考慮)に駆りたてられて，それをやめることもある。

事例6
私は会議で議長を務めている。そこでは，私の関心を惹く問題が活発に議論されている。この問題に強い関心を抱いている私は，いまにも，舌を「解放」し，論争に口を出し，論争を機知の極致でもって飾り，ふだんのままの情緒的流れをことばに添えかねない。ことばはほとんど私の口から出かかっている。しかし私は，自分が議長であることを忘れてはおらず，自分を抑制し，慎重にことばを選び，平静なイントネーションを自分に強いている。

これらに似たような事例は，まだまだ挙げられることだろう。さまざまな状況ゆえに生じる言語活動の複雑さは，人びとの言語実践においてきわめて広く見られる現象なのである。

§51　不慣れな言語活動

　この節では，**不慣れな**言語活動 непривычная речевая деятельность，すなわち不慣れな要素を伴った意志行為として進行する言語活動の例をいくつか挙げてみよう。

事例1
私は，あまりよく知らない言語で話しており，私にとって珍しい音(おん)，音群，統語的言いまわしなどを用いている。

事例2

私は，新しい借用語や言いまわし，または私の周囲で最近できた新語を用いており，これらの新語は不慣れな要素として私の言語活動に入ってきている。

事例3
情緒的に彩られた会話において，私は自分の考えや感情に合った語が見つけられずにいる。そこで，新語を「創りだし」たり，「不正確な」言いまわしを使う。こうしたことを意識的ないし無意識的に行っているのだが，自分が見つけた新語を不慣れなものと感じている。

事例4
私は会話のなかで，地口やbon mots（気のきいたことば）を利用している。それらは，言語活動のうちの不慣れな要素となっており，言語事象を不慣れなかたちで組み合わせたものを生みだしている。

このような例もまたいくらでも挙げられよう。これらに適っているようないくつかの事例は，拙論『詩的語彙結合について』（原注66）で論じている。例えば事例2, 5, 7, 9, 10[44]その他を参照されたい。

複雑にしてかつ不慣れな言語活動 сложная непривычная речевая деятельность の事例もありうるし，ひんぱんに見られる。例としては，例えば§50の三つ目の事例とこの節の四つ目の事例との組み合わせが挙げられる。

まったく明らかなように，複雑な言語活動の事例も不慣れな言語活動の事例も，ましてや複雑かつ不慣れな言語活動の事例も，心理学的な観点から見れば，言語事象に対する自覚と関心の集中を特徴としている。

44　いずれもトルストイ『戦争と平和』からの例。ロシア人がフランス語で話す場面が引かれている。

§52　知覚プロセスの不慣れな契機

ことばにおける不慣れさという契機は，ことばを知覚するプロセスにおいても例証しうる。例を挙げよう。

事例1
話し相手または発言者自身の言いまちがいの知覚。

事例2
(発音や語法において)いくらか方言色をおびたことばの知覚，さらにはまた，まれにしか聞くことのない外国のことばの知覚。

事例3
(統語論面で)異常な組み立てのことばの知覚。

事例4
ある状況やある関係のなかである言語事象を知覚する際の意外さ。例えば，礼拝の際のロシア語[45]，知識人の普段の会話におけるジャーゴン，詩における日常的な「低俗な」語など。

事例5
(言語の点で)新しい文学流派の文学作品の言語から受ける最初の感覚。あるいは，日常的なことばとの対比における詩的言語の知覚。

事例6
ある社会環境の言語に最近入ってきた新語の知覚。すなわち，話し相手が意識的ないし無意識的に創りだした表現を会話の際に知覚する(§51の事

---

[45] 本来は教会スラヴ語を使用。

例3を参照)。

§53　オートマチスム I

　複雑にしてかつ不慣れなものとして進行し，言語事象に対する自覚や注意集中を伴うような言語活動が存在することを指摘する際には，われわれは，**複雑さ**（つまり選択や，諸動機の闘いといった契機）も（話すことや知覚の）不慣れさもないような言語活動も，見落としてはならない。こうした言語活動の際には，言語事象はごくわずかにしか意識されないか，あるいはまったく意識されず，関心対象となっていない。

　後者の場合，われわれはことばをあたかも「無意識に」であるかのように，自動的に用いている。
<small>オートマチック</small>

§54　オートマチスム II

　上で挙げたような例が**複雑にして**かつ不慣れな言語活動のケースであるのに対して，ことばのオートマチスムに関しては，**慣れ親しんだ要素を伴った単純な意志行為**として進行することばが問題となろう。実際，この場合は――（選択や，諸動機の闘いがないため）活動開始に先立つ瞬間にも，（言語事象は慣れ親しんだものであるため）**活動そのもの**の時間にも――言語事象は意識に入り込まず，関心外にある。

　あらゆる言語活動は，最初は――習得段階においては――複雑で不慣れな活動である以上，自動的な言語活動は，意識的活動のなかから反復や練習，慣れによって生じてくる，いわゆる**第二次的・自動的**活動 вторично-автоматическая деятельность といったタイプに属すことになる。

§55　オートマチスム III

　言語的表出のときの自分自身の体験を（思い出にそって）内省するだけで，われわれは上述のオートマチスムの存在を納得できる。言語の音論的側面，形態論的側面に関してはもちろんのこと，語法の面でも，われわれはたいていの

場合，注意が欠如していることや，いかなる語に関しても選択が欠如していることに気がつくことであろう。日々の経験から納得しうるように，しばしばわれわれは自分の考えを十分には表現しなかったり，必要な語を抜かしたり，或ることを考えながら別のことを話している。言おうとしていることと，その実現が一致していないのである。こうしたことすべては，なんらかの精神生理学的法則に起因している。また，こうした法則がスムーズに作用しているということは，言語記号に対する統制的注意が集中していないことに起因している。普通われわれが気づかない言いまちがいも，これとおなじ現象に起因している。ヴヴェジェンスキー教授（原注 67）は，誤った推論やその発生原因に関する問題を検討し，次のような結論に達している。すなわち，人間の思考の機構そのものにはそのような原因はないのであり，にもかかわらず誤った推論が生じるとするならば，それはひとえに，語の意味を不注意に用いたり，語を脱落させたりするせいである。

§56　ダイアローグとオートマチスム

　ダイアローグについて以上述べてきたことから明らかなのは，以下の三点である。すなわち，ダイアローグ形式は，熟考や選択なしの単純な意志行為としての言語活動の進行を促すということ，ダイアローグ形式は，相互作用全般において言語的要素の意義を減少させ，ことばが注意や意識の制御なしに進行するよう促すということ，そして，ダイアローグ形式は，言語的要素に慣れ親しんでいる場合にもっともうまく遂行されるということである。

　ダイアローグ形式は，自動的な活動としてことばが進行するのを促す（原注 68）。

§57　ことばの可変性

　ことばのダイアローグ形式とことばのオートマチスムとのあいだに緊密な相互作用があることを主張するにあたっては，われわれは，この状況を，言語形式としてのダイアローグが言語の可変性をめぐる問題において通常果たしてい

る役割と関連づけなければならない。シチェルバ教授は前述の著作のなかで，「ダイアローグにおいては，新しい語や形式，言いまわしがつくられる」と述べている。ことばの「進歩的な」形式 «прогрессивная» форма としてのダイアローグが，「保守的な」形式 «консервативная» форма としてのモノローグに対置されている。

　この場合，二つの可能性があることは明らかである。すなわち，ことばの可変性やことばの「創造」が**意識的な**かたちであらわれ，われわれは複雑にしてかつ不慣れな言語活動とダイアローグの結びつきを扱うことになる場合と，この可変性が自動的な^(オートマチック)ダイアローグのことばにあらわれる場合である。

　しかし，前者はすぐに除外することになるだろう。第一に，言語変化は，全般的には，意識的な契機のあらわれであるなんらかの意図的創造とは関係なく生じる。第二に，かりに言語変化がこのような範囲で生じるとしても，ほかでもないモノローグ的な言語形式や書かれたことば形式（例えば，とりわけ詩）においてのほうが，ダイアローグにおけるよりも生じる確率が高い。

　しかし他方では，オートマチスムは，いわばまさにある程度の安定性，不変性を前提にしている。となると，ダイアローグが「進歩的である」との主張は正しいのだろうか？

　まちがいなく正しいのであり，私としては，ダイアローグのことばの可変性がまさに自動的な傾向と関連していることを証明してみたい。

§58　自動的な活動

　自動的な活動や運動は，（個人が意識している，あるいは意識していない）何らかの阻止する契機があって変化せずに保たれる**こともあるし**，あるいはこの阻止する契機が弱かったり，まったくない場合に変化する**こともある**。

　「右手で切る十字の印」のような暗記した自動的な何らかの行為は，もしその不変性が宗教的感情や，十字の印の「伝統墨守」の要求によって支えられているならば，その個人の使用においては変化しないままにありうる。しかし，こうした変化を阻止する契機がない場合は，自動的な行動は（加速化による）

省略や簡略の方向に変化し,「ボタン磨き」に変わる。このようなことは,暗記した祈禱やその他多くの場合にも生じる。

　変化の大きさは,阻止する契機の存在とその影響度に依る。

　上記に似たようなことは,自動的な言語活動の分野においても観察されるはずである。この場合も,不変性は,阻止する契機の存在とその影響度にむすびついているはずである。

§59　話し相手の抵抗

　どんなことばであれその可変性を阻止する契機となっているのは,話し相手や,ことばを知覚する者一般である。**А・А・シャフマトフ**（原注69）は,「話し手の口のなかで」ことばが変化しうる事実を確認している。シャフマトフによれば,話し手は,「ほかの人々とのコミュニケーションの道具としての言語に,**無意識に接している**」のであり,しかも「いかなる意識的な契機も問題にもなりえない」(このことから明らかなように,А・А・シャフマトフはまさに自動的なことばを念頭においている)。さらにシャフマトフは,こうした変化に「**明らかに抵抗** противодействие **している**」話し相手に関しても言及している。シャフマトフの考えでは,もし話し手が何らかの変化をもたらすことができているならば,「おそらくそれは,まさにこうした現象において話し手は話し相手の意識のなかでごくわずかの抵抗にしか出くわしておらず,話し相手自身にとってはこの新しい……仕方が当を得ており自然でもあるように思われているせいである」。

　しかし,概して話し相手は,ことばを変化させようとするどんな場合にも阻止する契機となっているにしても,自動的なダイアローグのことばという条件下でこの要因がもたらしうる影響の程度を解明しなければならない。

§60　話し相手の言語変化

　「話し相手」という契機は,ことばの知覚や理解といった分野にわれわれを導くものであり,われわれとしては,ことばの知覚や理解の条件自体に,話し

第1部　ダイアローグのことばについて　　71

手のことばにおける変化を許すような何かが存在しないのだろうか、という問いを立てねばならない。

　ことば一般，**とりわけダイアローグのことば**を知覚する際に言語的刺激の意義が減少することをすでに述べた今では，この問いに肯定的に答えることができる。話し相手による阻止がもつ意義は，ことばの知覚の条件によって**弱められる**のであり，改めて強調しておくが，とりわけダイアローグのことばにおいてはそうである。

　これに付け加えねばならないのだが，問題を自動的な言語活動に限れば，話し手のもとで生じる変化はつねに話し相手からほとんど抵抗に会わず，シャフマトフの言う「新しい仕方」は話し相手には**つねに**好都合で自然なものと思われている。それは，自動的なことばの本質そのものに由来する変化がつねに一方向——加速，省略，簡略化——に進んでいるためである（こうしたことは，活動のオートマチスムの外部にある理由に影響されていない，自動的活動のあらゆる変化の際に見られる）。しかし，あらゆる「話し相手」は同時にまた「話し手」でもあるため，当該の社会的集団の枠内では，いま扱っているような自動的なことばの場合に「話し手の口元で」生じる変化は，話し手当人だけでなく「話し相手」にとっても慣れ親しんだ好都合なものとなっている。

§61　音声面でのオートマチスム

　この章を締めくくるにあたり，自動的なことばの可変性，それも加速，省略，簡略化の方向での可変性に関して述べたことを，この点でもっとも典型的な音声面での現象の観察によって裏づけてみたい。そのためには，朗誦や朗読に関するさまざまな著作に見られる資料を用い，このようにして，材料を——思わず知らずであるにせよ——故意に選択しているという誹りを免れるようにしたい。

　Д・コロヴァコフ（原注70）は「技術的条件」に関する章で「発音」の問題に言及している。「完璧さ」（р[r]とл[l]の不明瞭な発音のような病理学的ケース）や「正しさ」（モスクワ方言）の条件を指摘しつつ，37頁においてロシア語の語の発音の明瞭さについて次のように論じている。「語をだるそう

で，ものうく，あいまいに発音したり，語末の音節を略したり，口のなかでぼそぼそ言ったりする例が，よく見られる。このような不正確な発音を避けるためには，母音をきれいに発音する一方，子音を，しかるべき器官をしっかりと使って調音する，また，語の全音節が明瞭に聞こえる，さらには，口がきちんと開いて，語ができるだけ大きな声で発音されるよう，注意すべきである」

Ｂ・オストロゴルスキー（原注71）は，明瞭さを，よい発音のきわめて重要な第一条件であるとみなしている。「発音の際に或る音を別の音と十分にはっきりと区別できる能力」。「はっきりとした区別には，聞きやすさも密接に関係している」。……「生徒の発音が，はっきりと音が区別されていて聞きやすいものであるよう，とくに注意を払うべきである。音をはっきり発音しないせかせかした発音が，学校ではごくふつうの現象となっている」。

Ａ・ドリノフ（原注72）においては，「子音が正確にわかりやすく発音されるよう，見守る必要がある。子音をはっきりと発音しなかったり，ぞんざいに発音するのは，よくない。とりわけ注意すべきは，いくつかの子音が連続している場合である」と指摘されている。

ю・オザロフスキー（原注73）の指摘によれば，こうしたことは，なかでも「ことばを比較的ゆっくりと発音するとともに，音の作られ方に注意することによって」，うまくいく。

Ｃ・ヴォルコンスキー（原注74）は，子音やアクセントのない母音が発音されない例を数多く挙げている。引用文献の 51, 55, 65 頁などを参照。56 頁には次のようにある。「われわれのことば遣いに耳を傾けてみてください。ほんとうにはっきりと正しく発音された子音はたくさんあるでしょうか？　耳を傾けてみれば，皆さんは，おおざっぱなことにぞっとすることでしょう。……皆さんは，半数の語を聞き取れておらず，意味で捉えていることに気づかれることでしょう」。……「だるそうで，おずおずして，生彩がなく，はっきりしない音，これこそが，われわれのことばがたいていの場合に示しているものなのです。……手段はただひとつです。……表現方法をごくささいなこともふくめすべて自覚させるしかありません」（原注75）。

以上のことからしてわれわれが言えるのは，**まず第一に**，ここで問題になっているのは，自動的(オートマチック)な言語活動の諸現象であるということである。例えばオザロフスキーは，こうした現象を避けるために「音のつくられる過程に注意」するよう勧めており，ヴォルコンスキーは，表現方法を自覚することが「**ただひとつの手段**」であると指摘している。このようにして，話術の専門家たちが闘っている「欠陥」は，発音を意識の領域に取りこんだり，発音に注意を集中させることによって「全快する」。すなわち，こうした「欠陥」自体は，発音の「無意識性」や，注意の集中の欠如によってのものであり，つまり，自動的なことばの現象にほかならない。

　第二に，こうした現象自体の特徴は，せかせかしていること，大ざっぱなこと，不明瞭であること，だるそうであること，ものういこと，（とりわけ語末の）音節の脱落，音をはっきりと発音しないことなどにある。言いかえれば，ことばの速いテンポ，活力の乏しい調音，不正確な発音，個々の発音の省略，ある条件下での音の脱落，子音群の発音の簡略化，語末の現象，等々を，われわれは問題にしうることになる。しかし，こうした点は，加速，省略，簡略化といった概念で（完璧ではないにしても）十分にカバーできている。

　B・M・ベフチェレフは『言いまちがいの原因について』(原注76) という論文で，言いまちがいの現象を分析し，その原因に言及して，こう述べている。「言いまちがいが起こるときにはあれこれの集中状態が主導的役割を果たしていることは，明らかである。だからこそ，言いまちがいを避けたい演説者にとって肝心な条件は，ことばそのものをあとづけるべき集中心や注意力を駆使できるようになり，付随的な印象に注意が逸れないようにすることにある。……言いまちがいを避けるには，何よりもまず，急がないことである……」。このようにして，ベフチェレフの場合も，言いまちがいという現象が，注意の集中の欠如とことばのテンポに依拠している。

　拙論『実用言語と詩的言語における同一流音の連続』(原注77) では，流音の異化の理由となっているのは，流音の連続によって引き起こされることばの客観的遅延や，ある種の発音しにくさ，発音に努力して注意するがゆえのこと

ばのオートマチスムの破壊などであることが，指摘されている。

とりわけひんぱんに使用され反復されやすく，それがゆえにとりわけ自動化している語や表現のなかには，一目瞭然なかたちで——いわば慣例化したかたちで——簡略化されたり省略化される傾向が見られるものがある。参照せよ。例えば грит ＜（"говорит"「話す」）, здрасте, драсте ＜（"здравствуйте"「こんにちは」）, Верайсанна ＜（"Вера Александровна"「ヴェーラ・アレクサンドロヴナ」）など。

§62　結び

本稿を終えるにあたり私としては，自分の見解がまったく不完全であること，ある程度浅薄ですらあることを感じている。しかしながら，これらの原因は私にだけあるのではなく，現代言語学の状況全般にもあるのではないかと思われる。現代言語学は，ことばの機能の多様性全体に関する研究を，課題として立てていないからである。ここで触れてきた問題を全面的かつ周到に解明するために不可欠な資料が，まったく存在しない。だが，資料収集は一個人の手に負えるものではない。それは，方言学の分野とおなじような集団的作業を前提としている。ことに，ダイアローグに関しては，きわめて慎重な扱いが必要な資料を提供している文学からではなく，現実のなかから汲みとったダイアローグを**記録した**大量の資料が，不可欠である。したがって，私としては，本稿をダイアローグ研究の**試み**としてすら評価することも，望まない。本稿の目的は，ダイアローグとはまったく**特殊な**言語現象であることを示すとともに，そうした「特殊性」がどういう点にあらわれているかを概観することに尽きる。

原注[46]

1　言うまでもないが，ことばが心理面で条件づけられていることに関連しては，さらに踏みこんだ区別も不可欠である。しかしここでは，基本的な区別のみ記しておく。

46　原注に限っては（数か所以外），1923年版ではなく，Якубинский, Л. П. *Избранные работы: Язык и его функционирование*, М., 1986. に収録された際に追加・修正された原注を使用した。

2 *Поэтика: Сборники по теории поэтического языка.* Пг., 1919. С. 48. 『詩学――詩的言語論集』ペトログラード，1919 年，48 頁。

3 Гумбольдт, В. *О различии организмов человеческого языка и о влиянии этого различия на умственное развитие человеческого рода.* СПб., 1859. ［ヴィルヘルム・フォン・フンボルト『言語と精神――カーヴィ語序説』亀山健吉訳，法政大学出版局，1984 年］

4 Там же. С. 217. 邦訳 305-306 頁「目指す方向とか，活動の手段ということから言えば，両者は正に異なっているのであって，混同されることは本来あり得ないのである」。「詩は……本質的に音楽と不可分の関係にある」。「散文の方は，言語だけに徹頭徹尾頼り切っている」。フンボルトからの引用は，邦訳を参考にしながら，基本的にはロシア語訳から訳した。以下も同様。

5 Там же. С. 216. 邦訳 305 頁「言語のさまざまな長所や強みがはっきりと現れてくるのであるが，言語はそれをただ誇りに思うだけではなく，散文は一体何のためにあるかというここでの一番重要な目的に，そういう長所を敢えて従属させてしまうのである」

6 Там же. С. 216. 邦訳 305 頁「散文においては，文が従属の関係に立ったり，並列に並べられたりするものであるから，そこから散文独自の仕方で，一定の律動的な調和(オィリュトミー)が生まれてくる。この快いリズムとも言うべきものは，思考の展開とぴったり照応した論理的な性格を持つ。そして，このリズムは……語る目的に応じて，その口調にふさわしい調子を文に与えるのである」

7 Там же. С. 219. 邦訳 308 頁「詩というものは……なんらかの外的な芸術的形式を常に身に帯びている」「散文のもつあの単純性」

8 Там же. С. 231. 邦訳 324 頁「散文的な気分が盛り上がってくると，文字を書くという手立を容易にする方策が求められる」「文化を形成し続けてゆくと，その過程で，二つの異なった種類の詩が成立してくる」

9 Там же. С. 218. 邦訳 307 頁「詩的な言語，散文的な言語をそれぞれ取り上げてみると，表現の選択の仕方，文法形式の選び方，ならびに語句の結合の仕方など，それぞれに独特の性格を持っていることに気づく」

10 Там же. С. 216. 邦訳 304 頁「その場合，散文は事物についての伝達を事とするに過ぎず，理念や感覚によって促され動かされたものと言うことにはならない。こうなると，散文といっても日常の単なる語らい(レーデ)と隔たることはなく」

11 Там же. С. 224. 邦訳 314 頁「教養豊かで理念に充ちた語らい(ゲシュプレッヒ)が，ありきたりの日常の会話に転落してゆく」

12 Там же. С. 221. 邦訳 311 頁「概念を相互に分離し，概念をそれぞれ確定しようとする言語は，初めて，極め手となる犀利な切味を得るようになる。同時に，言語はそのときはじめて，文や文の構成要素を最も純粋な形で選び取って均衡正しく配列し，すべてを打って一丸として言わんとする目的を表現されるようになり」

13 Там же. С. 222. 邦訳 311-312 頁「厳格さと，概念を最高度に明晰にするだけの強さとを具備した性格」「学問と言う領域で言語を用いようとすると，冷たいと思われる位の飾り気のなさが必要となってくるものであるし，また語句を連ねてゆくときでも……凝った言い回しなどは，すべて避けることが必要とされるのである。そういうわけであるから，学問的な散文の調子は，今まで述べてきたような文の調子とは全く異なったものということになる。ここでは，言語はおのれ自身の独立性を主張

することなく，能う限り思考に密着し，思考と共に歩み，思考をあるがままに描き出さなくてはならない」

14 Там же. С. 223.　邦訳 313 頁「全く比類のないほどの美しさを備えた哲学的文体を形成できるということは，我々ドイツの例で言えば，フィヒテや，シェリングの書物を見れば理解されるところであるし，カントの場合には，比較的限られた箇所にしか見出せないとはいっても」

15 ことばの目的に応じた多様性に関するフンボルトの立場は，当時孤立していたわけではない。ことに，この時代や少し先立つ時代の言語学的でない文献には，似たような見解が見出される。

16 Захаров, В. И. *«Поэтика» Аристотеля* (введение, перевод, комментарии). Варшава, 1885. С. 87 и след.　［アリストテレース『詩学』・ホラーティウス『詩論』松本仁助・岡道男訳，岩波文庫，1997 年。(ちなみに，ヤクビンスキーは「第 2 章」と記しているが，実際には「22 章」である)］

17 Там же. С. 87-88.　邦訳 84 頁「また，文体を明瞭にするのみならず，平凡でないものをつくり出すためにきわめて役立つものとして，語の延長や縮小，変形がある。じじつ，これらの語は，一方では，ふだん用いられるものから逸脱し日常語とは異なることによって，平凡でないものをつくり出すであろうし……」

18 Там же. С. 88.　邦訳 85-86 頁「エウリーピデースはただ一つの語をありふれた日常語の代わりに稀語にしたため，彼の句は立派に見え，アイスキュロスの句は安っぽくみえる」

19 Там же. С. 85.　邦訳 87 頁［すべてこのような言葉は，それが日常語には存在しないことから，平凡でないものを文体のなかにつくり出すのである。……合成語や稀語を含めて，上に述べた種類の語のそれぞれを適切な仕方で用いるのは重要なことであるが，とりわけもっとも重要なのは，比喩をつくる才能をもつことである］

20 Там же. С. 55-56.　邦訳 22-23 頁。

21 Там же. С. 89.　邦訳 78, 87 頁「名づけ言葉は次のいずれかである。(1) 日常語，(2) 稀語，(3) 比喩 (転用語)，(4) 修飾語，(5) 新造語，(6) 延長語，(7) 短縮語，(8) 変形語」「とりわけもっとも重要なのは，比喩をつくる才能をもつことである」「これだけは，他人から学ぶことはできない」

22 Томсон, А. И. *Общее языковедение*. Одесса, 1906. С. 32.　トムソン『一般言語学』オデッサ，1906 年，32 頁。

23 Поржезинский В. *Введение в языковедение*. М., 1913. С. 22.　ポルジェジンスキー『言語学入門』モスクワ，1913, 22 頁。

24 この術語を，私は第 5 節で示した意味で用いている。

25 Томсон А. И. Указ. соч. С. 35.

26 Там же. С. 365 и след.

27 *Сборники по теории поэтического языка*. Вып. I. Пг., 1916; Вып. II. Пг., 1917　『詩的言語論集』第 1 号，ペトログラード，1916 年，第 2 号，ペトログラード，1917 年。および *Поэтика: Сборники по теории поэтического языка*. Пг., 1919.　『詩学：l；k m詩的言語論集』ペトログラード，1919 年。

28 *Поэтика: Сборники по теории поэтического языка*, С. 12, 37 и след.

29　Якобсон, Р. О. *Новейшая русская поэзия*. Пг., 1921.　ヤコブソン『最新ロシア詩』，プラハ，1921 年。
30　Жирмунский, В. М. *Композиция лирических стихотворений*. Пг., 1921.　ジルムンスキー『抒情詩の構成』ペトログラード，1921 年。
31　ダイアローグの研究にあてられた言語学的著作は，寡聞にして承知していない。G・タルド『世論と群衆』(露訳，モスクワ，1902 年)［稲葉三千男訳『世論と群衆』未來社，1964 年］には「会話」という章（73 頁～［邦訳 89 頁～］）がある。
32　Толстой, Л. Н. *Собр. соч.* М., 1959, т. 9, С. 310.　トルストイ『世界の文学 20　アンナ・カレーニナ』原卓也訳，中央公論社，1964 年，II, 367-368 頁。［以下に出てくるトルストイ，ドストエフスキー，モーパッサンの作品における強調は，ヤクビンスキーによる。］
33　Там же. т. 8, С. 56.　トルストイ『世界の文学 19　アンナ・カレーニナ』I，原卓也訳，中央公論社，1964 年，58 頁。
34　Там же. т. 9, С. 205.　『アンナ・カレーニナ』II，252 頁。
35　Достоевский, Ф. М. *Полн. собр. соч.: в 30-ти т.* М., 1980, т. 21, С. 108-109.　ドストエフスキー『作家の日記 1』小沼文彦訳，筑摩書房，1997 年，326-329 頁。
36　Озаровский, Ю. *Музыка живого слова*. СПб., 1914, С. 100 и след.　オザロフスキー『生きた言葉の音楽』ペテルブルグ，1914, 100 頁～。
37　Щерба, Л. В. *Восточно-лужицкое наречие*, т. 1. Пг., 1915. С. 3 и 4 приложения.　シチェルバ『東ラウジッツ方言』第一巻，ペトログラード，1915 年，付録 3, 4 頁。
38　Толстой, Л. Н. Указ. соч., т. 9, С. 155.　『アンナ・カレーニナ』II, 198 頁。
39　Там же. С. 310.　同書, 367-368 頁。
40　この意味では当該の例はすでに先に解釈した。
41　Толстой, Л. Н. Указ. соч., т. 8, С. 42.　『アンナ・カレーニナ』I, 42 頁。
42　Там же. С. 159.　同書, 171-172 頁。
43　Там же. С. 436.　同書, 476 頁。
44　Там же. С. 437.　同書, 477 頁。
45　Там же. С. 437-438.　同書, 477-478 頁。
46　Там же. т. 9, С. 141.　『アンナ・カレーニナ』II, 183 頁。
47　Там же. т. 8, С. 33.　『アンナ・カレーニナ』I, 33 頁。
48　Там же. С. 369.　同書, 401 頁。
49　Там же. С. 14.　同書, 13 頁。
50　Там же. С. 11.　同書, 9 頁。
51　Там же. С. 46-47.　同書, 47 頁。
52　Там же. т. 9, С. 71.　『アンナ・カレーニナ』II, 106 頁。
53　Поливанов, Е. Д. По поводу звуковых жестов японского языка.　ポリヴァノフ「日本語の音的身振りについて」*Поэтика: Сборники по теории поэтического языка*, С. 31-41.
54　こうしたカテゴリーは，もちろん，どの言語にも，そこに定項［例えば定冠詞］あるいは不定項［例えば不定冠詞］が存在しているかいないかにかかわらず，存在している。
55　Мопассан, Г. Полн. собр. соч. СПб., 1911, т. 2, С. 337.　『モーパッサン短篇集 II』青柳瑞穂訳，新潮文庫，2009 年，36 版改版。

56 Там же. С. 358.　邦訳 368 頁。
57 Там же. С. 359.　邦訳 368 頁。
58 Там же. С. 362.　邦訳 372 頁。
59 Там же. С. 359.　邦訳 369 頁。
60 Там же. С. 360.　邦訳 370 頁。
61 Там же. С. 361.　邦訳 371-372 頁。
62 Там же. С. 362.　邦訳 373 頁。
63 Там же. С. 363.　邦訳 374 頁。
64 Там же. С. 366.　邦訳 376-378 頁。
65 Там же. С. 61.　『世界の文学 24　モーパッサン』宮原信訳, 中央公論社, 1963 年, 272 頁。
66 Якубинский, Л. П. О поэтическом глоссемосочетании. Поэтика: Сборники по теории поэтического языка, С. 5 и след. (Наст. изд., С. 189 и след.).　ヤクビンスキー「詩的語彙結合について」『詩学——詩的言語論集』5 頁〜。
67 Введенский, А. И. Психология без всякой метафизики. СПб., 1914.　ヴヴェジェンスキー『いかなる形而上学もなき心理学』ペテルブルグ, 1914 年
68 以上のように述べたとしても, ダイアローグはつねに自動的なことばであるということにはけっしてならない。というのも, ダイアローグの際のことばは, ダイアローグ形式によってだけでなく, 目的などのような他の契機にも規定されているからである。例えば§50で引用した例のなかにも, 複雑にしてかつ不慣れな活動として進行するダイアローグ的なことばの事例がある。他方, モノローグは, つねに複雑な言語活動あるいは不慣れな言語活動であるわけではけっしてない。というのも, ことばのオートマチスムは, 対話によってだけでなく, 語法の分野における反復, 練習, 習慣一般によっても規定されるからである。
69 Шахматов, А. А. История русского языка: Литографир. курс лекций. СПб., 1911, ч. 1, С. 95-96.　シャフマトフ『ロシア語史』石版印刷, 講義集, ペテルブルグ, 1911 年, 第一部, 95-96 頁。
70 Коровяков, Д. Искусство и этюды выразительного чтения. Пг., 1914. С. 19 и след.　コロヴャコフ『朗読の技法と練習課題』ペトログラード, 1914 年, 19 頁〜。
71 Острогорский, В. П. Выразительное чтение. 7-е изд. М., 1916. С. 34 и след.　オストロゴルスキー『朗読』, 第 7 版, モスクワ, 1916 年, 34 頁〜。
72 Долинов, А. И. Практическое руководство к художественному чтению. Пг., 1916, ч. 1, С. 114. ドリノフ『芸術的朗読への実践的手引き』ペトログラード, 1916 年, 第一部, 114 頁。
73 Озаровский, Ю. Э. Музыка живого слова. СПб., 1914. С. 212.
74 Волконский, С. М. Выразительное слово. СПб., 1913.　ヴォルコンスキー『表現力豊かな言葉』ペテルブルグ, 1913 年。
75 Там же. С. 59.
76 Голос и речь, 1913, № 9, С. 6.　『声とことば』1913 年, 9 号, 6 頁。
77 Якубинский, Л. П. Скопление одинаковых плавных в практическом и поэтическом языках. Поэтика: Сборники по теории поэтического языка, С. 50 и след.　ヤクビンスキー「実用言語と詩的言語における同一流音の重なりについて」『詩学——詩的言語論集』50 頁〜。

第2部

『ダイアローグのことばについて』解題
異質な文脈へ開かれたコミュニケーションの実現を目指して

田島充士

　ヤクビンスキー『ダイアローグのことばについて』（本書第1部）は，バフチンのダイアローグ論に影響を与えたと考えられる主要な論文の一つである。本論文には具体的な言語交流の事例が数多く引用されていることもあり，バフチン論を理解するための基礎資料として魅力的な内容になっている。

　ただし表面的に一読する限り，理解しやすいという印象を受ける本論文も，精読を進めると実は，迷宮のように不可解で込み入った部分が多いことに気づく。重要な論展開を行うべき箇所にもかかわらず，簡潔なコメントで説明が終わっていたり，それまでに積み上げてきた議論の前提が簡単な注釈によってあっさりと覆されたり，記述内容が両義的になっていたりしている箇所が多く，読み手が自身の解釈を見出すにはかなりの労力を要する。

　第2部では主に，『ダイアローグのことばについて』の§13以降において展開された議論を対象として，特にバフチンのダイアローグ論を読み解く上で重要だと思われる箇所を中心に概説する。またヤクビンスキーが本論文において語り尽くしていないと思われる重要なテーマについても発展的な解釈を試みる。そしてこれらの議論を現代に生きる我々の言語実践を分析するツールとすることを目的に，著者なりの視点から極力シンプルな形に整理し，ヤクビンスキーが価値づける話者のコミュニケーション能力の析出を目指す。

第1章 『ダイアローグのことばについて』のねらい

　本論文の冒頭，ヤクビンスキーは特定の社会グループの方言や個人的な方言までも含めた，人間の言語活動の多様性 многообразие речевой деятельности について言及し，その要因を検証することが必要であると指摘する（§1）。

　そして人間の行動のひとつとしての言語とは，人間の有機体の現れとしての心理学的事実であり，また人と人とが相互に作用しながら共同で暮らしていることに依存した現れとしての社会学的事実でもあると指摘した上で（§2），後者の性質の要因（本論文の主要な分析対象）を分類し，①「**直接的なコミュニケーション形式** непосредственная форма общения」vs.「**間接的なコミュニケーション形式** посредственная форма общения」，②「**相互的なコミュニケーション形式** перемежающаяся форма общения」vs.「**一方通行的なコミュニケーション形式** односторонняя форма общения」，③「**慣れ親しんだ環境でのコミュニケーションの状況** общение в привычной среде」vs.「**不慣れな環境でのコミュニケーションの状況** общение в непривычной среде」，④「**コミュニケーションの実用的な目的** практическая цель общения」vs.「**コミュニケーションの芸術的な目的** художественная цель общения」，⑤「**コミュニケーションの中立的な目的** безразличная цель общения」vs.「**コミュニケーションの説得的な目的** убеждающая цель общения」のカテゴリーをあげている（§4）[1]。

　これらのカテゴリーのうち特に①～③については，『ダイアローグのことばについて』における主要な分析的視点として活用されている。以下，それぞれの視点を軸に，解説を進めていく。

1　これらのカテゴリー名および提示順は，本論の展開にあわせ，若干の変更を加えている。

第2章　直接的形式・間接的形式と
ダイアローグ形式・モノローグ形式

『ダイアローグのことばについて』第2章以降で展開される，具体的なコミュニケーション状況の事例を交えた分析で最初にフォーカスが当てられるのは，「①**直接的な vs 間接的なコミュニケーション形式**」および，「②**相互的な vs 一方通行的なコミュニケーション形式**」の視点である。ヤクビンスキーは，話者らがコミュニケーションの際に使用する**言語の構成および量に変化が生じる**要因を，この二つの視点から論じる。

「①**直接的な vs 間接的なコミュニケーション形式**」の分析視点にあたる直接的形式とは，話し手と聞き手が同じ空間で向き合う形で展開するコミュニケーションの形態を示す。一方，間接的形式とは，話し手と聞き手が同じ空間を共有せず，互いに直に向きあうことがない形で展開するコミュニケーションの形態を示す。

直接的形式のコミュニケーションでは，聞き手は話し手が発することばだけではなく，話し手が指し示す具体的な参照物を意味交換の資源として認知し，利用する。さらに聞き手は話し手が発する身振り・表情や発話のイントネーションなども同時に認知し，相手の意図を見出す（§17-24）[2]。ヤクビンスキーはこの点について，タルドの『世論と群衆』における，会話は「吟味しあう二人の視線の，補助物」（タルド，1964, p. 134）ということばを引用する（§17）。タルドはこの著書において，「対話者たちは，言葉によってばかりではなく，声の具合や視線や表情，心をうばう身ぶりなどでたがいにはたらきかけあう」（タルド，1964, pp. 91-92）とも述べている。

---

[2] このようにヤクビンスキーが話者の身振り・表情や発話のイントネーションなど，ことばの身体的な側面に注目した理由として，シクロフスキー・エイヘンバウムなどロシア・フォルマリズム運動（後述）を担う論者らの，発話の音韻的検証などへの関心からの影響を受けていた可能性が示唆されている（八木，2012, pp. 50-55）。

本論では，この種の認知的諸資源をまとめ「空間的リソース」と呼ぶ。

> オペラグラスで舞台を見たほうが，よく見えるだけでなく，よく聞こえ理解もできる。顔の表情や身振りの一つひとつを目で追うことにより，何が起こっているのかがよく見え，よくわかるからである。演説を聞く際にも同様である。……われわれは本能的に相手を見ながら話をする。幼児はしゃべって返事を待っているとき，手でもって母親の顔の方向をたびたび変える。(§19)

このような状況におけるコミュニケーションでは，聞き手が視覚・聴覚などの感覚器官により直接的に認識できる内容（空間的リソース）については，話し手はわざわざ言語化しない傾向にある。つまり特定の意志を相手に伝える上での，言語的刺激への依存度が低くなるということである（§24）。

一方，上記のような空間的リソースが利用できない話者の間で展開する間接的形式のコミュニケーションにおいては，話し手は自分の意志を聞き手に伝えるにあたり，言語的刺激への依存度を高めざるを得ない。自分の意志の多くを文字によって伝えなければならない書きことばによる交流が，その典型といえる（§14）。

そしてモノローグ・ダイアローグは，上記のコミュニケーション状況と関連し，話者らがどのような頻度・タイミングで話し手と聞き手の役割を交替するのかという形式を整理した概念として導入される。これは，「②相互的な vs 一方通行的なコミュニケーション形式」の分析視点に当たる。

「ダイアローグ形式 диалогическая форма」とは，話し手と聞き手が比較的すみやかに交代することを念頭に置き，間欠的に，ことばを交わしあうようなコミュニケーションの形態（言語・発話構成の形態も含む）を示す。また「モノ

---

3 §38には，視聴覚のほか，触覚，空腹感などがコミュニケーションの際の情報源となる事例が紹介される。空間的リソースは，このような様々な感覚器官を通してももたらされ得るものとして位置づけられる。

ローグ形式 монологическая форма」とは，一人の話し手が比較的長いことばを発し続け，他方の聞き手はそれを持続的に傾聴し続けるようなコミュニケーションの形態（言語・発話構成の形態も含む）を示す（§14）。

ヤクビンスキーは社会的に広く普及しているコミュニケーション形態として，ダイアローグ形式と直接的形式，モノローグ形式と間接的形式，および直接的形式とモノローグ形式の組み合わせをあげ，『ダイアローグのことばについて』においては，直接的形式におけるダイアローグが主な分析対象になると強調する（§16）。

以上のようにヤクビンスキーの論における「ダイアローグ」とは，あくまでも話し手と聞き手の交替頻度を念頭に置いた概念であり，話者らが話し合うコミュニケーション（交流）を直接的に示すものではないことに注意が必要である。交流に相応する用語には，「コミュニケーション общение」もしくは「相互作用 взаимодействие」が当てられ，基本的には区別されている。したがって『ダイアローグのことばについて』において単に「ダイアローグ」と記述される場合でも，基本的には，「ダイアローグ形式的発話」ないし「ダイアローグ形式的発話を交わすコミュニケーション（ダイアローグ形式のコミュニケーション）」と捉えるべきである。[4]

第3章　様々な「社会的方言」をうみだす「統覚量」という契機

さらにヤクビンスキーは，以上の空間的リソースに加え，話者が記憶する過去経験の要因も重視する（主に§35以降）。**本論では，この種の認知的諸資源をまとめ「知識的リソース」と呼ぶ。**

例えば，特定の話題に関連し過去経験を共有していると判断される場合，そ

4　しかし「ダイアローグ＝コミュニケーション」として使用されていると判断せざるを得ない箇所も散見され，これが，本論文の読みにくさを助長する要因の一つにもなっている。

の部分については話し手が十分に言語化しなくとも，この経験に関する記憶をリソースとして，聞き手は話題の方向を推測し得ることがある。このような場合，直接的形式の状況と同様に，使用される言語への依存度は低くなる。

　ヤクビンスキーは，①空間的リソースを中心とした，その場のコミュニケーション状況および話し手の身体的動きや発話のイントネーションなどに関する現在進行形の認知にもとづく**一時的な記憶**および，②知識的リソースを中心とした，発話内容の認知などから確認される，会話のテーマに関する比較的安定した**永続的な記憶**が聞き手にとって，話し手のことばを理解するための内的な文脈として機能し，彼らが聞き取る発話を解釈する上での情報処理の方向を定めるとする（実際のコミュニケーションでは無論，①と②の要素は相互に影響を与え合う）。Gulida（2010, p. 59）は，②のような永続的な記憶を①の一時的な記憶と比較し，「世界知識 world knowledge」と呼ぶ。また Ivanova（2012, p. 170）は，この種の認知が同時的に生じるとするヤクビンスキーの論考を重視し，後にサックスやシェグロフらにより展開される「会話分析 conversational analysis」の主要テーマとの関連性を指摘している。

　ヤクビンスキーは，この種のリソースを「統覚量 апперцепирующая масса」と総称し，この統覚量にもとづく話者個々人の情報処理を「統覚 апперцепия」と呼ぶ（§35〜43）。[5]『ダイアローグのことばについて』の仏訳を手がけた

5　統覚はライプニッツおよびカントによって提唱された概念だが，Ivanova（2012, p. 168）は，ヤクビンスキーがウィリアム・ジェームズの『心理学』から影響を受けた可能性を指摘している。ジェームズは，過去に蓄積した知識・経験・心的現象が現在の知覚を方向づける契機として統覚を扱っている。Ivanovaによれば，この著書は1900年にロシア語に翻訳され，さらに1911年までに再版が繰り返されるほど，ロシアにおいてよく知られたものだったという。ジェームズ『心理学』において，統覚および統覚量の概念が説明されている箇所を，以下に抜粋した。

　　ドイツではヘルバルトの時代以来，心理学は**統覚**という過程について常に多くを論じてきた。外から入って来る観念あるいは感覚は，すでに心の中にある観念の「量（masses）」によって「統覚される（apperceived）」といわれてきた。そうだとすると，われわれが認知として論じてきた過程がすなわち統覚過程であることは明らかである。……「統覚（apperception）」とは，われわれが連合として研究してきたものの結果の総計に対する別名に他ならない。したがって所与の経験がある人に暗示する事物は，ルーウィス氏のいう，その人の全精神的静的状態，その人の気質と観念の蓄積，換言すれば彼の性格，習慣，記憶，教育，先行経験，その時の気分によって決まるのである。すべてこれらの事柄を「統覚量（apperceiving mass）」と呼んでみても，もちろん時には便利なことはあるか

Ivanova (2012, p. 168) は，統覚量を発話の解釈の前提となる知識の総体であると示唆する。つまりここでいう統覚量とは，個々の話者にとって相手が発することばを理解するための内的文脈として機能する認知的資源の総称といえる。そしてコミュニケーションが継続する限りにおいて，統覚量の共通性に対する主観的な見込み・推測（本論ではこれを「**期待**」と呼ぶ）は話者の間で高まる（§42〜45）。[6]

例えば，定冠詞（ドイツ語の"der"，フランス語の"le"など）のつく名詞（「あの机」「この本」）の使用は，話者らの統覚量の共通性を前提として初めて成立し得る「ほのめかし намек」とされる（§42）。この統覚量の共通性への期待が話者間で高まった結果，表現される発話の言語構成における簡略化はより加速する。ヤクビンスキーは§42において，この現象に関し言語学者・ポリヴァノフの論文『日本語の音的身振りについて』(1916) から以下のことばを引用している。[7]

「実際に，われわれの話すことのすべては，〈問題は何か〉を理解している聞き手を必要としている。もしも，われわれの述べたいことのすべてがわれわれが使用している語の形式的意味にあったならば，一つひとつの思考を述べるために，現実になされているよりもはるかに多くの語を用いなければならなかったであろう。われわれは，必要なほのめかしだけで話しているのである。」（§42）

  も知れないけれども，心や脳の中で実際に起こっていることに対しては何の洞察も与えない。全体からみて，私はルーウィス氏の「同化（assimilation）」という用語が今日まで用いられた中では最も実りの多い語であると考えている。(James, 1892 / 1984, pp. 284-285 邦訳 pp. 138-139)

6 統覚量の共通性を，個々の話者が主観的に抱く「期待」によって成立するものとした理由は，本部第6章において詳細に論じる。

7 『ダイアローグのことばについて』の中で扱われる，イントネーションや身振りなどのテーマについて，ヤクビンスキーがポリヴァノフの議論から示唆を得ていた可能性も指摘されている（本書第3部の解説を参照）。本論文には，英語訳（Polivanov, 1974）がある。

この種の言語構成の簡略化は，直接的な状況においてダイアローグ形式の発話を交わすコミュニケーションの中で，顕著に加速化する傾向があると捉えられる。ヤクビンスキーはこの種のコミュニケーション事例として，トルストイの『アンナ・カレーニナ』からの引用を行っている。

「レーヴィンはこのごろではもう，自分の考えを正確な言葉で表現しようと苦労しなくとも，大胆に述べることに慣れていた。彼は，今のように愛情に満ちた瞬間には，妻が自分の言おうとすることを，ちょっとしたほのめかしですぐ理解してしまうのを知っていたし，事実キティは夫の気持ちを悟っていた。」（§40）

　また節はさかのぼるが，同様のコミュニケーション事例としてヤクビンスキーは，ドストエフスキー『作家の日記』からの抜粋も紹介する。[8]

「ひとりの青年が，それまでみんなの共通の話題になっていたなにかについて，自分の**この上なく軽蔑的な否定の意志**を表明するために，**叩きつけるような猛烈な調子で**，実はこの名詞を口にしたのであった。するとそれに答えて別の男がそれとまったく同じ名詞を繰り返したのであるが，しかし今度は**その調子も意味も**それとはまったく**別であった**。……そんなわけでほかの言葉はひとつも口にしないで，この連中は，つぎからつぎへと，つづけざまに前後六回にわたって，このお気に入りの言葉だけを繰り返したのであったが，それでお互いに十分その意志を疎通させたのである。」

8　本事例は，ドストエフスキー（1976, pp. 139-140）に掲載。桑野（2002, pp. 119-120）は，バフチン（ヴォロシノフ）が自著『マルクス主義と言語哲学』（バフチン（ヴォロシノフ），1989, pp. 160-162）の中で（ヤクビンスキーの論文で紹介されたものであることを断りなく），このドストエフスキーの事例を引用していると指摘する。またヴィゴツキーも同じ事例を，『思考と言語』において引用している（ヴィゴツキー，2001, pp. 405-406）。なおヴィゴツキーは，ヤクビンスキーが紹介するトルストイ『アンナ・カレーニナ』のレーヴィンとキティとのやりとりも引用している。さらにヤクビンスキーが論じるフンボルト・ポテブニャ・ポリヴァノフ・シチェルバ・タルドなどの論文も引用している（ヴィゴツキー，2001, pp. 399-422）。

(§21)

　さらに，ダイアローグ形式のコミュニケーションにおいては，話者の発話内容に関する熟考やことばの選択の迷い，諸動機の闘いなどが希薄化し，単純な「意志行為 в олевое действие」として言語活動が進行するという指摘も重要なものである（§30）。意志行為は，ドイツの心理学者であるヴィルヘルム・ヴントの用語であり，話者の認知的操作を示す。単一の動機などによって動かされる「単純な」意志行為および，競合する複数の動機を選択することなどにより動かされる「複雑な」意志行為として論じられる（Ivanova, 2012, p. 166）。

　ダイアローグ形式によるコミュニケーションでは，話し手と聞き手が頻繁に入れ替わり，テンポよく互いに応答的発話を交わす傾向にあり，一つの発話について話者がかける労力は少なくなっていく。場合によっては「行き当たりばったりに」発話が構成され，コミュニケーションが続く場合すらあるという。この契機に加え，統覚量の共通性への期待が高まることで（§42），話者らが交わすことばの構造は簡略化され，彼らの意志行為も単純なものになるのだろう。

　そして以上のようなコミュニケーションを展開する話者の間では，「社会的方言 социальный диалект」と呼ぶ，特定の人々の間でのみ通用する独自の語彙・語法・統語などを備える言語が出現する場合もある（§42）。自分たちの間でだけ通用する言語を共有・維持していると考える集団意識が生じることで，言語活動の多様性が立ち現れるということだろう。

　この箇所の分析は，冒頭で紹介した分析視点のうち，「**③慣れ親しんだ環境でのコミュニケーションの状況**」に該当すると考えられる。

第4章　時間・空間を隔てた話者同士をつなぐモノローグ形式のコミュニケーション

　一方，話者が顔を合わせない間接的なコミュニケーション状況においては，話し手が指し示す具体的な対象物や話し手の身振り・表情および発話のイント

ネーションなどを聞き手は参照できない（§33～34）。さらに話題に関する過去経験の共有も期待できない相手とコミュニケーションを行う場合，話し手が期待できる聞き手との統覚量の共通性はいっそう，低くなる。

このようなコミュニケーションでは多くの場合，話し手は聞き手が自分の発話を的確に理解できるよう，可能な限りほのめかしを避けた詳細な言語化を行わなければならない。先述の事例でいえば話し手は，定冠詞の使用だけでは，この種の聞き手に対し自分の意図を伝えることができず，結果として「○○大学の××先生の研究室にある一番大きな机」「△△先生の□□という授業で指定された※※についての本」などと言語化しなければならないということである。結果としてこの種の交流は，一人の話者が長く発言し続けるモノローグ形式の特徴をより強く帯びる傾向にある。

書きことばを介した相互交流は，このモノローグ形式によるコミュニケーションの典型である。書きことばは，主に，コミュニケーションを行う場面（空間）を共有しない者の間で交わされる。さらに不特定多数の読者に宛てた論文・エッセイでは，特定の聞き手に向けられた話しことばと比較して，その交流テーマに関する書き手と読者との間の過去経験の共有が期待できない場合も多い。この種の，話題に関する空間的・知識的リソースの共有が期待できない聞き手との間で展開されるコミュニケーションにおいて，話し手の発する発話量が多くなるのは必然といえる。Gulida (2010, p. 58) はモノローグ形式によるコミュニケーションを，時間・空間を隔てた話者同士をつなぐ，コミュニケーションの「遠隔モード distant mode」とも呼んでいる。

モノローグ形式の発話が必要とされるコミュニケーションにおいては，展開すべき発話内容に関する話し手の熟考や適切なことばの選択などをともなう複雑な言語活動が進行する（§33～34）。この種のコミュニケーションでは，筋

9　ただし昨今のコンピュータ・コミュニケーション技術の発展により，遠隔地にいる者同士をつなぐSNSなどの様々なサービスが実用化されている点は，ヤクビンスキーの議論を現代のコミュニケーションに適用する際，考慮に入れなければならない。ほぼ即時の応答を可能とする情報ツールを介した書きことばは，互いをよく知る話者同士の間では，間欠的に相互にことばを交わしあうダイアローグ形式をとることも多い。

が整然と通っており，前後のつじつまが合うよう，文章として完成度の高い発話を構成することが，話し手が自身の意志を的確に相手に伝えるための重要な契機になる。話し手が発信することばを聞く・読むだけで彼の意志が確実に理解できるかどうかが，聞き手によって判断されるということである。その結果として，話し手は自身の発言内容を「意識の明晰な領域へと導く」(§33) ようになり，発言を行う前に言語そのものに対する注意を払うようになる[10]。

> ダイアローグが構文(コンポジション)面で単純であるのとは反対に，モノローグは**構文**が一定程度**複雑**になっている。すなわち，言語材料をある程度複雑に配置するという契機そのものが，大きな役割を果たしており，**言語事象を意識の明晰な領域へと導く。関心は，言語事象に格段に集中しやすくなる**。モノローグは，表現手段が当該の心理状態に適っていることを念頭においているだけでなく，言語単位の**配置や組み合わせ**そのものをも別途考えるべきものとして前面に押し出している。(§33)

以上の議論をまとめ，現代的な事例を交えて解釈すると，ヤクビンスキーの捉えるコミュニケーション（交流）の形態は大まかに，次の図のようなモデルに集約することができるだろう。

本交流モデルの①から④への移行は，話し手と聞き手との間で期待できる「空間的リソース」ないし／および「知識的リソース」の共通性が低下することを，つまり，統覚量（およびその結果としての統覚）の共通性が低下することを意味する。その結果，物理的な言語への依存度が高まり，表現される言語構成は複雑化するため，話し手が一人で話す時間も必然的に長くなる（モノローグ形式の特徴が加速化する）。

なおヤクビンスキーは，モノローグ・ダイアローグ形式を絶対的な分類軸と

---

[10] 話者の意志行為のような心理学的な概念を使用して言語活動の分析を行うということは，当時の言語学の文脈において，ほとんどみられなかった観点という (Friedrich, 2005, p. 11)。

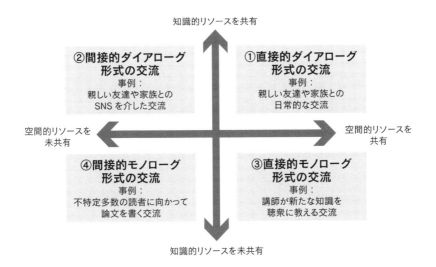

は捉えておらず，現実のコミュニケーションは，これらの要素が組み合わされた中間的な言語現象として立ち現れるとみているようである（§14〜15）。したがって本モデルの四分類も，実際のコミュニケーションにおいては互いに関連し合う，相対的な特徴を整理したカテゴリーとなる。

第5章　自然なダイアローグ・人工的なモノローグ

　ヤクビンスキーは，人間には本来，飛び込んできた刺激に対して何らかの返答を行おうとする，コミュニケーションを引き起こす自然な応答性があると捉える。そして，言語的反応（リアクション）を返し合う言語行動としてのダイアローグはこの自然さを反映したコミュニケーションの形式になるのだと指摘する（§26）。この自然さを象徴する事例として，ヤクビンスキーは，口の中に食べ物が入っている人に話しかけてはいけないというマナーをあげる。

　（なぜ，口に食べ物を含んだ人に問いかけたり，ただ話しかけるだけでもい

けないのだろうか。それは，まさに問いかけが答えを——台詞が応答の台詞を——自然に生みだしてしまうために，人々は食べ物を呑みこむまえにかならずむせたり，喉につかえたりしてしまうからである)。これとおなじように，どんな言語的刺激も，いかに長く続くものであろうと，意識や感情を反応へと誘い，その人を言語的反応へとかならず導く。(§26)

　一方，モノローグはダイアローグと比較して，この自然さを抑圧した人工的な形式であり，話し手の発言を遮らないマナー，聞き手に静粛さを要求できる話し手の権威性，会議においてベルを鳴らし発言権をコントロールする議長の選出などの特殊な工夫により，聞き手の応答発話を抑制することで実現する交流なのだという。例えば，モノローグ形式によるコミュニケーションの事例としてあげられる講演会(本論のモデル③)では，講演者の発言に対する応答としての，聴衆のざわめき声が常に存在すると指摘する。聴衆の発話は，あくまでもマナーによる抑止，または静粛さを要求する権威を認められた議長による制止，もしくは発言者の権威性によって人工的に覆い隠されているに過ぎず，彼らの頭の中では，自然傾向に従い，応答が続けられている。
　ヤクビンスキーはこのような，聞き手の内面に潜在化した応答的行動を「内的応答 внутреннее реплицирование」とも呼ぶ (§27)。この種の潜在化された応答は，メモ書きや感嘆の声などにおいて顕在化することもある。

> 報告者の「モノローグ」は，応答によってしじゅう断ち切られ，これらの応答は全員による会話へと移っていったのである。……報告のあとの「討論」も，遮り合いへと変わっていた。話し相手たちは順々に話そうとしてはいたのだが，「不自然な」仕組みである「順番」は，ダイアローグにしようという自然な欲求に対してなすすべがなかった。……ときには，話しはじめようとして，すでに唇は動いているが，自然な欲求をなんとか抑えつけて黙ることもある。……またあるときは，心のなかで「ぶつぶつ言っており」，もうちょっとで音が「喉から出かかっている」こともある。(§26)

以上のように，モノローグ形式のコミュニケーションが成立するためには，多くの場合，先天的な自然さの抑制および長大な発話を構成するための認知処理が求められる。人為的・人工的な訓練が参加者に対して求められるという意味において，モノローグ形式の交流はダイアローグ形式と比較してより文化的なコミュニケーション形態を示すのだといえる（Gulida, 2010, p. 56）。[11]

　ヤクビンスキーは，ダイアローグ形式のコミュニケーションが横溢し，モノローグ形式のコミュニケーションがみられない言語活動の事例（シチェルバによる観察記録）を引用し，モノローグは不自然な言語形式であると強調する。これは，シチェルバが観察した半農民たちがダイアローグ形式的なコミュニケーションばかりを行い，町の外に出かけた人物が隣人に対して自身の体験を話すというような，自分たちが生きる世界とは異なる世界の話題を交わすモノローグ形式の言語交流がみられなかったという極端な事例の報告である。

> 「こうした半農民，半工場労働者のなかですごした時間を思い起こしてみると，改めて驚いたことに，私はかれらのモノローグを**一度も**聞いたことはなく，**断片的な**ダイアローグしか聞いていなかった。かれらがライプツィヒの見本市や近隣の町へ仕事で行くときなどに居合わせたことがよく

11　タルド（1964, pp. 96-105）は，言語の歴史を論じるなかで，モノローグがダイアローグに先行する現象であると論じている（タルドのいうモノローグ・ダイアローグは，ヤクビンスキーが捉えるコミュニケーションのモノローグ形式・ダイアローグ形式とほぼ一致する）。タルドは，権力者による命令・教育者の指示など，上位者が下位の者に与える一方向的な指令に言語活動の始原を求めている。人は教えるために，次に祈り命令するために，そして質問のために話し，その後で互いにことばを交わす会話が生まれるようになったのだという。以下の抜粋からも明らかなように，タルドは書きことば的な言語活動を意識しているようである。一方のヤクビンスキーはこの始原を，人々が相互にことばを交わす行為に見出している点に，タルドの議論との違いを見出すことも可能だろう。

> 日常的な使用や，親戚とか友人間の通信や，手紙による会話に役立つようになるずっと以前には，文字は，高僧や王族の墓碑銘とか，儀式ばった登録，神聖な戒律などだけに用いられた。しかし何世紀にもわたる紆余曲折と世俗化と卑俗化を経て，筆記の術も雲の上から降り，郵便制度がなくてはならぬ世の中となった。言語のばあいも同じである。会話に使えるようになるずっと前には，支配者の命令や布告とか，教訓詩人の格言などをおおやけにする手段にすぎなかった。つまり言語は，まず独白だった。そうにきまっている。対話はそののちにしか生まれない。一方的なものが相互的なものにいつまでも先行する法則にしたがったまでである。（タルド, 1964, p. 97）

あったが,**誰もけっして自分の印象を物語ったりはしていなかった。**通常,多かれ少なかれにぎやかなダイアローグだけであった。……こうした観察のすべてが改めて示しているように,モノローグというものはかなり**不自然な言語形式であり,言語が実態を明らかにするのはダイアローグにおいてだけなのである。**」(§25)

　書きことばを志向するモノローグ形式のコミュニケーションに参加する能力は,後天的な教育的介入を通して育まれるものとも捉えられる(レオンチェフ,1980,pp. 84-86)。その意味では学校教育を,書きことばを志向するモノローグ的交流(前章の交流モデルでいう③・④)を可能にするための,文化的訓練の場として位置づけることも可能だろう。そして**この自然さを抑圧する代償として,モノローグ的交流を操作する者は,異質な文脈を背景とする話者同士をつなぐための,言語に対する明晰な意識を得る**のだといえる。それは,シチェルバの観察した半農民たちが得られなかった(もしくは彼らの生活環境において必要とされなかった)能力でもある。[12]

　ただし,単にモノローグ形式の言語交流を行えるようになることが,言語を介した成長を意味するのではない。Bertau(2005, p. 22)はヤクビンスキー理論の観点から人間の認知的な成長を,ダイアローグ形式とモノローグ形式の言語操作を,柔軟に使い分けることができるようになるプロセスとして捉える。交流相手の文脈属性や交流場面の状況に合わせ,適切な言語形式を適切なタイミングで操れるようになることが,人間の成長にとって重要なのだろう。[13]

12　Friedrich(2005, p. 6)はモノローグ形式の交流を,役所や教会などで多く使用されるものであることから,社会的権力に近い言語活動として捉える。複数の社会的文脈を背景とする多くの人々を一つの集団としてまとめ,時に,政治的な交渉をともなう職務を行う上で,この種の言語を操作できる能力を持つことが必要になるということだろう。
13　菊岡・神吉(2010, pp. 135-138)は,日本の工場で働く外国人就労者の日本語能力運用場面に関するフィールドワーク調査を行い,仲間同士のコミュニケーションでは日本語が堪能と評価される者であっても,その多くが,異なる活動文脈を背景とする他者とのコミュニケーション(会議など)での言語操作力に問題を抱えていることを明らかにした。シチェルバの観察した半農民たちと同様の言語活動の問題が,現代においてもなおみられることを実証した調査といえる。一方,菊岡・神吉(2010, pp. 139-140)は,この言語能力の制約を解消するため,日本人と

第6章　個人の思考世界と社会集団の多様性・斉一性との関係

　互いのことをよく理解していると考える話者の間では，強固に慣習化・パターン化された言語活動が出現する。本部第3章で論じた社会的方言とは，このような言語活動の一環として理解されよう。場合によっては，それらは外国語入門書や旅行者向けの現地語ガイドなどにおいて，「駅で切符を買うときに使用する句」「カフェでコーヒーを頼むときに使用する句」などの形でパターン化されたコミュニケーションとして記録される「化石化 окаменение」をこうむる場合すらある（§49）。

　我々の日常生活は，この種のパターン化された多様な言語活動に満ちあふれており，それらはいわゆる社会集団の多様性にも対応している。このような統覚量の共通性を軸に，社会集団と個人との関係を論じたという点で，ヤクビンスキーを，話者間の共有知識の成立の問題に着目した最初期の言語学者として評する向きもある（Oliviera & Lyra, 2012, p. 255）。

　ただしヤクビンスキーは，厳密にいうならば，少なくとも『ダイアローグのことばについて』においては，間接的な形ではあれ，この種の社会集団を実体化されたものとして扱っていないことは指摘しておかねばならない。このことは，コミュニケーションのパートナーの統覚量の共通性の読み違いに該当する現象の分析に現れている[14]（§44〜46）。

　　外国人のスタッフが相互交流を行う社内日本語教室が定期的に開かれ，様々な状況で，互いに意志を表明しあえる教育的環境が整備されていたことも報告した。これは関係する日本人・外国人が，相手が背景とする文脈や交流場面の状況に合わせ，適切な言語形式を適切なタイミングで操る能力を促進する試みといえる。菊岡らはこのような日本語運用の環境整備を行うことにより，外国人を受け入れる企業や地域において，彼らと日本人との間に効果的なコミュニケーション機会を多く提供することができると論じる。

14　統覚量の共通性への期待とは，必然的に，認知処理（統覚）の共通性も含むだろう。本論では「統覚量の共通性」を，「統覚の共通性」も含めた概念として論じている。

私は「夜にサモワール［ロシアの湯沸かし器］を沸かす」ことを日課としている。けれども，それは没頭するほど重要なことでもないので，誰かが「サモワールを沸かす時間だ」と大声を出すまでは，たいてい自分の部屋にいる。この文は私の頭のなかで夜9時近くの時間とひじょうに密にむすびついているため，この文と意味上は何の関係もない文をもその文でもって統覚してしまう。このため，次のようなダイアローグがありうることになる。
　　――「今日，新聞買った？」
　　――「まだ早いな，30分後に沸かすよ」（§45）

　この事例は，特定の時間に生活を共にする家人から「サモワールを沸かす時間だ」と告げられる慣習的なコミュニケーション・パターンに慣れきっている「私」が，たまたま別の内容の発言を話しかけられた際，いつものように話し手がその時間を告げているものと統覚し，その発言への返答をしてしまったというエラーを示す。
　もし普段と同様の発話が家人からなされ，「私」があうんの呼吸で，習慣的なリアクションを行ったならば，両者が抱える統覚量の共通性は相互に確認され，互いを知り尽くした「生活を共にする人々（家族）」という社会集団の斉一性も確認されただろう。無論，このコミュニケーションを観察する第三者によっても，この「家族」という社会集団の斉一性は観察され得ただろう。
　しかし本事例では「私」が犯したエラーのため，この社会集団の斉一性（統覚量の共通性への相互期待）が崩壊してしまった。おそらくこの後，「私」と家人との間には，意図のすれ違いを確認し調整するコミュニケーションが，驚きや失笑などとともに発生したであろう。そしてそのギャップの調整には，互いの意図を言語によって再確認する必要があるため，必然的に「あうん」の呼吸で通じるいつものコミュニケーションと比較すれば，モノローグ形式的な特徴が，より強くみられる交流として展開しただろう。ヤクビンスキーは上記の事例以外にも，慣習的なコミュニケーションが破綻し，話者らの統覚の再調整が必要となる複数のケースを紹介している。

これらの事例分析を発展的に解釈するならば，**客観的にみて（コミュニケーションに参加しない第三者からも観察可能という意味としての），同じ社会集団に属していると認識される話者同士であっても，相手に対して期待・推測する統覚量の共通性という主観的表象を，コミュニケーションを通しその都度，確認・更新している**ということになるだろう。パートナーの頭をこじ開けてその思考世界の内実を確認することはできない以上，それは，パートナーが発する表情・発話のイントネーションおよび，相手が持っていると予測される関連知識などのリソースを手がかりとして相互に探り合うしかない。つまり統覚量の共通性とは，個々の話者が互いに抱く主観的な期待によって成り立ち，実際の相互交流の中で確認され続ける表象なのだといえる。統覚量の共通性が相互主観的に立ち現れる表象である以上，たとえ長年のつきあいがあり，同じ思考世界を完全に共有しているように思われる話者同士であっても，その逸脱可能性は存在し続ける[15]。

　以上のように統覚量の共通性を，相互主観的に達成される表象として位置づけることで，ヤクビンスキーは婉曲的に，コミュニケーションに向かう話者個々人の思考世界の独自性を保証しているように思われる。ヤクビンスキーの議論において統覚量は，あくまでも，現在参与するコミュニケーションの方向性を予想するために，個々の話者が独自に抱く表象として捉えられており，そ

---

[15] この統覚量の共通性に関するヤクビンスキーの議論は，後年の，日常の諸活動を組織する具体的な課題を人々が自然に成し遂げている「方法」について検討する「エスノメソドロジー ethnomethodology」（サーサス，1995）にも通じるものがある。Garfinkel (1967, pp. 36-38 邦訳 pp. 34-37) は，日常的な活動を共にする社会集団の成員が共有していると無自覚に考える「共通理解 common understanding」が，各成員が互いに主観的に抱く「背後期待 background expectancies」に基づき，相互交流の瞬間瞬間に実現されているとする。そしてこのことを明らかにするため，この背後期待をあえて裏切り続ける会話実験を実施した。以下は，その実験の一例である。

　　友達が私に，「急げよ，遅れるぜ」と言った。私は，遅れるってどういうことだ，何を基準にしてそう言えるんだ，と聞き返した。彼の顔には当惑と冷笑の表情が現れた。「なんでそんなばかばかしいこと聞くんだ？　おれの言ったことを説明する必要はないよ。だいたいから，お前，今日，どこかおかしいんじゃない？　なんでおれの言ったことをいちいち説明しなきゃいけないんだ？　誰だっておれの言っていることは理解できるし，おまえだってそうだろうが！」(Garfinkel, 1967, pp. 43-44 邦訳 p. 44)

の共通性もまた，話者が個別に相互に期待する主観的な表象として位置づけられるということである。この議論を拡張するならば，社会集団の斉一性も，話者それぞれの思考世界において個別に抱かれ，さらに外的な相互交流の中で交渉され続ける表象および現象として位置づけられ得るだろう。[16]

第7章　ヤクビンスキーが価値づける話者のコミュニケーション能力の姿

『ダイアローグのことばについて』において，ヤクビンスキーは話者のどのようなコミュニケーション能力を価値づけていたのだろうか。この問題に関するヤクビンスキーの記述はかなり曖昧であり，ある意味，いかようにも解釈できるような内容になっている。本章では，本論文が書かれた当時の学術的文脈も含め，このテーマに関する検討を行う。

7-1　ヤクビンスキー自身の問題意識

この問題にアプローチをするために，§12において宣言された，本論文を執筆する上での問題意識に関連する以下の記述について，みてみる。

> 『詩的言語論集』では詩的言語が関心の的であったため，当初は，言語における二つの機能的な変種，すなわち**実用**言語практический язык と**詩的**言語поэтический язык が取り出されていた。その際，分類の契機となっていたのは，目的という契機である。……のちになってようやく『論集』の参加者たちが出版物においても指摘せざるをえなくなったように，「実用言語」という術語は，ことばのきわめて多様な現象を覆い隠しており，無条

16　この場合の「社会集団」とは，無論，制度的枠組みを有するものばかりを示すのではない。特定の語句を「あうん」の呼吸で交わし，ことばでその意味をあえて説明する必要のないことが期待されるという意味での「仲間」の集団などをも示す。したがってその範囲の境界線は，コミュニケーションの展開によってその都度，拡張・崩壊する伸縮性のある動的な表象として捉えられる。

件にそれを用いることはできない。(§12)

　ここでヤクビンスキーは,「目的цель」および「詩的言語поэтический язык」「実用言語практический язык」という契機を問題視している。さらに§13においては,言語活動の多様性に関する議論を進める上で,やはり目的という契機に遮られて注目されずにきた,言語現象に関する分析(発話形式に関する検証)を行うことが必要とも論じている。つまりこの目的という契機に遮られない,言語現象に関する分析を行うことが本論文のねらいであり,ヤクビンスキーのコミュニケーションに対する価値観を探ることにもつながるように思われる。

　ここでいう目的・詩的言語・実用言語などの用語は,ヤクビンスキーも参加していた,「ロシア・フォルマリズム」運動の中で提唱され,扱われてきた概念である。しかし『ダイアローグのことばについて』のねらいを把握する上では重要な用語であるにもかかわらず,ヤクビンスキーの解説は素っ気なく,20世紀初頭のロシアにおける文芸活動の文脈に疎い読者にとってはやや理解しがたい論展開になっている。そこで次節では,これらの用語に関連するロシア・フォルマリズム運動について,概説することにする。[17]

7-2　ロシア・フォルマリズム概説
　　（詩的言語と実用言語を分かつ「自動化／異化」）

　ロシア・フォルマリズムとは,1910〜20年代にかけ,「オポヤズ ОПОЯЗ (詩的言語研究会 Общество по изучению поэтического языка)」および「モスクワ言語学サークル Московский лингвистический кружок」を中心に展開された文学運動を示す。ヤクビンスキーはオポヤズのメンバーだった。ヤクビンスキーがコメントした『詩的言語論集』とは,このオポヤズが1916年・1917年

---

[17] ロシア・フォルマリズム運動とヤクビンスキーとの関係については,本書第3部の桑野による解説も参照。

に出版した刊行物を示す。先述のポリヴァノフの論文『日本語の音的身振りについて』も，この論集に収められたものである。

　オポヤズの中心メンバーであり，またフォルマリズム運動の主導者の一人とされるシクロフスキーは1914年に発刊した『言葉の復活』において，日常文脈の中で使用されることばに対する人々の，そのことば本来の意味内容に対する関心が失われるという現象に注目する。日常会話の中で使い古され慣用句となったことばは，もはやそのことばが内蔵する意味・原義が忘れ去られ，ことば外の事象を指し示す指示器としてのみ，話者に認識されるというのである。

> 今日，言葉は死に絶え，言語はあたかも墓場と化している。……例えば，『月（メーシャツ）』，この語の原義は『計測器（メリーチェリ）』であった。……フランス語の『子供（アンファン）』という言葉は（古代ロシア語の『子供（オートロク）』と同じく）文字どおり，言葉を話さない者を意味する。……日常会話で用いられ，そのため完全に聞き取られることもない言葉。
> （シクロフスキー，1988a, p. 13）

　そしてヤクビンスキーは，シクロフスキーが立ち上げたこのテーマについて，言語学の立場から体系化を行う（桑野，1979, pp. 98-100）。ヤクビンスキーは1916年に発刊した『詩的言語論集』に収録された『詩語の音について』において，言語の音の側面に着目し，詩などの芸術的文脈では，日常的な**意思伝達の手段という実用的・日常的な「目的」**として使用される「実用言語」とは異なる，**言語的結合そのものへの注意を集約するという「目的」**として使用される言語体系が存在すると指摘する。そして，この種の言語体系に基づく言説群を「詩語（詩的言語）」と呼ぶ。

> もし話し手が伝達という純粋に実用的目的でそれを用いるならば，われわれは，日常的言語の体系を取り扱うことになる。その体系の中では，言語の表象（音，形態論的要素など）は独自の価値を持たず，伝達の手段でしか

ない。だが，実用的な目的が背後に退き，言葉の組合せが独自の価値をになうような言語体系も別に考えられる。……私はこの体系を仮に「詩語」と呼ぶことにする。(ヤクビンスキー，1971, p. 59)

さらにヤクビンスキーは，1917 年に発刊された『詩的言語論集』に収録される『実用言語と詩的言語における同一流音の重なり』において，日常的文脈の中でメッセージの伝達手段として使用される言語にともなう現象を「自動現象／自動化（オートマチスム）автоматизм」と呼ぶ（ヤクビンスキー，1988, p. 37)。ここでいう自動化とは，言語そのものに対する注意をほとんど向けることなく，コミュニケーションにおいて無自覚に使用するように，話者の認識が変化することを示す。

またシクロフスキーは，上記のヤクビンスキー論文と同じ『詩的言語論集』に収録される『手法としての芸術』において，慣習的な言語実践の中で自動化された対象への認識を改め，それを「再認 узнавать」ではなく「直視 видеть」するものにすることが芸術の目的であると論じる。そして，この目的を達成するための「形式を難解にして知覚をより困難にし，より長びかせる」(シクロフスキー，1988b, p. 25) ものとして「異化 остранение」概念を提唱する。

---

18 ヤクビンスキーは本概念をベルグソンの『物質と記憶』(1896) から引用している。ベルグソンがオートマチスムについて解説した箇所の一部を抜粋する。
　　私が初めてある町を散策するとしよう。通りの曲がり角に来るたびに，私はどこに進むのか分からないのでためらう。……時が過ぎ，その町に長く滞在した後であれば，私は，私がその前を通り過ぎる諸対象について判明な知覚を持つことなく，その町を機械的に往来するだろう。……私は，私が私の知覚だけしか見分けない状態から始め，ほとんど自分の自動運動についてしかもはや意識しないような状態で終える。その合間には，一つの混合状態，生まれつつある自動運動によって際立たされた知覚が場所を占めている。（ベルグソン，2007, p. 123）

19 Eagleton (1983, pp. 1-4 邦訳 pp. 3-6) は，ロシア・フォルマリズムを，基本的に言語学を文学研究に応用した運動（文学作品の内容分析ではなく言語形式分析にこだわる）と捉える。そして日常言語を変容・凝縮させる異化的表現が，フォルマリストたちの捉える文学性であるとし，以下の事例をあげる。なお異化については，本書第 4 部においても詳細に解説を行っている。
　　もしあなたが，バス停にいる私の方ににじり寄ってきて，「汝，いまだ犯されざる静寂の乙女よ」とささやいたとしよう。この時，私は自分が文学の磁場にとらわれたことをすぐさま悟る。いまあなたが口にした言葉の感触，リズム，音の響きが，簡単に言ってすませることができる意味内容に過剰に付随しているからだ……あなたが発した言葉は，言葉

7-3 『ダイアローグのことばについて』における自動化とコミュニケーション（発話）形式との関係

　ヤクビンスキーおよびシクロフスキーが展開したこれらの議論は，その後のフォルマリズム運動の理論的礎の一つとなった（桑野, 1979, pp. 98-102)。特に異化はフォルマリズム運動における中心的なテーマとなり，異化をもたらすプロットの構成や語り，パロディなどのテキストの検証法が発展的に提案された。

　しかしヤクビンスキーは『ダイアローグのことばについて』において，かつての自分自身も含めたフォルマリストらとは異なる，新たな言語分析の立場を模索していた（朝妻, 2005, p. 5)。(詩的言語と実用言語を分かつ）目的という契機によって見過ごされてきた発話形式を分析するとの宣言には（§12～13)，ヤクビンスキーのこのような問題意識が反映されているように思われる[20]。そしてこの問題意識の視点からヤクビンスキーは，話者の言語認識における自動化を促進・抑制する要因について考察を行っているようにも思われる[21]。

　「ダイアローグとことばのオートマチスム」と題された第8章（§50～62）においてヤクビンスキーは，ダイアローグ形式のコミュニケーションでは，ことばへの意識的な注目・制御がなされなくなると改めて指摘する。そしてこの種のコミュニケーションに際し，話者の認識における言語に対する熟考やその選択の葛藤（複雑な意志行為）が減少し，これが自動的な言語活動（単純な意

　　　　それ自体に注意を引きつけている。言語の物質的ありようをこれみよがしに示しているわけで，これは「きょうは運転手がストをやっていることをご存知ですか」というような陳述にはみられないことだ。(Eagleton, 1983, p. 2邦訳pp. 4-5）
20　本書第1部の訳注11で指摘するように，ヤクビンスキーは「目的」を，実用言語と詩的言語を区別するものにとどめず，実用言語をさらに区分する概念として使用していた。しかし『ダイアローグのことばについて』の中では，これらの実用言語の区分としての「目的」はほとんど論じられていない（ただし後に論じるように，原注68ではこの種の「目的」が示唆されている可能性がある)。
21　本書第3部の桑野による解説によれば，ヤクビンスキーは詩的言語論を展開した当初から，言語的活動の多機能性についても言及しており，実用言語との二項対立的な扱いはしていなかった。そしてその後の論文では，実用言語に内在する「会話の言葉」と「学術的・論理的な言葉」の区別を重視するなどしており，その問題意識は，『ダイアローグのことばについて』における「ダイアローグ形式」および「モノローグ形式」に関する議論にも反映されているように思われる。

志行為)の促進につながるのだと明言する。

　ダイアローグについて以上述べてきたことから明らかなのは，以下の三点である。すなわち，ダイアローグ形式は，熟考や選択なしの単純な意志行為としての言語活動の進行を促すということ，ダイアローグ形式は，相互作用全般において言語的要素の意義を減少させ，ことばが注意や意識の制御なしに進行するよう促すということ，そして，ダイアローグ形式は，言語的要素に慣れ親しんでいる場合にもっともうまく遂行されるということである。
　ダイアローグ形式は，自動的な活動としてことばが進行するのを促す。
（§56）

　これはすでに論じたように，ダイアローグ形式のコミュニケーションにおいて，テーマに関する統覚量の共通性の高まりが期待できることなどにより，話者らの意志行為の単純化が進むとする議論を念頭に置いたコメントといえる（§24・30・42・48 など）。
　つまりヤクビンスキーは，いったん**ダイアローグ形式を，自動化を促進する契機として位置づけている**。そして彼の議論を総括するならば，それぞれの話者の言語認識においてこの自動化が継続的に進む場合，彼らの間で特有の社会的方言が生み出されることになる。また逆をいえば，この自動化が抑制される場合は，社会的方言が崩壊したり，そのあり方が変更されたりするということにもなる。さらにフォルマリズムも含めた議論文脈から読み解くならば，**この自動化を抑制する契機として，モノローグ形式に基づくコミュニケーションを間接的に価値づけた**と結論づけることも，いったんは可能だろう。[22]

22　朝妻（2005, pp. 8-9）も，ヤクビンスキーは自動化が話者の日常世界の視野を狭めるものになると問題視し，話者自らが言語体系を意識的に解釈して外部の言語体系へと関連づけるような実用言語の実現可能性を模索していたのだと指摘する。

7-4　原注 68 の記述にみられるヤクビンスキーの議論の矛盾

　ところがヤクビンスキーは,「ダイアローグ形式は，自動的な活動としてことばが進行するのを促す」(§56)と結論づけた文章に挿入した原注 68 において，自らが下したこの結論を覆すような，不可解なコメントを行っている。

> 　以上のように述べたとしても，ダイアローグはつねに自動的なことばであるということにはけっしてならない。というのも，ダイアローグの際のことばは，ダイアローグ形式によってだけでなく，目的などのような他の契機にも規定されているからである。例えば §50 で引用した例のなかにも，複雑にしてかつ不慣れな活動として進行するダイアローグ的なことばの事例がある。他方，モノローグは，つねに複雑な言語活動あるいは不慣れな言語活動であるわけではけっしてない。というのも，ことばのオートマチスムは，対話によってだけでなく，語法の分野における反復，練習，習慣一般によっても規定されるからである。(原注68)

　素朴に受け止めるならば,「ダイアローグはつねに自動的なことばであるということにはけっしてならない」「複雑にしてかつ不慣れな活動として進行するダイアローグ的なことば」というこの原注 68 の記述によって，本文において積み上げられてきた，話者の言語認識の自動化（慣れによる意志行為の単純化）に向かうメカニズムと，コミュニケーションのダイアローグ・モノローグ形式との関係に関する議論は無効化されてしまったようにも読み取れる[23]。またさらに，本文のねらいの部分（§12〜§13）で批判され，主たる検証対象から外されたはずの「目的」も，明確な説明がなされないまま挿入されている。論文本体のロジックを覆すかのような，この原注 68 の記述は，率直にいって不可解なものである。

23　ここでいう「複雑な活動」とは，その文脈から，§30 および §50 において言及される，熟考や選択，諸動機の闘いなどを伴った「複雑な意志行為」を示すと思われる。つまり自動化とは真逆の言語認識を示すということである。

7-5　自動化を抑制する聞き手の「抵抗」という契機

　しかし私（田島）は，この矛盾状況を脱する手がかりを，自動化を抑制する要因としての聞き手の「抵抗 противодействие」に関する議論（§59〜60）に見出し得ると考える。

　抵抗とは，ヤクビンスキーの指導教員にあたるシャフマトフが論じた概念である（本書第3部参照）。シャフマトフのこの議論は，聞き手による理解を期待し，無意識に話し手がことばの表現を省略したり，特有のアクセントを付したりするようになる言語活動を対象にしている。そして抵抗は，話し手が発するこの種の発話内容に対し，聞き手が異議申し立てや問い返しを行う事態を示す概念として展開されている。

　以下の抜粋は，ヤクビンスキーが§59において念頭に置いたと考えられる，シャフマトフ論文における抵抗に関する議論の一部である。

> 　話し手は，ほかの人びととのコミュニケーション手段としての言語にたいして，無意識に接している。言語にたいする意識的態度が見られるのは，言語を使用する際に周囲の者たちが理解できるようにと気遣うときに限られる。この気遣いは，音を明瞭に発音することを不可欠にし，いかなる意識的な逸脱や間違いも不可能にする。したがって，話し手が発するときに言語が変化するならば，そうした変化は話し手の自覚的［意識的］な意志に関係なく生じているのである。その際に生じているいくつかの心理的要因を指摘することができる。まず第一は，エネルギーの節約——人間の行動を指揮しているこの一般的心理的法則——である。話し手は，エネルギーの最小限の消費でもって，自分の課題を遂行しようとする——なんらかの考えを話し相手に伝えようとする——。こうした志向は，つぎのような場合には，話し手を理解できないであろう話し相手から，明らかな抵抗を受けることになる。すなわち，話し手がこの志向に合わせて，不明瞭に発音したり，語を言いきらなかったり，一音や一音節，一単語を省いたり，アクセントを置き換えたり，考えのニュアンスを表現するための通常のイ

ントネーションを変えたりする場合である。また，もしも話し手が自分の個人語にそれでもやはりなんらかの変化をもたらし，得られた結果を強固なものとすることに成功したとするならば，おそらくそれは，まず第一に，まさにこうした現象において話し手は話し相手の意識のなかでごくわずかの抵抗にしか出くわしていないせいであろう。話し相手自身にとっては，音や単語を発する際のこの新しいやり方は当を得ており自然でもあるように思えており，話し相手の異議を招かず，問い返しにも至らない。(Шахматов, 1911, pp. 95-96)[24]

ヤクビンスキーはこのシャフマトフの論を引用し，聞き手が抵抗を示さず，話し手の発話がスムーズに受け入れられる（聞き手が話し手の発話について異議を唱えない）のであれば，話者らの言語認識における自動化（言語構文の省略・簡略化などをともなう）は，彼らが構成する同じ社会集団の枠内において促進されると捉える（§60）。

問題を自動的な言語活動に限れば，話し手のもとで生じる変化はつねに話し相手からほとんど抵抗に会わず，シャフマトフの言う「新しい仕方」は話し相手には**つねに**好都合で自然なものと思われている。それは，自動的なことばの本質そのものに由来する変化がつねに一方向——加速，省略，簡略化——に進んでいるためである……あらゆる「話し相手」は同時にまた「話し手」でもあるため，当該の社会的集団の枠内では，いま扱っているような自動的なことばの場合に「話し手の口元で」生じる変化は，話し手当人だけでなく「話し相手」にとっても慣れ親しんだ好都合なものとなっている。（§60）

---

24 シャフマトフ論文における，抵抗に関する説明箇所の特定および，該当抜粋の訳出は桑野による。

裏を返すなら，**聞き手が話し手の発話に対し明確な抵抗を示す場合，自動化に向かう動きは抑制され，話し手は自らの発話に対し注意を向けざるを得なくなる**のだろう。

　この抵抗の視点から，「複雑にしてかつ不慣れな活動として進行するダイアローグ的なことば」（原注 68）としてヤクビンスキーが参照を指示する事例をみてみる。これらの事例は，複雑さをともなう（自動化を抑制する）言語活動に関するものとされる。§51 の記述内容から，§50 の事例 3（上流社会のサロンでの会話）が，「複雑にしてかつ不慣れな言語活動」だろう。慣れないことば遣いを使用するなどの「不慣れさ」の契機をともなう交流を示すといえる。これは複数の人々が話し合うサロンの会話であることから，話し手が長時間，話題を提供し続けるモノローグ形式というよりもむしろ，話し手と聞き手が頻繁に交代する直接的なダイアローグ形式の交流として展開するものだろう。またヤクビンスキーによる指定はないが，§50 の事例 1 も，互いによく見知った人物（「尊敬する好きな人」）との，話しにくい内容に関する交流であり，またぬけにしゃべりまくらず，少しずつ考えを述べるなどするという記述から，複雑で不慣れな意志行為をともなう直接的ダイアローグ形式のコミュニケーションと考えるのが自然だろう。

　これらの事例に共通して見出せるのは，交流テーマに関する聞き手との統覚量の共有を話し手が期待できないというよりもむしろ，**統覚量の共有が期待できるからこそ，相手は自分の発話を知的に理解はできるがその内容に異議を唱えるだろうという抵抗の予測**が，話し手に緊張をもたらし，彼の意志行為が複雑になるということであるように思われる。

　§50 の事例 3 の場合，情報としては知っている上流社会のことば遣い（causerie 雑談）を使い，対面する聞き手によって洗練されていないものと批

25　以下，該当箇所を抜粋する。
　　複雑にしてかつ不慣れな言語活動 сложная непривычная речевая деятельность の事例もありうるし，ひんぱんに見られる。例としては，例えば §50 の三つ目の事例とこの節の四つ目の事例との組み合わせが挙げられる。（§51）

判的に評価されないよう，細心の注意を払って語句の選択を行うような状況だろう。この場合，話し手は適切なことば遣いに関する一般的な情報について，聞き手との共有を期待している。それだけに話し手は一層，自らが行おうとする言動に対し，聞き手が「やぼったいもの」などと侮蔑の念をもって評価する可能性について，鋭く予測している。また§50の事例1は，尊敬する知人に言いづらいことを伝えなければならないというコミュニケーションであるが，この場合も，話し手は聞き手との間で，話題とするテーマに関する情報共有を期待していると思われる。話し手は，自分がこれから発言しようとする内容について，聞き手が立腹したり侮辱の念を抱いたりする可能性を予測しており，聞き手によるその種の評価を避けようとして，自分の発話内容を調整しているからである。

　以上のような状況において話し手から発せられたことばは，事実的情報についての統覚量の共有は高く期待できるため，言語構成上はシンプルで短いダイアローグ形式的なものであるかもしれない。しかし同時に話し手は，それらの事実的情報に対して聞き手が，批判的に受け止める可能性をも敏感に察知して発言している。そのため，§50の事例1でいえば，聞き手が気分を害するような話題はわざと言語化を避けたり語句の選択に気を配ったりするなど，話し手は，複雑な意志行為によって自らの発話を制御している。

　したがって**原注68では，本文における主要な議論とは異なり，ことばがどのような事実を指し示すのか（これを本論ではことばの「情報的側面」と呼ぶ）に関する統覚量に加え，ことばが示すその事実に対し，どのような価値判断を下すのか（これを本論ではことばの「評価的側面」と呼ぶ）に関する統覚量が，話し手に対する聞き手の抵抗を決定づける重要な契機として取り上げられている**のだといえる。これは話し手の発話がもたらす事実に対し，聞き手がそのまま受け入れられると価値づける（「肯定的評価」ないし「是認」）か，もしくは，その事実を受け入れず批判的に価値づける（「否定的評価」ないし「否認」）か，という予測を話し手が行うことといえる。

　話し手の発話内容に対して疑念を抱いたり，批判的に検討したりすることの

ないままに受け入れる**聞き手の肯定的評価（是認）の予測**は，話し手による自らの発話に対する言語構成・認識の再点検を怠らせ（聞き手による抵抗を感知せず），緊張を緩和し，言語認識の自動化を促進するだろう。その一方で，話し手の発話内容をそのまま受け入れず，その内容について批判的な応答を返す**聞き手の否定的評価（否認）**の予測は緊張をもたらし，語彙の選択や表現内容の吟味など，話し手の言語認識の再点検を促進し（聞き手による抵抗を感知し），言語認識の自動化を抑制するだろう。そしてこの種の評価の違いは，§50の事例が示すように，話し手と聞き手との間の**ことばの情報的側面に関する共有の程度とは独立して生じるものであるため**，話し手が示す事実に対して聞き手が下す否定的評価による抵抗は，いずれのコミュニケーションの形態（直接的形式か間接的形式か，ダイアローグ形式かモノローグ形式か）においても生じ得るものである。[26]

7-6　ことばの情報的側面と評価的側面および抵抗の内実

　以上のようにヤクビンスキーの議論を捉えるならば，話者は，ことばがどのような事実を指し示すのか，そして相手がその事実に対してどのような価値判

26　この論点からいえば，イントネーション，音色などの聴覚的契機について論じた§21において，直接的な（ダイアローグ形式の）コミュニケーション事例として紹介される，ドストエフスキー『作家の日記』に記された6人の酔っ払いたちのやりとりも，実は，§24で論じられるような，話者の意志行為の単純化に必ずしも結びつくものではない可能性がある。本事例は相手の発話に対し，話者らが明らかに否定的評価を下している様子が見て取れるため（発話のイントネーションなどにより），彼らが表出した言語の構造的単純さにもかかわらず，彼らの意志行為は複雑化していたかもしれない。ただし，彼らが表出した否定的評価が真剣なものではなく，じゃれあい・遊びに類するものであったとするならば，熟考を経ることなく処理されていた可能性もある。
　また統覚量の共通性の高さへの期待により，わずかな言表（ほのめかし）で多くの情報を伝えあう交流を示した§40の事例3も，レーヴィンが発したわずかな言表の背後に，彼の複雑な意志行為が隠れていたようにも読み取れる。レーヴィンの意図（愛の告白）を，レーヴィンの期待通りにキティが読み取ることができるかどうかだけではなく，その意図を彼女が拒絶する（否定的に評価する）可能性への懸念を彼が抱いていたように思われるからである。
　この種の現象については，§42において触れられた，特別な緊張状態のなかで意識的に選択された語による，述べている考えを濃縮した，内容に満ちた「ほのめかし」に関する説明が関連する可能性もある。しかしヤクビンスキーのこれ以降の議論において，この種のほのめかしは，詳細な分析の対象にはなっていない。

断を下すのかを,意識的にせよ無意識的にせよ,同時に認知しているということになる。[27]

無論,話し手と情報的側面での共通性が期待できない場合も,聞き手の抵抗は強くなるだろう。むしろことばの情報的側面と聞き手の抵抗(話し手の言語認識の自動化)との関係は,『ダイアローグのことばについて』の本文における主要な分析対象になっている。しかし本章で問題としているヤクビンスキーの議論の矛盾は,原注68において,自動化に関わる契機としてことば(そして統覚量)の情報的側面の他に,評価的側面に該当する問題が,体系的な区別や定義的説明がないまま,唐突に取り上げられていることに起因しているように思われる。

ただし,このことばに内在する情報的側面と評価的側面の違いについては,『ダイアローグのことばについて』本文においても実は,断片的には触れられている。§17〜24で論じられているトーン・イントネーションなどに関する議論は,直接的なダイアローグ形式のコミュニケーションにおけることばの評価的側面の問題も含むものといえるだろう。例えば,必ずしも言語的にその評価を表明しなくとも,敵意・反感や同情が発話のトーンにおいて表出され,また相手に聞き取られることもあるという指摘は,この議論に該当するだろう(§22)。さらに別の箇所では,極端な場合,この評価的トーンのみで,話し手の発話の情報的側面については聞き手が十分に把握できなくても意味の交換が成立する事例の紹介もなされている。

> 「お宅のご主人のお話が明快で正確なのには,いつも感心させられますわ」彼女(ベッチイ)は言った。……「ええ,そうですわね!」ベッチイが言ったことなどひと言もわからぬまま,幸福の微笑をかがやかせて,アンナは言った。(§39)[28]

---

27 話者のこの種の表象の心的集積である統覚量も,情報的側面と評価的側面を含むものと捉えている。
28 ここでは,ヤクビンスキーの論文において省略された箇所を補足し,トルストイ(1964, pp. 171-

この『アンナ・カレーニナ』におけるアンナとベッチイの会話について，ヤクビンスキーは以下のようなコメントを付している。これは聞き手がことばの情報的側面に関する解釈を交えないまま，話し手の肯定的評価に対する応答を行った極端な事例として解釈できるだろう。

> この場合，アンナの肯定的な「答え」は，ベッチイの発言のイントネーション構成に対する曖昧な受けとめにもとづいている。ベッチイのイントネーション構成が，アンナに発言そのものの「内容」をまったく認識させることなしに「同意」の言葉を機械的に呼び起こしたのである。(§39)

　事実に関する記述（情報的側面）だけが表面的には認められる発話においても，その事実に対する話者の「よい」「悪い」「愚かだ」「優れている」などの価値判断（評価的側面）は，多かれ少なかれ認められるだろう（過去にその事実に対して話者が下した価値判断等に関する知識的リソースや，話者の発する表情・トーン・イントネーションなどに関する空間的リソースの参照を通して）。一方，そのような事実に関する記述をまったく読み取ることができない，話者の純粋な価値判断だけが表現される発話の存在可能性も，通常のコミュニケーション状況下では考えにくい。たとえ言語的には評価的側面だけが表現された発話（「いいね」「うれしい！」「くそ！！」「悲しい」など）であっても，その発話に関して聞き手が参照する空間的・知識的リソースから，多かれ少なかれ，情報的側面が読み取られるだろう。つまり情報的側面と評価的側面は，個々のコミュニケーション状況においてその表現が前景化する程度の差こそあれ，あらゆる発話に内在しているのだと考えられる。[29]

---

172) から引用している。
29　この仮説構築を行う上で，Eagleton (1983, pp. 12-14 邦訳 pp. 20-21) の言語観を参考にした。Eagleton は，話者のいかなる客観的な知識の陳述（本書でいうことばの情報的側面）であっても，主観的な価値判断（本書でいうことばの評価的側面）をともなうと論じる。例えば「この聖堂は1612年に建てられた」という発話は，「この聖堂は，バロック建築の壮大なる典型である」という発話と比較すれば，話者の価値判断をともなわない，事実のみを陳述したものであるよう

7-7　ヤクビンスキーの議論の前提とその限界

　ここまでの議論を総括し，話者間のコミュニケーションの様相について描いてみる。

　聞き手は話し手の発話に対し，発話をもって応答する。この応答発話においては，情報的側面における話し手とのギャップの程度および，話し手の発話に対する聞き手の評価の内実が話し手に示される。そしてこの応答発話における聞き手の評価が肯定的なものであり，また情報のギャップが大きなものではないと話し手が判断すれば，話し手は自分の発話が聞き手に受け入れられたと判断するだろう（すなわち，聞き手の抵抗が弱い）。その結果，次第に話者は自身の発話内容や構成に注目をすることもなくなり，意志行為の単純化（自動化）も促進されるだろう。

　一方，聞き手の評価が否定的なものであり，かつ聞き手との間で情報的側面でのギャップも大きいと話し手が判断すれば（すなわち，聞き手の抵抗が強い），自分の発話を見直し，改めて適切な発話内容と構成の検討を行うだろう。つまり，自動化は抑制されるだろう。

　しかし『ダイアローグのことばについて』の本文において展開される，ダイアローグ形式のコミュニケーションにおいて，話者の意志行為の単純化が進むとするヤクビンスキーの論では，必ずしもこの情報的側面と評価的側面の違いが明確に区別して扱われておらず，むしろ，情報的側面のギャップの解消に分析の力点が置かれているように思われる。特に，統覚量の共通性が高いほど，話し手の発話を聞き手が理解することも容易になり，使用する言語構造も簡略化されていくという§40〜43にかけて展開される主要な議論からは，**評価については肯定的であることを前提に，発話に関する話者間の情報ギャップが埋まれば抵抗は解消される**と，ヤクビンスキーが考えているような印象すら受け

にもみえる。しかし例えば，この発話に対し外国人の聞き手による「私の住んでいる国では，建物が建てられた方角には価値をおくが，なぜあなたたちは建物の建築年数にこだわるのか（そのような情報には我々は関心をもたない）」などという反論を受けた場合，（自覚的であれ非自覚的であれ）「建物が建築された年代を肯定的に評価する」などという話し手の暗黙的な価値判断が露呈するのだという。

る。そして表出された発話構造の簡略化の程度と意志行為の単純さの程度が，ほぼ，等価の関係として扱われているため（§32, 48, 56 など），ダイアローグ形式のコミュニケーションは，自動化を促進するものと位置づけられるのだろう。§57 では「複雑にしてかつ不慣れな言語活動とダイアローグの結びつき」が取り上げられてはいるものの，この関係そのものについて掘り下げた分析はなされていない。

　一方，この本文中の議論とは異なり，原注 68 の解説は，統覚量の共有期待が必ずしも，話し手による，聞き手の肯定的な評価の予測を導くわけではない事態を示唆している。ここで参照が指示される §50 の事例 1・3 は，聞き手との間にかなりの情報共有が期待されると同時に，話し手が示す事実に対する聞き手の否定的な評価が予測される言語活動と思われるからである。

　その結果，本文においては積極的に取り上げられることのなかった，ダイアローグ形式のコミュニケーションにおける聞き手の抵抗と，簡略化された言表の背景に隠された話者の複雑な意志行為の契機が，原注 68 の記述においては重要な論点として立ち現れてくる。

　この視点からみれば，原注 68 の「モノローグは，つねに複雑なあるいは不慣れな活動であるわけではない」との記述も，無理なく解釈できるだろう。これについては，例えば，学生の情報的側面でのギャップ（「そもそも内容が分からない」など）および評価的側面での否定性（「話されている内容がつまらない」など）を認知せず，講義資料の棒読みを進める教員のような事例が想定できるかもしれない。このような場合，教員の発話の形態そのものはモノローグ形式であっても，相手の抵抗に応じ，自らの講話を構成する語の選択について検討を行うなどの複雑な意志行為はみられず，コミュニケーションはむしろ語法の「反復，練習，習慣一般」の惰性の中で行われ得るだろう。[30]

30　この事例は，著者が自分自身の教員経験を反省的にふりかえって想定したものである。

7-8　聞き手の抵抗を読み取る話し手の「センシティビティ」

　聞き手が話し手の発話に対して示す「抵抗（情報的側面における共有期待度の低さ＋評価的側面における否定性の高さ）」は，話し手が聞き手に関して認知した統覚量（聞き手がリアクションとして発することば・そのことばにともなう価値評価的なトーンやイントネーション・聞き手がすでに持っていると思われる情報やその情報に対して聞き手が過去に下した評価などの認知）を素材として，話し手が予測するものだろう。つまり，「○○な表情をした」「△△を目で追った」「××のことは過去に知らなかった」「※※のことは過去に知っていた（否定的に評価していた）」というような聞き手に関する具体的なリソースの認知を基盤に，「相手との情報共有の程度は十分ではない」「相手は自分の発話に対し批判的である」など，メタ的なレベルで判断されるのだろう。

　しかしこの問題については，同時に，これらのリソースから話し手がどの程度，聞き手の抵抗を読み取るかどうかという，**話し手の感受性も考慮に入れなければならない**だろう。ある話し手からみれば，聞き手のあからさまな抵抗が読み取れると判断するリソースに対しても，別の話し手は，そのような抵抗をほとんど読み取らないかもしれないからである。

　例えば，前節で紹介した教員の事例の場合，聴講する学生があからさまに昼寝をしたり，他授業の準備をしていたりしているかもしれない。しかしこのような学生の行動を目の当たりにしても，教員が「最近の学生は態度が悪い」などと判断し，自分の発話に対する彼らの否定的な評価や深刻な情報ギャップの現れとして受け取らなければ，自身の発話の見直しを行う契機にはならないだろう。また§50で紹介される事例と同様の言語活動の状況であっても，聞き手が発するごくわずかな行動から相手の抵抗を読み取る感度の高い話し手もいれば，聞き手があからさまな拒絶的行動を示しても，それを抵抗として読み取らない感度の低い話し手もいるだろう。

　つまり話し手の言語認識における自動化を抑制する上で，自分の発話に対して聞き手が発する応答情報から抵抗を感知するような，話し手のある種の「敏感さ」が重要な役割を果たすということである。このような話し手の感受性を，

聞き手の抵抗に対する話し手の「センシティビティ」と呼ぶことにする。

7-9　ヤクビンスキーが価値づける話者のコミュニケーション能力

　以上のように考えるならば，原注 68 に記載された，コミュニケーションの性質を規定する契機としての「目的」も，フォルマリストが分類する「詩的言語」「実用言語」を分かつためのものというよりもむしろ，様々な程度の抵抗が感知される聞き手に対し，自分の意志を的確に表現し説得するためのものとして解釈可能かもしれない。これは冒頭で紹介した，言語活動の多様性を生みだす性質の要因としてあげられた「**⑤コミュニケーションの中立的な目的 vs. 説得的なコミュニケーションの目的**」の契機に関連するものと考えるということである[31]。

　このような「目的」を達成するためには，話し手は聞き手の応答から相手の思考世界の内実を探り，そこから自分の発話に対する情報共有の程度と評価の様相を読み取る高いセンシティビティを発揮する必要があるだろう。そして必然的に，自分の発話への注意を払うことになり，話者らの言語認識の自動化が抑制されるのではないか。

　その意味でヤクビンスキーの議論を発展的に解釈するならば，話題について**情報的側面におけるギャップがあり，さらに自分の発話に対して否定的評価を下す可能性のある，強い抵抗を示すと予測されるような聞き手とでも，（適切なセンシビティを発揮して）その関係を断絶することなく，その場に応じた適切な発話形式を採用して言語的接触を続けることのできる話者のコミュニケーション能力が価値づけられ得る**のだろう。

31　ヤクビンスキーは『レーニンにおける高尚な文体の格下げについて』(1924) において，演説のことばの特徴に注目し，他者を説得することを目的とした「言語技術学 технология речи」（ヤクビンスキー，2005, p. 56）の必要性を訴えていたことを考慮に入れると，『ダイアローグのことばについて』の議論においても無視できない要素かもしれない。

第8章 まとめ：
ヤクビンスキーが投げかける課題とバフチンの議論との関係

　ここまでみてきたように、『ダイアローグのことばについて』におけるヤクビンスキーの議論は十分に整理されたものとはいえず、具体的な社会的実践に引き寄せた解釈を引き出すためには、読み手にかなりの想像力が課されることは事実である。特に本部第7章で扱った、ことばの評価的側面については、断片的に論じられているにとどまる。しかし同時に、話者の意識・ことば・社会に対するヤクビンスキーの繊細かつ柔軟な分析的視点は、現代においてもなお十分に通用する価値を持つものとも判断できるだろう。そしてこのまなざしは、バフチンのダイアローグ論とも大いに響き合うものといえる。

　ところが『ダイアローグのことばについて』においてみられる、個人と社会集団との関係についてのしなやかで緊張感に満ちたヤクビンスキーの論は、当時のソ連の専制的な政治状況に影響を受けたかのように、急速に硬直化していったとされる。

　『ダイアローグのことばについて』の執筆後、ヤクビンスキーが1930年前後に発表した複数の論文では、モノローグ形式の活用によって現実世界に偏在する言語的多様性が「克服」され、一枚岩的な言語集団が形成されるべきと論じられているという（Brandist & Lähteenmäki, 2010, pp. 85-86; Uhlik, 2008, pp. 291-293）。Brandistらは、この時期のヤクビンスキーの仕事には「卑俗社会学主義 вульгарный социологизм」および「卑俗唯物論 вульгарный материализм」の兆候があると評する言語学者・ヴィノグラードフのことばを紹介し、彼の議論が階級闘争と言語的多様性の問題を単純に同一視していた点を批判する。

　これらの論文においてヤクビンスキーは、孤立した複数の言語集団をつなぎ得る、モノローグ形式による言説が、これまでブルジョアジーによって独占され、彼らの権益を守るために、プロレタリアートらを抑圧する存在になっていたと主張する（Uhlik, 2008, pp. 291-293）。一方でヤクビンスキーは、階級闘争

を通しこの言説をブルジョアジーから奪い，プロレタリアート自身が使いこなすことにより，既存の社会集団に閉じられた言語活動の異質性が克服されるのだと主張する。そしてプロレタリアートの独裁的な支配の下，言語的多様性の葛藤を消去した，スムーズでハーモニックな意思疎通を可能とする，統一的言語社会の達成が目指されるのだという[32]。

　これらの議論においては，『ダイアローグのことばについて』の中で示唆されていた，個人の思考世界の独自性と社会集団の斉一性との間の緊張関係に対する考察が抜け落ちているように思われる。社会集団の存在が実体化され，個人はその集団を構成する，いわば部材の一部として扱われているような印象すら受ける。これらのヤクビンスキーの論に従うならば，統一的な言語社会が訪れた後は，その社会集団のメンバーが使用する言語に対する話者個々人の意識における解釈のズレは，その言語の一枚岩性を脅かす要因として，存在してはならない異物になってしまう[33]。

　Holquist（1990, pp. 52-53 邦訳 pp. 76-77）は，人々の抱く思想が完全に一致し，もはや互いに言語的媒介が必要のないユートピア的な集合体の希求を，全体主義的国家に親和性の高い「公式言説 official discourse」と呼ぶ言語の病として捉える。ヤクビンスキーは，いわば，この公式言説への希求という当時の「流行病」に感染していたのだといえるかもしれない。これらの論文が発表された後の1930年代後半に，スターリン独裁政権下で多くの人々の命が奪われた粛清が本格化した歴史的事実に鑑みれば，その「病」の恐怖と戦慄は，よりリアルな感覚として受け止められるだろう。

32　Clark & Holquist（1984, pp. 271-272 邦訳 pp. 341-342）は1930年代，作家らが「社会主義リアリズム socialist realism」と呼ばれる手法に従うよう要求されていた当時の状況を解説する。Clarkらは「ソヴィエトにおける文学は大衆に分かりやすいものであるべきであり，作家は難解な，もしくは方言のような社会の特定の集団だけが用いる語彙を使用することにより，その分かりやすさを危険にさらすべきではない」（Clark & Holquist, 1984, p. 271 邦訳 p. 341）とする社会主義リアリズムの主導者らの主張を紹介し，単一の言語を希求する当時のソヴィエトにおける文学界の雰囲気を説明する。ヤクビンスキーに関するこれらの議論も，このような歴史的文脈の中で解釈されるべきだろう。

33　本書第3部においても，桑野はこの時期のヤクビンスキーが，言語の「統一」「単一」を価値づけ，理想化する議論を行う傾向にあったことを指摘している。

一方，バフチンのダイアローグ論は，このヤクビンスキーがたどった道のりとは対照的に，社会と個人の関係に対する，しなやかな分析的視座を展開し続けたものといえる（Brandist & Lähteenmäki, 2010, p. 86）。本書第4部・5部においては，ヤクビンスキーが投げかけるこの課題も意識しつつ，バフチンの議論との関係について検討する。

〈補足〉
　フランス語資料である Ivanova (2012) の和訳作業は，今井健人氏（東京外国語大学大学院総合国際学研究院）（当時）に依頼した。

引用文献
朝妻恵里子 (2005)．言語の「機能」をめぐって：ヤクビンスキイの意義と限界　言語情報科学，3, 1-14.
バフチン，M. M.　桑野隆（訳）(1989)．マルクス主義と言語哲学：言語学における社会学的方法の基本的問題　未來社
ベルグソン，H. 合田正人・松本力（訳）(2007)．　物質と記憶　筑摩書房
Bertau, M. C. (2005). Eine dialogische Sichtweise für die Psycholinguistik. *Die Abhandlungen für Interdisziplinäre Tagung im Sommer 2005 Ludwig-Maximilians-Universität, München,* 18-28.
Brandist, C., & Lähteenmäki, M. (2010). Early Soviet linguistics and Mikhail Bakhtin's essays on the novel of the 1930s. In C. Brandist & K. Chown (Eds.), *Politics and the theory of language in the USSR 1917-1938: The birth of sociological linguistics* (pp. 69-88). London: Anthem Press.
Clark, K., & Holquist, M. (1984). *Mikhail Bakhtin.* Cambridge: Harvard University Press. (クラーク, K., & ホルクイスト, M. 川端香男里・鈴木晶（訳）(1990)．　ミハイール・バフチーンの世界　せりか書房)
ドストエフスキー, F. M. 小沼文彦（訳）(1976)．　作家の日記 I（ドストエフスキー全集12）　筑摩書房
Eagleton, T. (1983). *Literary theory: An introduction.* Oxford: Blackwell. (イーグルトン, T. 大橋洋一（訳）(1985)．文学とは何か：現代批評理論への招待　岩波書店)
Friedrich, J. (2005). Verwendung und Funktion des Dialogbegriffs im sowjetrussischen Diskurs der 1920er Jahre, insbesondere bei Jakubinskij und Vygotskij. *Die Abhandlungen für Interdisziplinäre Tagung im Sommer 2005 Ludwig-Maximilians-Universität, München,* 5-17.
Garfinkel, H. (1967). *Studies in Ethnomethodology.* Engelwood Cliffs: Prentice-Hall. (ガーフィンケル, H. 北澤裕・西阪仰（訳）(1995)．　日常生活の基盤：当たり前を見る　サーサス, G., ガーフィンケル, H., サックス, H., & シェグロフ, E. 北澤裕・西阪仰（訳）　日常性の解剖学：知と会話 (pp. 31-92)　マルジュ社)
Gulida, V. (2010). Theoretical insights and ideological pressures in early Soviet linguistics: The cases of Lev Iakubinskii and Boris Larin. In C. Brandist & K. Chown (Eds.), *Politics and the theory of language in the USSR 1917-1938: The birth of sociological linguistics.* London: Anthem Press.
Holquist, M. (1990). *Dialogism : Bakhtin and his world.* London: Routledge. (ホルクウィスト, M. 伊藤誓（訳）　ダイアローグの思想：ミハイル・バフチンの可能性　法政大学出版局)

Ivanova, I.（2012）. *Lev Jakubinskij, une linguistique de la parole.* Limoges: Lambert-Lucas.
James, W.（1892 / 1984）. *Psychology: Briefer course.* Cambridge: Harvard University Press.（ジェームズ，W. 心理学（下）今田寛（訳）（1993）. 心理学 岩波書店）
菊岡由夏・神吉宇一 （2010）. 就労現場の言語活動を通した第二言語習得過程の研究：「一次的ことばと二次的ことば」の観点による言語発達の限界と可能性 日本語教育, 146, 129-143.
桑野隆（1979）. ソ連言語理論小史：ボードアン・ド・クルトネからロシア・フォルマリズムへ 三一書房
桑野隆（2002）. バフチン：〈対話〉そして〈解放の笑い〉 岩波書店
レオンチェフ, A. A. 森岡修一（訳）（1980）. 言語コミュニケーションの理論 レオンチェフ, A. A.（編）米重文樹・森岡修一・桑野隆（訳） 現代ソビエト心理言語学：言語活動理論の基礎(pp. 71-86) 明治図書出版
Oliviera, R. S., & Lyra, M. C. D. P.（2012）. Yakubinsky and the circle of Bakhtin: Convergences. *Paidéia, 22,* 251-260.
Polivanov, E. D.（1974）. Apropos "sound gestures" in Japanese. In A. A. Leont'ev (Ed.). D. Armstrong (Trans.), *Selected works: Articles on general linguistics* (pp. 275-284). The Hague: Mouton.
サーサス, G. 北澤裕・西阪仰（訳）（1995）. エスノメソドロジー：社会科学における新たな展開 サーサス, G., ガーフィンケル, H., サックス, H., & シェグロフ, E. 北澤裕・西阪仰（訳） 日常性の解剖学：知と会話(pp. 5-30) マルジュ社
Плахматов А. А.（1911）. *История русского языка: Литографир. курс лекций.* СПб.
シクロフスキー, V. B. 坂倉千鶴（訳）（1988a）. 言葉の復活 桑野隆・大石雅彦（編） ロシア・アヴァンギャルド⑥フォルマリズム：詩的言語論(pp. 13-19) 国書刊行会
シクロフスキー, V. B. 松原明（訳）（1988b）. 手法としての芸術 桑野隆・大石雅彦（編） ロシア・アヴァンギャルド⑥フォルマリズム：詩的言語論(pp. 20-35) 国書刊行会
タルド, G. 稲葉三千男（訳）（1964）. 世論と群衆 未來社
トルストイ, L. G. 原卓也（訳）（1964）. アンナ・カレーニナⅠ（世界の文学19・20） 中央公論社
八木君人（2012）. 声への想像力：ボリス・エイヘンバウムの詩論 貝澤哉・野中進・中村唯史（編） 再考ロシア・フォルマリズム：言語・メディア・知覚(pp. 39-58) せりか書房
ヤクビンスキー, L. P. 新谷敬三郎・磯谷孝（訳）（1971）. 詩語の音について 新谷敬三郎・磯谷孝（編訳）ロシア・フォルマリズム論集：詩的言語の分析(pp. 59-64) 現代思潮社
ヤクビンスキー, L. P. 服部文昭（訳）（1988）. 実用言語と詩的言語における同一流音の重なり 桑野隆・大石雅彦（編） ロシア・アヴァンギャルド⑥フォルマリズム：詩的言語論 (pp. 36-42) 国書刊行会
ヤクビンスキー, L. P. 桑野隆（訳）（2005）. レーニンにおける高尚な文体の格下げについて 桑野隆（訳） シクロフスキイ, B., エイヘンバウム, B., ヤクビンスキイ, L., トゥイニャーノフ, Y., カザンスキイ, B., トマシェフスキイ, B. レーニンの言語(pp. 53-76) 水声社
Uhlik, M.（2008）. Simmering in the Soviet pot: Language heterogeneity in early Soviet socio-linguistics. *Studies in East European Thought, 60,* 285-293.
ヴィゴツキー, L. S. 柴田義松（訳）（2001）. 思考と言語 新読書社

第 3 部

言語学者ヤクビンスキー

桑野 隆

　第 3 部では言語学者としてのヤクビンスキーに関する情報をまとめ,『ダイアローグのことばについて』が書かれた学術的文脈について解説する。ロシアにおける言語学の流れの中でヤクビンスキーおよびバフチンの諸議論を理解するための資料を提供する。

第 1 章　詩的言語

　レフ・ペトロヴィチ・ヤクビンスキー (1892-1945) の著作活動は, 詩的言語論, 社会言語学, ロシア語史の三分野に大別される。ただし,『ダイアローグのことばについて』(1923) はいずれの枠にも収まりきれない。

　これら三分野における著作のなかで比較的よく知られているのは, 詩的言語論に関するものであろう。ヤクビンスキーは,「詩的言語」と「実用言語」の区別を明確に理論化した最初の人物であった。

　のちに「ロシア・フォルマリズム」と呼ばれることになる詩学運動を展開した文学研究者と言語学者たちは, 1910 年代半ばにペテルブルグ[1]でオポヤズ (詩的言語研究会), モスクワでモスクワ言語学サークルを結成した。その多くはまだ 20 代半ばの者たちであった。

---

[1]　1914 〜 24 年はペトログラード, 1924 〜 91 年はレニングラードと呼ばれた。正式名はサンクト・ペテルブルグ。

かれらは，日常生活で使われている言語体系とは別に，「詩的言語」と呼ぶべき言語体系も存在していることを強調するとともに，その存在を考慮に入れてはじめて「科学・学問」としての文学研究も成り立つのだと主張していた。イーグルトンは，『文学とは何か』(1983) の冒頭で，つぎのように述べている。

>　今世紀の文学理論が変化しはじめた年を特定するとすれば，それを1917年としても，あながち的はずれではあるまい。若きロシア・フォルマリスト，ヴィクトル・シクロフスキーが，先駆的論文『方法としての芸術』を発表したのが，この年である。以後，とりわけこの20年間に，文学理論は飛躍的にその数を増した。「文学」「読解」「批評」といった言葉の意味そのものが，深甚な変容をこうむったのである。[2]

　このシクロフスキー (1893-1984) とヤクビンスキーが出会ったのは，1914年2月8日のことである。オポヤズ結成前の1913年12月23日，ペテルブルグの芸術キャバレー〈野良犬〉で，当時ペテルブルグ大学一年生のシクロフスキーは，『言語史上における未来派の位置』という報告をおこなっている。それをもとに書きあげた小冊子『言葉の復活』(1914) が，オポヤズ結成のきっかけとなる。
　この小冊子では，「**芸術的**知覚とは，形式が体験されるような知覚のことである」ことが強調されていた。[3]

>　今日，古い芸術はすでに息絶え，一方，新しい芸術はまだ生み落とされていない。事物は死に絶え，ぼくらは世界に対する感覚を失った。弓と弦の感覚を忘れたバイオリニストのようになりはてたぼくらは，日常生活の中で芸術家たることをやめてしまった。ぼくらは住み慣れた家や着古した

2　イーグルトン, T.『文学とは何か』大橋洋一訳, 岩波書店, 1985年, V頁
3　シクロフスキイ「言葉の復活」坂倉千鶴訳（桑野隆・大石雅彦編『ロシア・アヴァンギャルド⑥フォルマリズム』国書刊行会, 1988年, 13頁）

服を好まず，感受できない生活といともたやすく縁を切るのだ。ただ新しい芸術形式の創造だけが，世界に対する人びとの感受性を回復させ事物を復活させて，ペシミズムにとどめを刺しうるのだ。[4]

シクロフスキーはこの小冊子を携え，敬愛する言語学者ボードアン・ド・クルトネ教授（1845-1929）のもとに出かけた。シクロフスキーはこの間の事情をつぎのように記している。

> 教授は，自分にはこの問題は理解できないとして，弟子のレフ・ヤクビンスキーのところに行くよう勧めた。……ヤクビンスキーと私は，会うたびに1，2時間は理論について話し合った。ヤクビンスキーは，言語の詩的機能と散文的機能の違いについて説明してくれた。……私は一人ぼっちではなくなった。[5]

このあと1914年後半には言語学専攻のポリヴァノフ（1891-1938），つづいて1916年初頭に文学研究専攻のブリーク（1888-1945）が加わり，「われわれは4人になった」[6]。こうした経緯を経て，オポヤズの誕生となり，同年には初の論集『詩的言語論集』刊行の運びとなる。

この号にヤクビンスキーは『詩語の音について』を寄稿している。第2号（1917）には『実用言語と詩的言語における同一流音の重なり』と『レルモントフの作品における音の一様さの実現』を寄稿，『詩学：詩的言語論集』（1919）には，『詩語の音について』と『実用言語と詩的言語における同一流音の重なり』の再録のほか，『言語単位の詩的結合について』を寄稿するなど，初期オポヤズの展開に中心的な役割を果たしている。

4　同書, 17頁。
5　Шкловский, В. Б. *Гамбургский счет*, М., 1990. С. 487.
6　Там же. С. 487.

当人にとっても事実上デビュー作であった『詩語の音について』[7]は，次のように書きだされていた。

　　言語現象は，話し手がみずからの言語表象を利用するそれぞれの場合の目的の観点から，分類されねばならない。もし話し手が言語表象をコミュニケーションという純粋に実用的な目的をもって用いているならば，われわれは**実用言語**（実用言語的思考）の体系をあつかっていることになり，そこでは言語表象（音，形態論的部分，その他）は自立した価値をもっておらず，コミュニケーションの手段［「手段」は『詩学』では強調ゴチック］であるにすぎない。だが，実用的目的が（完全に消えてしまってはいないこともあるが）後方にしりぞき，言語表象がそれ自体で価値をもっているような別の言語体系も，ありうる（また，現に存在する）。

　　現代の言語学は，もっぱら実用言語を考慮に入れている。しかしながら，他の諸々の体系の研究もまたきわめて重要なのである。この小論では私は，詩人が詩をつくる際にとりあつかう言語体系の心理音声学上の若干の特性を指摘してみたい。私はこの体系を条件付きで**詩語**（詩語的思考）と名づけることにする[8]。

ちなみに，この論考が『詩学』(1919) に再録された際には，桑野が下線を付した「(実用言語的思考)」，「(詩語的思考)」は削除されている。また，三度使われている「言語表象」のうち，二重下線を付した最初の「言語表象」は「言語素材」に，二つ目の「言語表象」は「言語結合」に変更されている。こうした変更の理由をヤクビンスキー自身は説明していないが，1916年の段階では，「言語」と「言語的思考」が同一視されているなど，師ボードアンの言語

7　キエフ大学在学中に短い詩人論を書いているほか，この1916年にシャフマトフの『ロシア語史入門』に関して短い書評を発表している。
8　Якубинский, Л. П. О звуках стихотворного языка, Якубинский, Л. П. *Избранные работы: Язык и его функционирование*, М., 1986. C. 163.

学に特有の心理主義的傾向がいっそう顕著であった。

　なお，ヤクビンスキーはここでは，「詩語」（直訳では「詩・韻文の стихотворный 言語」）という術語を用い，具体例も詩にほぼ限っているが，すでに翌1917年の論考『実用言語と詩的言語における同一流音の重なり』では，「詩的 поэтический 言語」という術語に言い換えるとともに，「詩語は詩的言語の一部分であると解している」[10]と記している。ただ，『詩語の音について』における「詩語」の特徴づけ自体は，そのまま「詩的言語」にも適用可能なものとなっている。

　また，『ダイアローグのことばについて』との関係で言えば，すでにこのデビュー論文で，実用言語だけでなく「他の諸々の体系の研究もまたきわめて重要なのである」（傍点は桑野）としていたことも注目されよう。この点は，ロシア・フォルマリズム関係の文献において，あるいはヤクビンスキーそのものを論じたものにおいても，軽視されがちである。たしかに，フォルマリズム運動にかかわった大多数の者たち，とりわけシクロフスキーは，「実用言語」（あるいは「日常言語」）と「詩的言語」の二項対立を前面に押し出して，文学の「内在的研究」を正当化していったわけであるが，実はヤクビンスキーは実用言語のほかに「諸々の」体系が存在していることを当初から念頭においていた。すなわち，ボードアンの教えを承けて，「言語の多機能性」を重視していたのであって，「詩的言語」のみを特別扱いしていたわけではなかった。

　さて，『詩語の音について』の内容をもう少し見ておくことにしよう。

　　実用言語的思考においては，話し手の関心は音には集中していない。

9　例えば1901年にボードアンは，「科学の基本的性格に関して言うならば，現代言語学はますます心理学的になってきている。ヴントの最新の著作が端的に示しているように，一流の哲学者・心理学者たちのなかには言語学的研究に貢献している者もいる。……観念の連想や連関を意識的に操作できない現代の言語学者は，みずからの科学の水準から立ち遅れてしまっている」と記している。Бодуэн де Куртенэ, И. А. *Избранные труды по общему языкознанию*, Том II, М., 1963. С. 6.

10　Якубинский, Л. П. Скопление одинаковых плавных в практическом и поэтическом языках, *Поэтика: Сборники по теории поэтического языка*, Пг., 1919. С. 54.

>　……
>
>　（実用言語における）音への集中の欠如によってこそ，往々にして気づかれない種々の偶然的な言い違いや，さらには発音の全体的な圧縮，（俳優術の教育がとりわけ闘っている）個々の音節や音の〈呑み込み〉も，説明がつくのである。
>
>　……ことばの音は，詩語では意識の明晰な場に浮かびあがり，関心はそれらの音に集中される……[11]

　このように，詩語と実用言語との違いを「音への集中」の有無によって説明している背景には，これまたボードアンによる，言語における意識的なるものと無意識的なるものの区別の重視がある。

　この区別は，翌年の『実用言語と詩的言語における同一流音の重なり』ではオートマチスム論と絡められている。実用言語では同一流音 плавный согласный の連続（ll や rr）が認容されないのにたいして，詩的言語では同一流音の連続が存在するのはなぜか，という問題を立て，つぎのように説明している。

>　　**実用言語では，音は話し手の関心をみずからに集中させない**。したがって，発音の遅滞（果ては吃音）に至り，**ことばの通常のテンポを破り**，それゆえに話し手の関心を否応なく音の面に集中させるような，同一流音の連続は，実用言語では許容されない。
>
>　　流音の連続は，**実用言語にきわめて特有のオートマチスム**を破壊する。[12]

　その際に当人が付した注でも挙げられているように，ヤクビンスキーは，この「オートマチスム」なる用語をベルクソンの『物質と記憶』から借用してい

11　Якубинский, *Избранные работы: Язык и его функционирование*, С. 163-164.
12　Якубинский, *Поэтика: Сборники по теории поэтического языка*, С. 52.

る。「オートマチスム」は,「詩的言語」に劣らず,フォルマリズム全体にとっても不可欠のキーワードとなってゆく[13]。

『ダイアローグのことばについて』の第8章「ダイアローグとことばのオートマチスム」では,「複雑な言語活動」や「不慣れな言語活動」が「言語事象に対する自覚と関心の集中を特徴としている」のにたいして,「**慣れ親しんだ要素を伴った単純な意志行為**として進行する」場合は,「言語事象は意識に入り込まず,関心外にある」と記されている。そして,ダイアローグが,モノローグと対照的に,自動的なことばになりやすいことが,例証されている[14]。

さて,『詩語の音について』に戻るならば,日本語への既訳は全体のうちの出だしの5分の1で終わっているが,このあとヤクビンスキーは,詩的言語だけでなく「他のケースでもことばの音への関心の集中は,音にたいする情緒的な態度を引き起こす」ことを強調,例示している[15]。ここでは,例示はもはや詩に限られていない。

ちなみに,理解できない言語の音にたいする知覚に関しては,ジェームズ『心理学』が引用されている[16]。さらにヤクビンスキーは,「言葉の音声面の裸出 обнажение という現象にも,注意が集中される音の情緒的体験が伴っていることがひじょうに多い」[17]と述べ,ジェームズのこのすぐあとの箇所を援用している。

　　　われわれが一つの孤立して印刷された語を見て,これを長い間反復して

13　フォルマリズムにたいするベルクソンの影響については Curtis, James M. Bergson and Russian Formalism, *Comparative Literature*, Vol. 28, No. 2 (Spring, 1976) pp. 109-121. を参照。
14　本書63-69頁。
15　Якубинский, *Избранные работы: Язык и его функционирование*, C. 167.
16　われわれの自国語も,外国語を聞くように理解せずに聞けば,非常に違って聞こえる。声の高低,奇妙な唇音やその他の子音が,いま想像することもできないように聞こえて来る。フランス人は英語は鳥のさえずる声のように聞こえると言う。これは英語を母国語とする人の耳には決して起こらぬ印象である。われわれ英語国民の多くはロシア語の音をそのように表現するだろう。われわれはすべて,ドイツ語の強い声の抑揚や,破裂音や喉音を,ドイツ人が意識し得ないように意識する。(W・ジェームズ『心理学』下,今田寛訳,岩波文庫,1993年,122頁)
17　Якубинский, *Избранные работы: Язык и его функционирование*, C. 169.

いると，最後にはまったく不自然な見え方をするようになる。読者はこれをこのページのどの語についてでも試みてみるとよい。間もなくこれが，いままでずっとその意味でもって用いてきた語であったであろうかといぶかり始めるようになる。その語が紙の上から無表情なガラスの眼のように自分を見つめている。その身体はそこにあるが，その魂は抜けてしまっている。それはこの新しい注意の仕方によって赤裸々な感覚のみとなる（It is reduced, by this new way of attending to it, to its sensational nudity）。われわれはかつてこれにこのような注意の仕方をしたことはなく，習慣的にこれを見た瞬間にその意味のすべてを悟り，直ちにこれから文中の次の語に移っていった。要するに，われわれはこれを多くの連合体群とともに理解し，それを知覚し，いま赤裸々にまた単独に感じているのとはまったく違って感じていたのである[18]。

英語原文を添えた箇所は，露訳から重訳すると，「それを新しい視点から見つめることにより，われわれはそこに純粋に音声的な側面を裸出させたのである」となる。

反心理主義を装っていたフォルマリストたちが実際には心理学と深い関係にあったことを証明しようとしているスヴェトリコヴァは，いくつかの論拠のひとつにこの箇所をあげている[19]。この「裸出」という語は，のちにヤコブソンが『最新ロシア詩』(1921) のなかで「手法の裸出」という言い方をしたことによってよく知られるものとなるが[20]，すでにヤクビンスキーはこの論考の中で幾度か用いている。

もっとも，ロシア・フォルマリズムと心理学との緊密な関係を裏づける例としてヤクビンスキーを挙げるのは，問題をかえって曖昧にしかねないところが

---

18 ジェームズ『心理学』下, 122-123 頁。
19 Светликова, И. Ю. *Истоки русского формализма*. М., 2005. С. 80-82.
20 ヤコブソン「最も新しいロシア詩」北岡誠司訳（水野忠夫編『ロシア・フォルマリズム論集1』せりか書房, 1971年, 30 頁, 167-172 頁）。

ある。『ダイアローグのことばについて』執筆の時期あたりまでのヤクビンスキーはそもそも反心理主義ではなかったからである。ヤクビンスキーの場合，すでに師ボードアンの言語学がヘルベルト，ヴントその他の心理学を取り込んでいたことに起因するところが大きい。

そのほか，ヤクビンスキーのこの論考で注目すべきは，「詩の内容と詩の意味とのあいだの結びつきは，音にたいする情緒的態度によってだけでなく，表現運動にたいする発声器官の能力によっても規定されている」[21]と指摘していることであろう。これは，シクロフスキーが同号に寄稿した「詩と超意味言語について」とテーマを共通にする部分でもある。

ちなみに，ヤクビンスキーの特徴は豊富な具体例の収集にもある。上述の『実用言語と詩的言語における同一流音の重なり』でも，文学からの例だけでなく，幼児言語や特定の宗派に見られる「流音の重なり」が挙げられている。

なお，1919年の『詩学』に初出の『言語単位の詩的結合について』は，単語と単語を組み合わせることによってナンセンスな意味になってしまうような例を，音，形態素，文などのレベルで例示することによって，自己目的的な「詩的言語」がありうることを裏づけようとしたものである。

以上が，初期フォルマリズム期のヤクビンスキーの言語論の特徴といってよいであろう。ここまでの時期からは，『ダイアローグのことばについて』とのつながりは，言語の多機能性をうかがわせる「諸々の体系」云々とオートマチスム以外には，認められない。また，重点はもっぱら詩的言語の存在権の主張におかれており，言語の多機能性の主張はさほど際立ってはいない。

第2章　ヤクビンスキーの生涯

さてここで，ヤクビンスキーの生涯を手短に振り返っておくことにしよう。

21　Якубинский, *Избранные работы: Язык и его функционирование*, С. 171.

1892 年，(当時ロシアの) キエフに生まれる。

1909 年にキエフ大学の文科に入学。同年，サンクト・ペテルブルグ大学の文科に転学。

大学では，ボードアンの指導下で言語学，レジア方言，リトアニア語，リグヴェーダ講読，スラヴ諸語比較文法，印欧諸語比較文法，シャフマトフ（1864-1920）の指導下でロシア語，セルボクロアチア語，スロヴェニア語，シチェルバ（1880-1944）の指導下で実験音声学，ファスマー（1886-1962）の指導下で古代ギリシア方言，アルバニア語を学んでいる（このうちシャフマトフとシチェルバの著作は，『ダイアローグのことばについて』でも引用されている）。

とりわけ師と仰いでいたのはボードアンであり，その影響下で 1911 年からは言語学に力を注ぐことになる。言語学関係の最初の論文『ロシア語的思考における心理音声学的ゼロ』は，ボードアンの評価により銀メダルを授与されている。内容を推測するに，ボードアンがいちはやく確立していた「音素」概念や「ゼロ」概念を活かしたものと思われる。

1913 年に大学を卒業したあと，今日の大学院生にあたるようなかたちで大学にとどまりながら，中学校（〜 1922）でロシア語を教えるとともに，高等学校レベルの講座などで言語学の講義をおこなっている。

こうしたなか，シクロフスキーなどとの付き合いも関係して，1916 年にオポヤズの発足メンバーのひとりとなる。先述のように，ボードアンのもうひとりの弟子ポリヴァノフもほぼ同時に加わっている。『ダイアローグのことばについて』において，「ほのめかし намек」の役割に関してポリヴァノフの論文『日本語の〈音的身振り〉について』(1916) があげられているが，イントネーションや，身振りの重要性に関しても，ポリヴァノフに示唆されたか，あるいは関心を共通にしていた可能性はある。[22]

---

[22] コンテクストのなかでの「ほのめかし」のほかにも，「言葉の意味は音形の多様な変形で補われている。ここには主として声のトーンのメロディーが属している（そのほか，ことばのテンポ，音の種々の強弱，個々の器官の発音活動における種々のニュアンス……）。そしてさらには，身振りによっても補われている。言語過程のこれらの側面は言語学の管轄下にはないなどと，考えてはならない。……［イントネーションとまったく同様に］身振りの役割も種々の言語にお

1918年11月には,「生きた言葉［話し言葉］研究所 Институт живого слова」(1918-24) が開設され,その中心的なスタッフのひとりとして加わり,講義もおこなっている。

「生きた言葉研究所」は,俳優であり演劇学者であったフセヴォロツキー＝ゲルングロス(1882-1962) が創設したもので,ヤクビンスキーのほか,教育人民委員ルナチャルスキー（1875-1933),哲学者コーニ（1844-1927),演出家メイエルホリド（1874-1940),言語学者シチェルバ,文芸学者のエイヘンバウム(1886-1959),エンゲリガルト（1887-1942),ボンジ（1891-1983),さらには医師,音楽家,児童心理学者など多彩なメンバーが加わっていた。

この研究所は単科大学でもあり,1919年半ばには学生は800人を数えている。教師たちは,社会生活の美学と倫理学に関する理論,雄弁理論,討論理論,話術,ことばと思考の心理学,その他の講義を提供していた。1924年には「言語文化科学研究所」に改組。週5日夜間に開講され,講義は哲学,音声理論,言語理論,言語史,言語芸術・技術の5分野からなっていた。

1918年11月20日にここでヤクビンスキーは,「ことばの進化」と「ことばの意味論」という二つの講義をおこなっている。

また,開設前の1918年10月18日における「芸術の言葉講座」の会議録によれば,「芸術的ことば,学術的ことば,口語的ことばを区別する必要がある」と述べている。[23]

1918-19年には,「生きた言葉研究所」のほかに,第三教育大学（のちのレニングラード国立教育大学）に（26歳の）教授として勤めている。また,教育人民委員会で行政職にたずさわったり,中学校でのロシア語教育もつづけている。ヤクビンスキーは,その後も最期まで種々の機関で教育活動に携わっており,むしろこの面が研究や著述よりも大きな比重を占めていた。著作に「啓蒙

いて,もっぱら情緒的な機能と有意味的な機能のあいだで揺れている。」Поливанов, Е. Д. По поводу «звуковых жестов» японского языка, Поливанов, Е. Д. Статьи по общему языкознанию, М., 1968. С. 296, 297.

23 Вассена, Р. К. реконсрукции истории деятельности Института живого слова (1918-1924), Новое литературное обозрение, 2007. 4. С. 85.

的」なものが多いのも，こうした傾向と無関係ではない。ちなみに，研究そのものよりも教育に重点をおいたヤクビンスキーの生き方は，「初期フォルマリズム」後の 1921 年以降の論考が，1930-32 年の 15 点以外に 10 点ほどしかないことにもあらわれている。しかも，既発表論考を集めた弟子イヴァノフ（1904～?）との論集『(文学関係者および独学者向け) 言語論集』(1932) と没後出版の『古期ロシア語史』(1953) を別にすれば，短い論考が多く，その点でも『ダイアローグのことばについて』は例外的である。

　1923 年にはペトログラード大学の准教授となり，その後は同大学教授のほか，レニングラード教育大学教授，ヴォロダルスキー扇動活動研究所，音声学研究所などにも勤め，最期まで教育活動に携わることになる。

　また，1921 年から 1937 年にかけては，イリャズヴ（ИЛЯЗВ：西洋・東洋の言語・文学比較研究所），のちの国立言語文化研究所（さらにのちはレニングラード言語学研究所）で働き，中心的な役割を果たしている。(後述のように，バフチン・サークルのヴォロシノフ（1895-1936）は，ここでヤクビンスキーからも教えを受けている。)

　1924 年からは，ヤペテ研究所（のちの「マール記念・言語と思考研究所」と改称）で，マール[24]とともに活動し，マール主義的傾向を強めていくことになる。

　1920 年代後半から 34 年までの論考には，程度はさまざまだが，マール主義的傾向がみられる。例えば『言語に関する新学説に照らした統語論の問題』(1931) には以下のようにある。

> われわれは言語体系を，客観的現実の認識および客観的認識への影響との関係において研究しなければならない。それ以外のどんな問題提起も，公

24　マール (1864-1934)。東洋学者，言語学者。「言語に関する新学説」と称する非科学的な「ヤペテ理論」を唱えた。「言語は上部構造であり，社会構造の交替に応じて変化する」，「言語は階級的である」といったマールの見解は，1950 年のいわゆる「スターリン論文」によって公式に批判されるまで，ソ連言語学界を支配した。

然たる，あるいは隠れたフォルマリズムにいたる。……言語体系は，人間の認識の発達との弁証法的統一のなかで発達し，その動きのなかに，結局，社会の経済的土台の動き，すなわち経済体系の交替を反映する。[25]

　1930年代半ばにはマール主義から離れたとされている。この時期に発表されたものはごく限られているが，アーカイブに保管されていた『中学における言語学と言語史の諸要素』(1936) などを読むかぎり，たしかに，マルクス，エンゲルスの名は出てくるとはいえ，下部構造決定論のようなマール主義的な箇所は見られない。
　この時期，ほかにも，国立芸術史研究所その他いくつかの機関で活動している。
　当時は，優秀な学者のこのような「掛け持ち」が多く見られた。
　1930-31年は，新進作家向けの雑誌『文学学習』において，ヴォロシノフとともに言語学部門を担当。
　1932年にはイヴァノフとの共著『言語論集』，没後には『古期ロシア語史』が刊行されている。

　以上が簡単な伝記であるが，ここで，『ダイアローグのことばについて』が掲載された論集『ロシアのことば　1』(1923) についても，少し触れておくことにしたい。
　これは，「諸言語の実用的研究・音声学研究所紀要」として，「ペトログラード大学教授Л．Ｂ．シチェルバ編の論集」というかたちで刊行されている。ヤクビンスキー論文のほかに，シチェルバ『詩の言語学的解釈の試みⅠ：プーシキン『思い出』』，ラーリン (1893-1964)『芸術的なことばのさまざまな変種について。意味論的エッセイ』，ヴィノグラドフ (1895-1969)『文体論の課題について。『長司祭アヴァクーム伝』の文体の研究』が収められている。

25　Якубинский, Избранные работы: Язык и его функционирование, C. 82.

このような執筆陣になった理由について,「序」に,「個人的な友情,またことによると共通する言語学的傾向（ボードアン・ド・クルトネ）でもって,たがいにむすばれている……」と記されている。[26]

また「序」では,つぎのようにも記されている。

> この50年ばかりの言語科学の歴史において目を引いているのは……表現手段とみなされている言語そのものとの乖離である。あれこれの言語のもっぱら音と形態の歴史を構築し,種々の程度の「祖語」の抽象化を操作することにより,現代の言語学はめざましい成果をあげ,精密科学と呼ばれてふさわしいものとなったものの,われわれの考えや気持ちを表現する記号からなる生きた体系としての言語をある程度見失ってしまっている。……
>
> 生きた言語とのつながりを失いかけていた言語学において,機械的な「音法則」やこれまた劣らず機械的な「類推」は,説明にとって,また言語史の構築にとってすら不十分であること,言語とはその都度一定の目的……に向けられた人間の活動であること……が理解されるようになった。このため,経験のなかに与えられた現象としての生きた言語,ことばの生きた過程,統語論,意味論にたいする関心が甦ってきている。[27]

このように,ここでは,青年文法学派に代表される比較・歴史言語学を批判するとともに,「言語とはその都度一定の目的……に向けられた人間の活動であること」,「経験のなかに与えられた現象としての生きた言語,ことばの生きた過程」が重視されている。

この『ロシアのことば1』の最後には第2号の近刊予告があり,ヤクビンスキーは『現代の学校ジャーゴンについて』と『辞書分析の方法』の2編を掲載

26　*Русская речь: сборники статей под редакцией Л. В. Щербы профессора Петроградского университета*, 1, Пг., 1923. С. 11.
27　Там же. С. 7-10.

する予定になっているが，第2号は刊行されずに終わっており（のちに新シリーズで『ロシアのことば』を発行），これらの論文自体もその後発表されることはなかった。

第3章　言語活動の多様性

さて，ヤクビンスキーの著作に話をもどせば，1920年代前半では，『ダイアローグのことばについて』と，〈言語技術学〉なる概念の提起で知られる『レーニンにおける高尚な文体の格下げについて』(1924) という2論文が，注目に値する。

『ダイアローグのことばについて』が言語学史上いかに画期的なものであったかは，今日ではかなり知られてきている。また，ヤクビンスキーのほかにもシチェルバ，ポリヴァノフ，ヴィノグラドフ，ヴィノクール (1896-1947)，そしてバフチン・サークルといったように，ダイアローグ論に関して1920年代あたりのロシアにすぐれた研究が見られることも，再評価されている。

ヤクビンスキーが1919年に「生きた言葉研究所」で「ことばの進化」という講義をおこなったことは先にも触れたとおりだが，その際ヤクビンスキーは，「ことばのさまざまな目的。日常のコミュニケーションの手段としてのことば；推論の表現の手段としてのことば；それ自体で価値を持った活動としてのことば（詩的言語），日常言語の特徴としてのオートマチスム……関心の前知覚 [превосприятие, preperception] と範囲，前知覚の進化と，社会的文化：労働の結合と分離（職場），前知覚と言語的オートマチスムの相互関係」を問題にしていた。[28]

このように，すでに「詩的言語」に限らず言語活動の多様性 многообразие речевой деятельности が念頭におかれていたわけである。このことは，1921年

28　Ахунзянов Э. М. Лев Петрович Якубинский, *Русская речь*, 1975, № 2, C. 105.

の論考『ジルムンスキー『抒情詩のコンポジション』によせて』において明確に見てとることができる。

　　言語活動の多様性の確認は，まぎれもなく，言語学のきわめて重要な成果である。それは，本質的にも，方法論的にも貴重なものであり，言語科学のなかに新たな地平を打ち開き，ひとつの「時代」を画している。言語（ことば）という術語の使用法にまつわる従来の混乱との訣別は，『詩的言語論集』第1号から開始され，そこでは，実用言語と詩的言語が，精神生理学的にも目的論的にも相異なって規定されている，本質的に相異なる言語活動として，はじめて問題にされた。……[29]

　これから判断しても，すでに124頁で触れたように，ヤクビンスキーとしては，実用言語と詩的言語の区別は，あくまでも「言語活動の多様性」を重視する言語学の新たな動きの一環であったと言えよう。この点については，以下の箇所からいっそう明確になる。

　　ジルムンスキーも用いている「実用言語」について少し述べておきたい。この術語はその出自が私に由来するものであるため，指摘しておきたいのだが，この術語には混乱の可能性が確かに隠れている。要するに，「実用的な」言語活動，つまり言語の外にある生活上の目的を達成するための手段となっているような活動という概念には，機能的にたがいにきわめて異なった，またある程度は心理学的特性において対立するような，言語活動のさまざまな異種が含まれうるのである。例をあげよう：口語［会話のことば］，すなわち人びと相互の日常の相互作用に特別に相応しているようなことば，その心理学的特性，それ全体に特有のオートマチスム（関心はことばに集中しない）。また，実用的なことばのケースになっているものと

---

[29] Якубинский, *Избранные работы: Язык и его функционирование*, С. 196.

しては，知識の拡張に仕えている学術的・論理的ことばもある。この場合，ことばの意味的側面にたいする関心の役割は，口語の際のそれと対立しており，ことばの「意義」となっているのは概念であり，言葉の理想となっているのは術語である。

さらにヤクビンスキーは，ジルムンスキー（1891-1971）が「実用言語」の特徴としてあげている「簡潔」とか「明晰」は，口語であるか学術的・論理的ことばであるかによって異なってくると指摘している。

こうした問題意識は『ダイアローグのことばについて』でも受け継がれている。

> 「実用言語」という術語は，ことばのきわめて多様な現象を覆い隠しており，無条件にそれを用いることはできない。日常の**会話の**言語や，**学術的・論理的**言語，その他を区別する必要性が指摘されたのである。……興味深いことに，上に挙げたようないくつかの著作で設けられた機能上の区別——すなわち，口語，詩的言語，学術的・論理的言語，演説の言語——は，すでにフンボルトが提起していた。

もともと，ボードアンを師と仰ぐペテルブルグ学派（シチェルバ，ヤクビンスキー，ポリヴァノフ）は，「言語はエルゴンではなくエネルゲイヤ」であるとするフンボルトを高く評価し，印欧言語学が主として扱っている「死せる言語」ではなく，「生きたことば」に取り組もうとしていた。また，青年文法学派にあっては，生ける方言の研究すら，「祖語」再建の補助でしかなかった。

この『ダイアローグのことばについて』は，そのような現状の問題点と改善策を述べたものとも言えよう。ここでのヤクビンスキーは，文学というある意

30　Там же. С. 197.
31　本書16-17頁。

味で「人工的な」資料が中心的になりがちな傾向にも慎重である。

　本稿を終えるにあたり私としては，自分の見解がまったく不完全であること，ある程度浅薄ですらあることを感じている。しかしながら，これらの原因は私にだけあるのではなく，現代言語学の状況全般にもあるのではないかと思われる。現代言語学は，ことばの機能の多様性全体に関する研究を，課題として立てていないからである。ここで触れてきた問題を全面的かつ周到に解明するために不可欠な資料が，まったく存在しない。だが，資料収集は一個人の手に負えるものではない。それは，方言学の分野と同じような集団的作業を前提としている。ことに，ダイアローグに関しては，きわめて慎重な扱いが必要な資料を提供している文学からではなく，現実のなかから汲みとったダイアローグを**記録した**大量の資料が，不可欠である。[32]

　この控えめな結びは，言語学者たちに「ことばの機能の多様性」にもっと注目し，具体的な資料を集めようとの呼びかけになっている。そして，当人としても，演説のことばや，社会評論のことばその他をとりあげていくことになる。
　レーニンの言語に 1920 年代初頭から着目し，1928 年には集団的研究のリーダーになっているのも，こうした流れのひとつと言えよう。（もっとも，20 年代後半以降の論考で繰り返されるレーニン礼賛は，時代の潮流に乗ったものであったとしても，度が過ぎる感は否めない。）
　『レフ（芸術左翼戦線）』誌 1924 年 1 号の「レーニンの言語」特集に掲載された『レーニンにおける高尚な文体の格下げについて』の段階では，ヤクビンスキーは「言語技術学」なるものを主張している。
　エイヘンバウムは，この「レーニンの言語」特集について，つぎのように記している。

32　本書 75 頁。

当初の詩的言語と日常言語の全体的な対置から、異なる機能による日常言語の概念の区別（ヤクビンスキー）、ならびに、詩的言語と情動言語の方法の区別（ヤーコブソン）へわれわれは進んだ。このような進化と関連して、われわれは、日常言語のなかでは詩的言語にもっとも近いけれども、機能において区別される演説の語法の研究に興味を惹かれ、詩学とともに修辞学の復活の必要性を唱えはじめた[33]。

ヤクビンスキー自身は、つぎのように述べている。

学問の任務は、現実を研究するだけではなく、その**改造**に関与することにある。言語学は、学校での言語教育という実践の研究のために理論的基礎を提供してきたし、またいまも提供している以上、いくらかはこの任務を果たしてきたと言える。しかし、**公衆をまえにしての口頭の**（いわゆる「演説の」）ことば、あるいは**おおやけに向けた**（ことに社会政治評論の）書きことばのような、日常生活のなかに客観的に存在していて、その生活に条件づけられている技術的にさまざまな形態の組織だった言語活動に言語学が注意を向けるならば、その重要性つまり応用的価値は、はるかに増大する。……ことばの**技術**というからには、**言語技術学**なるものが問題となってこよう。言語技術学とは、現代の科学的言語学がみずからの胎内から生みださねばならず、またそうするように現実が強いているものにほかならない[34]。

この点では、モスクワ言語学サークルのヴィノクールも似たような立場にあり、この分野での業績をまとめた本を『言語文化：言語学的技術学概説1』（1925）という題のもとにだしている。これは、今日でいう「言語生活」や「応

---

[33] エイヘンバウム「〈形式的方法〉の理論」小平武訳（水野忠夫編『ロシア・フォルマリズム論集1』せりか書房、1971年、267頁）。
[34] シクロフスキイほか『レーニンの言語』桑野隆訳、水声社、2005年、55-56頁。

用言語学」に近いものであるが,それらよりも明確に目的論的性格および社会的性格をおびていた。

　このような目的論的立場は,ボードアン以来の伝統でもあったわけであるが,革命後の雰囲気のなかで,それが「すべての者を言語の能動的な所有者に」という視点を伴っていることが重要である。これを抜きにとらえた場合には,言語政策の悪用との区別さえも判然としなくなる恐れがある。

　イヴァノフとの共同論文『作家の理論的学習について』(1930)(のちに『言語論集』(1932)に所収)でも,つぎのように述べられている。

> ロシア語の歴史は**継続しており**,いまもわれわれの眼前で実現されている。……現代ロシア語は,**定着し発展の止まった**さまざまな諸規則の集成などではなくて……絶え間ない**過程**,絶え間ない**運動**なのである。われわれは,この運動を管理するとともに,**今後ロシア語を待ち受けているであろう歴史**の意識的建設者たるために,この運動の法則を理解できるようにならねばならない。[35]

　言語へのこのような「意識的介入」が両義的であることはいうまでもないが,ヤクビンスキーのソシュール批判論文『言語政策の不可能性に関するソシュール』(1931)なども,こうした視点から出てきている。

　ちなみに,もうひとつのレーニン論『〈革命的美辞麗句〉および隣接する諸現象について』(1926)では(1924年2月15日にイリャズヴでの『レーニン記念会議での報告』),「革命的美辞麗句」にたいするレーニンの批判的姿勢を,言語学者として説明しようとしている。ヤクビンスキーによれば,「革命的美辞麗句やこれに近い現象に関するレーニンの見解は……人間の言語行動の異種――最重要の社会的意義をもつ異種――としての……影響力ある扇動的ことばの

35　Иванов, А. М. и Якубинский, Л. П. *Очерки по языку для работников литературы и для самообразования*, Л.-М., 1932. С. 41.

諸事実を理論的に認識しようとする試み」であり，この異種の問題を「一般理論的な面においても，日常生活のなかに客観的に存在するその話しことばや書きことばのなかのあらわれの研究においても，検討」することこそが，レーニンへの最高の記念碑となるとしている[36]。これはもはや露骨なレーニン礼賛になっているが，「〈扇動的機能〉を誇りつつも〈意味〉を欠いている〈美辞麗句〉」を批判している点では，[37]『レーニンにおける高尚な文体の格下げについて』の場合と基本的に変わりはない。

第4章　ヤクビンスキーとバフチン・サークル

ところで,『ダイアローグのことばについて』がバフチン・サークルに影響を与えている可能性については，著作の内容の対照を中心とした論考がいくつか発表されているが、最近では、グループの一員ヴォロシノフとヤクビンスキーとの「出会い」も注目されている[38]。

バフチン・サークルとヤクビンスキーの理論面での共通性と差異については，本書所収の田島論文（第4・5部）が詳細に論じているので、ここではもっぱらヴォロシノフとヤクビンスキーの「出会い」を再確認しておくだけにしたい。

まずあげられるべきは，両者とも 1930 年代初頭に，作家ゴーリキーが主宰する『文学学習』誌にいくつかの論考を掲載していることである。この雑誌は，若いプロレタリア作家の技量向上を目的としていた。

36　Якубинский, Л. П. Ленин о «революционной фразе» и смежных явлениях, *Печать и революция*, 1926, № 3, С. 17.
37　Там же. С. 16.
38　Алпатов, В. М. *Волошинов, Бахтин и лингвистика*, М. , 2005; Брандист, К. Бахтин, социология языка и роман, *Диалог. Карнавал. Хронотоп*, 2009, № 1(41), С. 6-37; Лахтиенмяки, М. Концепция социального расслоения языка в работах М. М. Бахтина и Л. П. Якубинского, *Там же*. С. 38-63; Васильев, Н. Л. *Михаил Михайлович Бахтин и феномен «Круга Бахтина»*, М. , 2013.
39　Васильев, *Михаил Михайлович Бахтин и феномен «Круга Бахтина»*. С. 130-132.

ヤクビンスキー：
1930年1号『作品の言語にたいする駆け出しの作家の取り組みについて』
　　　2号『作家の言語的責任について』（A・M・イヴァノフと共同執筆）
　　　3号『作家の理論的学習について』（同）
　　　4号『農民の言語』
　　　6号『(続) 農民の言語』
1931年7号『プロレタリアートの言語』
　　　9号『プロレタリアート独裁期のロシア語』
　　　新シリーズ1号『通俗科学の言語について』
　　　　　　3号『(続) プロレタリアート独裁期のロシア語』
ヴォロシノフ：
1930年2号『芸術のことばの文体論1　言語とはなにか』
　　　3号『芸術のことばの文体論2　発話の構成』
　　　5号『芸術のことばの文体論3　言葉とその社会的機能』

編集者のひとりである批評家カメグロフ（1900-1937）がソレント滞在のゴーリキー（1868-1936）にあてた手紙（1929年10月）には，つぎのようにある。

　　雑誌に参加させることにいまのところ成功したのは，デスニツキー＝ストロエフ，トゥイニャノフ，（『マルクス主義と言語哲学』を書いた）ヴォロシノフ，ヤクビンスキーです。ヴォロシノフとヤクビンスキーは，散文と詩の言語の問題に関して書くことになるでしょう[40]。

だが，昨今の研究が明らかにしているところによれば，この二人は，それより以前にも出会っており，ヤクビンスキーがヴォロシノフに影響を及ぼしている可能性が高い。

40　Там же. С. 130.

ヴォロシノフは，生活苦のため中断していたペトログラード大学での学業に1922年に復帰している。ところが，希望していた文学・芸術科ではなく，社会科学学部民族・言語専攻に登録された。そしてここには，教員としてヤクビンスキーやシチェルバ，ヴィノグラドフがいた。24年に卒業しているが，この間にヤクビンスキーとの接触があったことは十分に推定される。

　また，1925〜30年は，大学院に籍をおきながら，25年初頭にイリャズヴ第2部門の非常勤職員になっている。（ここでは言語部門をヤクビンスキーが指揮していた。この研究所のあと，双方ともレニングラード国立教育大学に移っているが，そこではヴォロシノフは一時期，准教授であり，ヤクビンスキーは教授であった。）

　1929年夏にはヴォロシノフは，大学院在籍期間を終え，第1部門の学術職員となっている。

　この年，ヴォロシノフ名で『マルクス主義と言語哲学』が刊行され，そこではバフチン・サークル独自のダイアローグ論が展開される一方，ヤクビンスキーのほうはもはや『ダイアローグのことばについて』で扱ったような領域から遠く離れている。

　1930〜31年になると，ヤクビンスキーは，もっぱら言語の階級構造を明らかにしようとしており，この構造が資本主義の発達とともにいかに変化し，プロレタリア独裁期にいかに変わりつつあるかに注目している。「言語の機能の多様性」に関しても，もはや批判的である。

　　現代のブルジョア言語学は，いわゆる「社会学」派の場合，研究対象の特殊性を理解しようとするにあたり，**言語の機能の多様性**という理論にもとづこうとしていた。この学派の見解によれば，言語は，多様な目的——コミュニケーション（思考の伝達），表情表現^(エクスプレッション)（表情），指名（現象の名指し）等々——に仕えうる。このような問題提起の結果，**統一体としての言語**が「社会学的」言語学の視野から**消えてしまっており**，たがいに関連づ

けられていない一連の機能に絶望的なまでに引き裂かれてしまっている[41]。

こうした現状にたいしてヤクビンスキーとしては,「マルクスとレーニンの発言に呼応して,言語の二つの基本的機能：1) コミュニケーション手段としての言語,2) イデオロギーとしての言語」を重視し[42],上記のような機能は,あくまでのこれら二つの機能の一側面にすぎないとして,もはや研究対象から外している。

これにたいして,ヴォロシノフの1930年の連載論文,とくに「発話の構成」は,たしかに「階級」云々がやや図式的に述べられているとはいえ,バフチン・サークル特有のダイアローグ論を基本的には維持していたと言える。ヴォロシノフの論文がその後この雑誌に登場しなかった理由も,このあたりにあったのかもしれない。

第5章　おわりに

この時期のヤクビンスキーは,「機能の多様性」よりも,(マールに倣い) プロレタリアにこそ歴史上初めて「統一言語」を持ちうる可能性があることを強調している。

こうした変化を如実に示しているものとして興味深いのは,1932年の論文『〈ダニーロフ主義〉に抗して』(『言語学におけるブルジョア的密輸』レニングラード,1932) である。この論文は,言語学者ダニーロフ (1836-1937) の言語論,とりわけ標準語論を,「反レーニン的,反マルクス主義的」であると批判し,ダニーロフを「形而上学者,フォルマリスト」であると断じたものであるが[43],

---

41　Иванов, А. М. и Якубинский, Л. П. *Очерки по языку...*, С. 61.
42　Там же. С. 62.
43　Якубинсий, Л. П. Против «Даниловщины», *Сумерки лингвистики*, под общей редакцией проф. В. П. Нерознака, М., 2001. С. 152.

われわれの関心からすれば，ヤクビンスキーの自己批判や過去否定が散見されることのほうが貴重である。

ダニーロフの文体観を，形式を感じ取らせることを詩的現象とみなすフォルマリズムの詩学であると批判している点[44]，また，自分の論文『レーニンにおける高尚な文体の格下げについて』を「フォルマリズム的」であったと自己批判している点のほか[45]，注目されるのはすでに見た「機能主義」批判である。

> ブルジョア「社会学的」言語学は，言語の数多くの「機能」（伝達的，表現的，美的，等々）に関する学説を（さまざまなかたちをとって）われわれに提供している。ときには，こうした機能は「言語的コミュニケーションの目的」と呼ばれていることもある。……西欧のブルジョア言語学における，機能に関する学説の最新版は，われわれの知る限り，プラハ言語学サークルのテーゼのなかにある。機能に関する学説は，ロシアの観念論的言語学，例えば「フォルマリストたち」において広範に普及している（とりわけ，論集『詩学』および『ロシアのことば』における拙論）[46]。

ここではヤクビンスキーは，「文体」や「表現」，「コミュニケーション」その他の「ブルジョア言語学用語」をそのまま使うことは「マルクス主義言語学」にもとるとの立場から「機能主義」も批判しているわけであるが，「機能主義」の問題点を具体的にあげているわけではない。この時期のヤクビンスキーに一貫しているのは，ブルジョア言語学の成果を批判的には活かすべきであるとしながらも，実際には新たな「マルクス主義言語学」の創設をめざそうとする姿勢である。ちなみにこの論文では，旧友ポリヴァノフも，ダニーロフとやや異なるものの，似非マルクス主義者として批判されている。この時期ポリヴァノフは，マールにとって最大の敵であった。

44　Там же. С. 140.
45　Там же. С. 142.
46　Там же. С. 136.

では，この時期のヤクビンスキーはダイアローグの問題をどのように考えていたのであろうか。じつは，そもそもダイアローグへの言及自体がごく限られているのだが，わずかな例のひとつとして，『一般向け学術言語について』（1931）のつぎのような箇所があげられよう。19世紀の革命的民主主義思想家ピーサレフ（1840-1868）が，思想を平易に叙述するには問答形式が有効であるとしているのを受け，ただ問答形式であればよいというわけではなく，内的対話的な構造が認識に効果的であると批判したものである。

> 問答形式は，認識過程自体が区分されていることに相応した，思考の区分的叙述を助ける。しかし認識過程は区分や分析に限られない。それは結合や総合も念頭においている。……「会話」を「叙述」に機械的に移すだけでは，この連関を外的に表現し公式化することはできない。それができるのは，つながりのある叙述の法則性に従い止揚されたかたちで自己内の対話的構造を保ってもいるような，つながりのある叙述においてほかない。[47]

　もっとも，ヤクビンスキーはこう触れたままで，それ以上の展開はおこなっておらず，関心は，やはりこの時期のほかの論文と同様，プロレタリアートの統一言語はいかにあるべきかに向かっている。
　ちなみに，バフチン『小説の言葉』との関係では，『プロレタリア独裁期の国語』（1932）において，「農民の異言語混淆(ラズノヤズィチェ)」状態を克服すべしと述べていることなども[48]，興味深い。
　このこともまた，1930年代前半のヤクビンスキーにおいては，「統一」あるいは「単一」こそが言語の理想的状態とされていたことを，改めて裏づけていると言えよう。

47　Иванов, А. М. и Якубинский, Л. П. *Очерки по языку...*, С. 167.
48　Там же. С. 141-143.

バフチンについて

第 4 部
バフチンによるヤクビンスキーの ダイアローグ論の引用と発展的展開
『小説の言葉』を中心に

田島充士

　バフチンは，出版された著作においては引用情報をあまり示さないにもかかわらず，ヤクビンスキーからの影響を受けていたとされる（Brandist, 2007, p. 80; 桑野, 1977, pp. 10-11, 2002, pp. 119-122）。著者自身，『ダイアローグのことばについて』を読了後，バフチンの主要著作を見直したところ，驚くほどその内容を，実践的な実感を持って理解できると感じたことがある。特にことばに関するバフチンの見解は，ヤクビンスキーの仕事を意識しているのではないかと思われる箇所が想像以上に多く，そのことが本書を企画した動機にもなっている。

　いうまでもなくダイアローグおよびモノローグは，バフチンの論において中核的概念の一部をなしている。ただしこれらの概念に対するバフチンの解釈は，『ダイアローグのことばについて』におけるヤクビンスキーのものと比較すると，まるでエッシャーのだまし絵のように，複雑なゆがみをともなった関係として展開されている。これらの概念に対する両者の意味づけの異質さの程度は，バフチン個々の著書により異なるが，おおむね，バフチン自身の名義によって発表された著作においては，より独自性の高い意味合いを持つ概念として展開されているように思われる。[1]

---

[1] 無論，『ダイアローグのことばについて』が唯一の，バフチンのダイアローグ概念の典拠というわけではない。例えば Poole（1989, pp. 125-126 邦訳 pp. 172-173）は，バフチン（ヴォロシノフ）のダイアローグ論について，ヤクビンスキーの議論にならび，Spitzer（1922）の『イタリアの口語について』からもかなりの影響を受けていると指摘する。バフチン（1988b, pp. 219-220）自身，術語としてのダイアローグの起源について Hirzel（1895）の『ダイアローグ』を参照するよう指示している。桑野（2002, pp. 119-130）も，ヤクビンスキーに加え，ブーバーの議論がバフチン

本部と次部では，このバフチンによるダイアローグ概念の展開を中心に，著者なりの視点から『ダイアローグのことばについて』とバフチンの主要な議論との関係について論じる。特に本部では，バフチン名義で出版された主著の中でも比較的容易に，ヤクビンスキーの議論を意識したと思われる記述箇所が特定できる『小説の言葉』(1934-1935) を中心として，バフチンのダイアローグ論の展開について考察する。

第1章　バフチン・サークルの著作とヤクビンスキーのダイアローグ論

　1920年代，バフチンは複数の友人と共に研究会を持ち（「バフチン・サークル Круг Бахтина, Бахтинский круг」と後に称される），彼らとの議論を通し，多くのアイディアを練り上げていたことが知られている。そして，このサークルのメンバーの名義で発表された論文の中に，バフチン自身が執筆に関わったと推測されるものがあると指摘されている。特にサークルの主要なメンバーの一人であったヴォロシノフは，ヤクビンスキーが勤める大学・研究所に所属していたこともあり（Alpatov, 2004, p. 77），両者の議論の接触可能性はかなり高かったと考えられる。

　実際，1920年代に出版された，バフチンによる関与が指摘されている著作（特にヴォロシノフ名義で出版されたもの）には，ヤクビンスキーからの影響を色濃く感じさせられる記述が多い。例えばバフチン（ヴォロシノフ）は『生活の言葉と詩の言葉』(1926) において，生活実践を共有する話者間においては，

　　のダイアローグ論に与え得た影響を重視する。本書が注目する『ダイアローグのことばについて』は，バフチンがダイアローグ論を展開する上で参照したと考えられる，重要な文献の一つという位置づけになるだろう。
2　本書に収められた桑野論文（第3部）においても，ヴォロシノフとヤクビンスキーとの関係が詳細に論じられている。
3　バフチン・サークルのメンバー名義で出版された著作については，括弧内に該当する著者名を併記する。

わずかな言表を使用するだけで意味交換が可能となる現象を指摘している。

 二人の人間が部屋の内に座っている。二人は沈黙している。一人が「Tak（ターク）」という。もう一人は何も答えない。この会話が行われたときに部屋にいなかった私たちにとっては，この〈会話〉のすべては，全く理解できない。孤立させられた言表「ターク」は空疎で無意味である。だが，それにもかかわらず，二人の独特な会話——それは実際，表情豊かなイントネーションをつけて発せられたものだが，唯一つの言葉から成っている——は，意味と意義に満ちており，完璧なものである。（バフチン（ヴォロシノフ），1979, p. 226）

 以上のようなやりとりが成立するためには，(1) 会話を行う人達にとって共通の空間的視野（目に見えるものの一致），(2) 状況に対する両者に共通の知識と理解，(3) この状況に対する共通の評価，という条件が必要になるのだという（バフチン（ヴォロシノフ），1979, p. 227）。本書第2部でヤクビンスキー論を解釈した文脈でいうならば，このうち条件 (1) は空間的リソースの共有が，また (2) は状況に対する知識的リソースの共有が，そして (3) は (1) (2) の共有の期待を前提として，話者らの間に状況に対する評価（価値判断）の共有が期待されることに該当するだろう。以上の条件が作動する場合，「合言葉 пароль」と呼ぶ，極端に簡略化されたことばによっても話者間で意思疎通が成立するとされる。バフチン（ヴォロシノフ）は，このような日常生活の中で交わされる言語交流を「生活の言葉 слово в жизни」と総称する。
 一方，文学作品のような，話者が言表の中に多くの意志を詰め込もうとする言語交流の存在も指摘され，これは「詩（芸術）の言葉 слово в поэзии（искусстве）」と呼ばれる。この種の言説が詩の言葉と呼ばれた理由は，「文学の言葉，詩の言葉は，生活における言葉と違い，作家と読者が同一時空を共有せず，読者はふつう未知の人であるから，対象を読者に見せるように状況を再現しながら，それについての話を展開するような形にしなければならない」（磯

谷, 1979, pp. 270-271) からだとされる。またこのような詩の機能は, 小説や学術的論文などの散文とも共通するものとして展開されている (バフチン (ヴォロシノフ), 1979, pp. 242-243)。

ここでいう生活の言葉と詩の言葉とは, おおむね, ヤクビンスキーのダイアローグ形式およびモノローグ形式と響き合う概念として捉えられるだろう。本書第2部で提案した交流モデルでいうならば, ①②に当たるダイアローグ形式的な言語交流に該当するのが生活の言葉, ③④にあたるモノローグ形式的な言語交流に該当するのが詩 (芸術) の言葉として捉えることができるだろう。[4]

さらに『マルクス主義と言語哲学』(1929) および『芸術のことばの文体論』(1930) では, バフチン (ヴォロシノフ) は, ロシアにおける「対話」概念を扱った文献として, ヤクビンスキーの『ダイアローグのことばについて』を紹介している。

> ロシアの文献では, 言語学的観点から対話の問題をあつかっているのは, ヤクビンスキイ「対話のことばについて」(『ロシアのことば』ペトログラード, 一九二三年) だけである。(バフチン (ヴォロシノフ), 1989, pp. 272-273)

> 対話, つまり, 言葉の交換は, 言語のもっとも自然な形態である (この点にかんしては, じつは, 駆け出しの作家にとってはちょっと難しいものではあるが, ヤクビンスキーの論文「対話的ことばについて」〔『ロシアのことば』一九二二年一号所収〕を参照) (バフチン (ヴォロシノフ), 2002, p. 144)。[5]

そして現実の言語交流においては, 話し手が一人で長々と発話を続けるモノ

---

[4] 『生活の言葉と詩の言葉』において展開された「詩 (芸術) の言葉」は, 『小説の言葉』において「小説の言葉」と対比する言説として位置づけられた「詩の言葉」とは, 明らかに意味づけが異なる。詳細は, 本部3-3を参照のこと。
[5] 正しくは1923年。

ローグであっても，ダイアローグと同様に，聞き手からの応答を待つ存在であり，両者の違いは，あくまでも表面的なものにとどまるのだと説明している。つまりヤクビンスキーのいうモノローグ形式的な発話であっても，それらは実際には他者の応答へと向けられたことばなのであり，他者からの問いかけに対して応答を行おうとする傾向にもとづく相互交流行為としての「ダイアローグ」の一部とする論を展開する。

    ことばによる相互作用は，**発話の交換**という形態のうちに進む。つまり，対話〔ダイアローグ〕という形態をとるのだ。(ダイアローグ〔対話〕とは，相互的な談話であって，**モノローグ〔独話〕**，つまり，一者の長いことばとは異なり，二者でおこなうもの。……）。対話，つまり，言葉の交換は，言語のもっとも自然な形態である……ひとりの語り手の長い発話，演説者の弁論とか，教授の講義，俳優の独白，ひとりきりで声をだしておこなう推論とか，これらの発話はすべて外的形態の点でのみモノローグ的なのである。実際には，意味と文体上の構成全体からすれば，これらは**対話的**である。(バフチン（ヴォロシノフ), 2002, p. 144)

  さらに『マルクス主義と言語哲学』では，「内的応答 внутреннее реплицирование（応答の準備 подготовка реплики)」の用語をヤクビンスキーから借用することを明言した上で（バフチン（ヴォロシノフ), 1989, p. 273)，話し手の発話を聞く聞き手は，沈黙している時であっても，現実的な知識や視聴覚的知覚に基づいてその発話を認識すると同時に，その発話に対する聞き手自身の応答を，内的応答として準備しているのだと指摘する（バフチン（ヴォロシノフ), 1989, pp. 180-181)。

  これらの論においてバフチン（ヴォロシノフ）は，ヤクビンスキーとは異なりダイアローグを，話者間で展開されるコミュニケーション（言葉の交換）を示す概念として捉えているようである。この解釈は，ダイアローグを，話し手と聞き手の頻繁な交替頻度を念頭に置いた発話の形態を示すカテゴリーとして，

話者間のコミュニケーションそのものとは（不十分な形ではあれ）定義上，区別したヤクビンスキーの議論と比較すると違和感を覚える。

そうはいっても，バフチン（ヴォロシノフ）によるこれらのモノローグ・ダイアローグ論は，次章以降で検討する『小説の言葉』における議論と比較すれば，ヤクビンスキーからの影響をかなり感じさせるものといえる。

第2章 『小説の言葉』にみるバフチンの世界観

バフチン自身の名義により出版された著作の中には，ヤクビンスキーによる解釈とはかなり異なる，独自色のより強いダイアローグ論の展開が多くみられる。特に小説を対象に検討がなされたバフチン自身の名義による著作では，ヤクビンスキーの論と暗に対比する形で，独自性が高いダイアローグ論が展開されているように思われる。本章以降では『小説の言葉』を中心に検討する。

2-1 バフチンのダイアローグ論の前提となる認識論

まず初期の著作である『美的活動における作者と主人公』(1920-24) の中で論じられた，バフチンの認識論について紹介する。バフチンは人が，他の誰にも共有することができない，主体としての自己が占める，唯一でかけがえのない視点から世界の意味について解釈していくことを，彼の人間研究の出発点として描き出す。

> わたしの外にあって向かい合っている人物の全体をわたしが観察するばあいに，実際に体験されるわたしと彼の具体的な視野は一致しない。なぜなら，いかなる瞬間にも，そしてわたしが観察するこのもう一人の人物がどのような位置にあろうと，どれほど近くわたしのそばにいようと，わたしの外にあって向かい合うその位置からは彼自身が見ることのできない何ものかを，わたしは常に見，知ることになるから。……わたしたちがお互い

に見合うとき,わたしたちの瞳には二つの異なる世界が映っている。……いかなる他人に対してもつねに保たれる,わたしの見る眼,知識,所有の余裕は,世界におけるわたしの位置が唯一で,代替不可能なことに起因する。その時,その状況の総和においてその位置には,唯一わたしだけが存在し,他の人々はすべて,わたしの外にいるから。(バフチン, 1999, pp. 145-146)

以上のような主体の意識の唯一性を捉え,バフチンは「視野の余剰(余裕・過剰)избыток видения」と呼ぶ。私と他者が,同じ時間に同じ空間を共有することは決してあり得ないのだから,そこから引き出される世界の視野も一致することはあり得ない。したがって,私が私の内部で考えていることは,私以外の他者によって完全に決定づけられることも決してできないということになる。裏を返すならば,外化された発話が示す意味の背景にこのような余剰があり続け,話者自身の視野の唯一性も失われないからこそ,コミュニケーションには終止符は打たれず,新たなことばの意味が常に創出され続けるのである。

バフチンの人間研究はこのような主体の視点のかけがえなさ,もしくは他者との分かりあえなさ(葛藤)という認識の上に成り立っており(桑野, 2009, pp. 231-236, 2011, pp. 40-42, 2017, pp. 4-5; Holquist, 1990, pp. 35-37 邦訳 pp. 52-54),彼の議論を総括する上で外すことのできない要素になっている。彼の展開するダイアローグ論についても,この「視野の余剰」をベースとした解釈を行うことが必須と考えられる。

2-2 「内的ダイアローグ」という視点

以上の前提をもとに,『小説の言葉』において展開されるダイアローグ論を検討する。本著作は,出版前の準備稿において,『ダイアローグのことばについて』への言及がなされていたこともあり,バフチン名義による主要論文の中でも,ヤクビンスキーの議論からの影響を比較的明瞭に感じさせられるものである。しかしその影響は,以下の抜粋からも示唆されるように,ヤクビンスキー

による（と思われる）モノローグ・ダイアローグに関する論考を批判し，自身の新たなアイディアを展開するという形でみられる。

> 対話は，ただ発話構造の構成上の形式としてのみ研究されてきたが，言葉の全構造，その意味と表情表現のあらゆる層を貫いている言葉の内的対話性は（応答においても，またモノローグ的言表においても）ほとんど全く無視されてきた。しかしまさに，この言葉の内的対話性，すなわち外面的・構成的には対話形式をとらず，言葉によるその対象の概念的理解そのものから自立した行為としては分離できないこの対話性こそが，巨大な文体形成力を備えているのだ。(バフチン, 1996, p. 44)

以上の抜粋においてヤクビンスキーの名前は言及されていないが，「発話構造の構成上の形式」としてのダイアローグという記述からは，『ダイアローグのことばについて』における，コミュニケーション（発話）形態としてのダイアローグ論が意識させられる。**そしてこの抜粋では，外面的（発話）にはダイアローグ形式をとらない言表においてもみられる「内的ダイアローグ внутренний диалог」と呼ぶ契機が，バフチン自身の検証ポイントになるのだと宣言されている**[6]。

また以下の抜粋において，バフチンは聞き手の内的ダイアローグ性を十分に考慮せず，言語構成の形式のみを論じる従来の言語学の分析姿勢を批判している。そして出版前の草稿では，以下の抜粋の脚注において，ここでいわれる「言語学者」による代表論文の一つにヤクビンスキーの『ダイアローグのことばについて』が挙げられていたことが分かっている[7]。

---

[6] ヤクビンスキーは『ダイアローグのことばについて』において，「内的応答」という概念により内的ダイアローグが示す現象に触れてはいるが，バフチンの議論と比較すれば，その分析はあくまでも断片的なものにとどまっている。

[7] ロシア語版バフチン全集 (М. М. Бахтин Собрание сочинений Т. 3, 2012 Языки славянских культур C. 34) に収録された『小説の言葉』の草稿を検討した結果，出版時に削除されたと考えられる脚註は以下の通り。(検討および訳出は桑野隆による)

第4部　バフチンによるヤクビンスキーのダイアローグ論の引用と発展的展開　　155

日常の対話や修辞的諸形式における，この聞き手と応答への開かれた定位は，言語学者たちの注意をひいてきた。しかし，この場合でも言語学者たちはもっぱら，聞き手に対する考慮の構成（コンポジション）形式のみを論じ，意味と文体の深層におけるその影響を追求しようとはしなかった。考慮されたのは，明瞭かつ明白であらねばならないという要求に規定される文体論的側面だけだったが，それはまさに内的対話性を奪われ，聞き手を，積極的に応答し反駁する者としてではなく，ただ受動的な理解者としてのみ考慮するような諸側面だったのである。（バフチン，1996, p. 46）

以下の抜粋からも示唆されるように，バフチンの議論においては，話し手が自らの発話を構成する際に聞き手の様々な応答可能性を予測する中で行う内的な相互交流が重視されている。

あらゆる言葉は**応答**に向けられており，**予期される応答の言葉の深い影響**を免れることはできない。生きた会話の言葉は未来の言葉＝応答に直接あからさまに向けられる。すなわち，それは応答を挑発し，それを予期し，それに向かって構成される。既に語られた言葉の環境の中で構成されながら，言葉は同時にまだ語られてはいないが，要求されており，既に予期できる応答の言葉に規定されている。（バフチン，1996, pp. 45-46）

そしてバフチンは内的ダイアローグについて「言葉の内的（表面的な構成にあらわれた対話と区別する意味で内的）な対話」（バフチン，1996, p. 51）と解説している。これらの記述を，本書第2部において展開した，著者のヤクビン

Leo Spitzer, Italienische Umgangssprache（Bonn und Leipzig: Kurt Schraeder, 1922），とくに第2章――Sprecher und Hörer（s. 39-191）を参照。言語の哲学と心理学の面では，聞き手の一定の役割をOttmar Dittrich, "Die Probleme der Sprachpsychologie"（1913）が提起している。ロシアの文献では，ヴィノグラドフの前記の著書のほかに，ヤクビンスキー『ダイアローグのことばについて』（論集『ロシアのことば』，ペトログラード，1923）を参照。

スキー論解釈を視点として読み解くならば，内的ダイアローグとは，外面的に観察される発話の構成がダイアローグ形式もしくはモノローグ形式であるかということに関わりなく，**話し手が自分の発話に対する聞き手の応答（情報的側面＋評価的側面）を考慮し，場合によっては，まだ実際には聴き取られない相手の応答可能性を鋭く予期して意識内で展開する相互交流（話し手が発する発話の中にそのやりとりの一部が反映される）**として捉えることができるように思われる。

　さらに，以上の抜粋の直後には「あらゆる修辞的形式は，その構成においてはモノローグ的であるが，聞き手とその答えに向けられている」（バフチン，1996, p. 46）とも論じられている。これは，修辞的コミュニケーション（他者を説得するための演説や説明など）において発せられるモノローグ形式的なことばも，内的ダイアローグという視点からみるならば，話し手の意識における想定上の聞き手との間で展開する，発話と応答（価値判断をともなう評価を含む）のやりとりの所産なのだという主張として解釈できるように思われる。

　例えばプレゼン資料を作成するとき，優れたプレゼンターであれば当然，聴衆となる人々の応答可能性（発表テーマに関する聴衆の共有知識の有無や予想し得る評価など）を考慮に入れるだろう。「ここの説明は『分かりにくい』と突っ込まれるかもしれないから，具体的な事例を挿入しよう」「統計データの提示は『理解できない』と批判されないようシンプルな表を添えて」など，聴衆の応答情報および評価を事前に想定しながら，彼のテキストを構成し調整するだろう。この話し手（プレゼンター）の意識においてみられる想像上の聞き手との相互交流（彼の発する発話や構成するテキストなどに部分的に表れることもある）は，バフチンがここでいう内的ダイアローグに当たると思われる。[8]

8　内的ダイアローグに関する事例は，『小説の言葉』においては，小説の登場人物が発することばに内在する「パロディ пародия」などが紹介されているが（バフチン，1996, pp. 116-117, p. 120），その内実を直観的に把握する上では，必ずしも分かりやすいものとはいえない。一方，本書第5部で検討する『ドストエフスキーの詩学』においては，ドストエフスキーの中編小説『貧しい人々』の主人公であるマカール・ジェーヴシキンの以下の手紙の一節を対象に，想像上の相手と展開する内的ダイアローグの特性が簡潔に解説されている。なお以下の抜粋は，『ドストエ

第4部　バフチンによるヤクビンスキーのダイアローグ論の引用と発展的展開

2-3 「統覚的背景」とバフチン独自の「ダイアローグ」

またヤクビンスキーの使用する「統覚」が,『小説の言葉』においても登場する（以下の抜粋の「ラズノレーチエ」については, 本部 3-2 を参照）。

> 所与の発話が言語 (ラング) のなかで持つ意味は言語 (ラング) を背景として理解されるのに対して, その場での (アクチュアルな) 意味は, 同じテーマに関する他の具体的な発話を背景としたり, ラズノレーチエ的な見解や視点, 評価を背景として理解される, つまり, あらゆる言葉がその対象へといたる道程を複雑なものにしているものを背景として理解されるのである。しかしいまや, 他者の言葉からなるこのラズノレーチエ的な環境は, 話し手にとって, 対象の中でなく聞き手の心の中に, 応答と反駁をはらんだ**統覚的背景**として、存在しているのである。(バフチン, 1996, p. 47)

ここでバフチンは「統覚的背景 апперцептивный фон」[9]を, 話者の応答可能性に向かう, 動的な内的ダイアローグの総体として捉えているように思われる。

フスキーの詩学』からのものだが, 邦訳（ドストエフスキー, 1963) では 47 頁に該当箇所がある。
>> 小生は誰の厄介にもなってはおりません！　小生のところにある一切れのパンは自分のものです。確かにそれは何の変哲もない一切れのパンで, 時にはこちこちの場合さえありますが, それでもあることはあるんです。それは汗水たらして手に入れた, 誰に非難されることなく堂々と食べることのできる代物なんです。(バフチン, 1995, p. 421)

以上の発話をバフチンは, 以下のような内的ダイアローグに分解してみせる。つまり上記のジェーヴシキンのことばは, 彼の言語意識において響く, 想像上の他者による自分自身への否定的評価および定義づけとのダイアローグの結果として表れたものだということである。
>> **他者**：金をしこたま儲ける腕が必要なのさ。そうすれば誰の厄介にもならなくてすむんだ。ところが, お前はみんなの厄介になっている。
>> **マカール**：私は誰の厄介にもなってはいない。私のところにある一切れのパンは自分のものだ。
>> **他者**：へん, いったいどんなパンだというんだ！　今日はあっても, 明日にはないってやつだろう, しかも, その一切れだってこちこちのやつに違いない！
>> **マカール**：確かに何の変哲もない一切れのパンで, 時にはこちこちの場合さえあるが, それでもあることはあるんだ。それは汗水たらして手に入れた, 堂々と誰に非難されることなく食べることのできる代物なんだ。(バフチン, 1995, p. 426)

9 「統覚的背景」は桑野との議論を通し, バフチンの使用文脈から判断して, ヤクビンスキー『ダイアローグのことばについて』において論じられる「統覚量」とほぼ同義の用語として意味づけられると捉えている。

視野の余剰をめぐる議論において明らかなように，バフチンは話者の個人的視点の唯一性を強調している。この議論を前提とするならば，聞き手と話し手との間で統覚的背景の完全なる一致を期待することはできない。その意味で，外部の対象について聞き手に語り出す話し手の意識は，対象の解釈そのものに向かうだけではなく，聞き手の統覚的背景の内実（およびそれに基づく応答）の予測にも向かうのだろう。そしてアクチュアルなことばの意味の理解とは，このような話者らの内的ダイアローグも含めた，能動的な言語活動の一環として捉えることができるように思われる。

また上記の抜粋の冒頭で述べられている「理解」については，以下の抜粋においてもより明確に論じられている。その場でのアクチュアルなことばの意味は，独自の視野を持つ聞き手が話し手の発話内容に応答し，またその聞き手の応答に話し手が返答を行うプロセスにおいて，両者それぞれにとってのものとして能動的に理解され得るものだといえる。

> 実際の言語生活においては，あらゆる具体的な理解は能動的である。それは，理解されるものを**みずからの**対象的・表情表現的視野の中に引き入れるのであり，応答や（暗黙裡にせよ）動機づけられた反駁・同意と分かちがたく一体化している。ある意味では，優位に立つのは，能動的原理としての応答のほうである。それは理解のための基盤を作りだし，理解のために利害関係を考慮に入れた積極的な準備を行う。理解はただ応答の中でのみ成熟する。（バフチン，1996, p. 48）

この種の話者らの関係はまた，話し手の聞き手に対する「志向 установка, интенция」と呼ぶ用語をめぐる議論においても扱われている。志向とは，話し手が自分の発話を創造する上で，聞き手の内的ダイアローグの内実を話し手自身の内的ダイアローグにおいて予測し，その予測された聞き手の統覚的背景に割り込もうとする働きかけを示す概念といえる。

聞き手の独自の視野，独自の世界への志向установкаであり，そのような志向は話し手の言葉のなかにまったく新しい諸契機をもちこむ。というのも，この場合，相異なるコンテクスト，相異なる視点，相異なる視野，相異なる表情表現的アクセント体系，相異なる社会的〈言語〉の相互作用が生じるからである。話し手は自分の言葉を，それを規定している自分の視野ともども，理解者がもつ他者としての視野のなかに定位しようと努め，この視野の諸契機との対話的関係に入る。話し手は，聞き手がもつ他者としての視野のなかに入り込み，自己の発話を他者の領域，聞き手の統覚的な背景の上に構築するのである。(バフチン，1996, p. 49)

「言語の中にはいかなる中性の，〈誰のものでもない〉言語も形式も残されていない」(バフチン，1996, p. 67) ということばに代表されるように，バフチンは，あらゆることばにはそれを使用する話者の，自らの聞き手の統覚的背景に向けた志向が染みついていると捉えているようである（バフチン，1996, pp. 67-68)。その意味で，特定のことばを理解するとは，そのことばの過去の使用文脈（他者の志向）を話し手が受動的に知るだけではなく，そのことばに対して自分の聞き手が抱くと思われる統覚的背景の内実を予測し，また実際に得られる返答からさらにその予測を変更する中で自分自身の再解釈を加え続けるという，話し手自身の聞き手に向かう志向の能動的な付け替え行為として捉えることができるだろう。[10]

---

[10] 『ことばのジャンル』(1952-1953) においても，この話し手による聞き手の統覚的背景の予測の契機が，以下のように簡潔に論じられている。ここでは，聞き手の統覚的背景に基づく理解を予測する話し手の活動が，彼のことばのスタイルや内容を決めるという作用について述べられている。
> 話しながらわたしは，受け手がわたしのことばを理解する際に統覚的背景となるものをつねに考慮する。すなわち，彼がどのくらい状況に通じているか，彼が所与の文化領域のコミュニケーションの専門知識をもっているかどうか，彼の見解と所信，彼の偏見（われわれの目から見ての），彼の気に入ること，嫌いなことを考慮する。なにしろこれらすべてが，わたしの発話にたいする彼の能動的な返答としての理解を決定するのだから。そしてこの考慮が，発話のジャンルの選択と，構成手法の選択と，言語的手段の選択とを決定する。つまり発話の**スタイル**を決定するのである。例えば，通俗的な科学的読みもののジャンルが，返答としての理解のためのしかるべき統覚的背景をもった一定の読者たち

言語の中の言葉は、なかば他者の言葉である。それが〈自分の〉言葉となるのは、話者がその言葉の中に自分の志向интенцияとアクセントを住まわせ、言葉を支配し、言葉を自己の意味と表情表現が目指す方向に吸収した時である。このように自分のものとなる前は、言葉は中性的で非人格的な言語の中に存在しているのではなく、……他者の唇の上に、他者のコンテキストの中に、他者の志向интенцияに奉仕して存在している。つまり、言葉は必然的にそこから獲得して、自己のものとしなければならないものなのだ。(バフチン, 1996, pp. 67-68)

ここまでみると、バフチンとヤクビンスキーが使用するダイアローグの意味の異同が鮮明になってくるように思われる。ヤクビンスキーが『ダイアローグのことばについて』において捉える「ダイアローグ」は、話題に関する空間的・知識的リソースの共有への期待を前提に、話し手と聞き手が比較的速やかに交替することを念頭に置いたコミュニケーションの形態（言語・発話構成の形態も含む）を示す概念である。一方、バフチンが『小説の言葉』において展開する**「ダイアローグ」とは、話し手と聞き手の交替頻度や発話の構成形態とは基本的に関わりなく、相手の応答および応答可能性へ志向し、自分自身の発話を調整していくことで展開し続ける話者らの内的・外的な相互交流を示す概念といえる**。特に話者個々人が内的に抱く交流を重視するという点において、バフチンのダイアローグ論の独自性がより際立つように思われる。

第3章　バフチンが価値づけるコミュニケーションの姿

本章では、前章までの議論を受け、『小説の言葉』において展開されるバフ

に宛てられ、別の読者には専門の教科書的な文献が宛てられ、まったく別の読者には専門の研究書が宛てられる場合。(バフチン, 1988a, p. 182)

チン独自のダイアローグ論の視点から，バフチンが価値づけるコミュニケーションの姿についてみていく。

3-1　話者の自動化された言語認識に対する批判

　バフチンもヤクビンスキーが「社会的方言」と呼んだような，日常的に接触する相手との間で使用する言葉の選択にいちいち頭を悩ますこともなく，スムーズに意思伝達を行うような言説の存在を指摘している。このような特定の社会における「方言」は，「ことばのジャンル речевой жанр」（バフチン，1988a, pp. 116-117）ないし「社会的言語 социальный язык」（バフチン，1996, p. 38）とも呼ばれる[11]。

　しかしバフチンは，話者らが個々の社会的言語を使用するだけで，それぞれの言語の意味について注意を払わないような状況に対し，警鐘を鳴らしている。そのことが比較的明瞭にみてとれるのが，以下に示す，「文盲の農民 безграмотный крестьянин」に関する議論である[12]。

> 中心都市から遠く離れた文盲の農民は，彼にとっては依然として確固として不動の生活の中に無批判に浸りきっており，いくつかの言語体系の中で生活していた。彼はある言語（教会スラヴ語）で神に祈り，別の言語で歌い，家庭では，第三の言語を話した。また読み書きのできる者に郷〔ヴォーロスチ〕〔帝政時代のロシアの地方行政組織〕への請願書を書き取らせようとする時には，

---

[11] バフチン（1996, pp. 62-63）は，この種の言語実践の実例として，トルストイの『幼年時代』『少年時代』『青年時代』における，主人公が生活文脈を共有する人々の間で交わされる隠語をあげる。以下は，バフチンが指示していると思われる，『青年時代』からの事例である。なおこのトルストイの小説が示す言語実践は，ヴィゴツキー（2001, p. 420）も，同一生活を営んでいる人々の間にのみ通用する言語の事例として言及している。
　　乾し葡萄と言えば，自分にお金があることをひけらかしたい気持ちを表したし，瘤（シーシカと言うとき五本の指をくっつけて，二つのシに特に力点を置かねばならなかった）と言えば，何か新鮮で健康で優美で，しかも虚飾的ではないものを意味した。（トルストイ，2009, p. 172）

[12] ただしバフチン（1996, p. 81）は，本事例はあくまでもモデル的事例であり，実際の農民の言語意識は，このように単純化できるものではないとも断っている。

さらに第四の言語（公文書の言語〈官庁用語〉）で話そうとした。これらすべては，抽象的な社会・方言的特徴という点から見ても，**相異なる諸言語**である。しかし，これらの言語は農民の言語意識において**対話的に相関して**はいなかった。彼は一つの言語から他の言語に，何も考えずに，機械的に移行していた。つまり，それらのどの言語も，自分の場所においては議論の余地はなく，どの言語の場所も議論の余地のないものだった。彼はまだある言語を（そしてそれに対応する意味的世界を）他の言語の眼で見ること（つまり日常生活の言語と生活世界を，祈禱あるいは歌の言語で見ること，またその逆）ができなかった。（バフチン，1996, p. 71）

　この文盲の農民の言語状況に対する分析からは，話者らが自らの内的ダイアローグを十分に起動させることのないまま，複数の異言語社会の実践に参加するという状況に対する，バフチンの批判的なまなざしがみてとれる。この農民は，それぞれ異なる集団において特徴的な社会的言語を話してはいたが，そのことばを別の世界の視点から検証する（自らの言語意識においてダイアローグ的に「相関 соотношение」させる）ことなく，そのまま受け入れるにとどまったと否定的なトーンで指摘されているからである。この抜粋で述べられている「彼は一つの言語から他の言語に，何も考えずに，機械的に（автоматически）移行していた」という記述からも，それぞれの社会的言語を肯定的な評価の下に疑義なく受け入れ，自動化（автоматизм）された話者の意識に対するバフチンの批判が示唆される。

3-2　「ラズノレーチエ」と「小説の言葉」

　一方でバフチンは，この農民がこれらの言語実践を批判的に相互参照し，それぞれの矛盾する視野をダイアローグ的に相関させ，自分なりの意味として再解釈するとき，彼の「能動性を獲得した文学的な言語意識」（バフチン，1996, p. 72）が起動するのだと指摘する。なおここでいわれる「言語」とは，いわゆる言語そのものを示すにとどまらず，それぞれの社会で人々が分かち持つ「イ

デオロギー идеология」と結びつけられたものだという(バフチン, 1996, pp. 71-72)[13]。

つまりバフチンは,この農民が向き合うそれぞれの生活世界の住人の言語実践およびその背景として予測されるイデオロギーに対し,彼の内的ダイアローグにおいて,相互の矛盾点や問題点を批判的に検証し(本書第2部でいう「否定的評価」に基づく検討に該当するといえる),その関係の再解釈を自律的に行えるようになることを価値づけている。Morson & Emerson (1990, p. 143) はこのような状況において,既存言語の価値体系はもはや当然のものとして受け止められず,その内実について話者らが独自の視点を活かして意識的な論争を行うようになるのだと解説する。

このようなダイアローグを展開することで,農民の意識における想像上の話者の視野と彼自身の視野との矛盾や葛藤が増して批判的な応答可能性が高まり,必然的に,彼の内的ダイアローグの内実は複雑化していくだろう。この種の,話者個々人の複雑化した内的ダイアローグ同士の衝突をもともなう矛盾をはらんだ葛藤的な多言語状況を,バフチンは「ラズノレーチエ разноречие」と呼ぶ(Brandist & Lähteenmäki, 2010, p. 73; 桑野, 2011, pp. 134-137)。なおBrandistらは,この種の話者によるイデオロギーの検証を想定しない場合の多言語状況の用語としては,「ラズノヤズィチエ разноязычие」があてられているのだと指摘する[14]。

---

13 バフチンのいう「イデオロギー」は,一般にイメージされる政治的なプロパガンダや虚偽意識などより広く(虚偽意識の意味で用いられると思われる箇所もあるものの),社会的に構成される人々の考えの総体であり,また文化的に意味づけられた観念の総称として捉えることが可能という(Emerson, 1983, p. 247; 桑野, 2002, p. 78)。ただし,ドストエフスキーの小説における登場人物たちのことばを,「生活のレヴェル(私についての他者の言葉)」「生活上の倫理のレヴェル(他者による裁定,是認や否認)」「イデオロギー的レヴェル(世界観)」と分類するなど,身近な出来事に対する諸見解とは区別している箇所もある(バフチン, 1996, p. 170)。本部ではイデオロギーを,個々人が内的に抱き社会集団内でも共有が期待されるイデエ(観念:考えていること)の総体ないし世界観として捉える。イデオロギーの定義については,本書第5部でも解説を行う。
14 Brandist & Lähteenmäki (2010) が,ラズノヤズィチエとラズノレーチエとの関係について述べている箇所を抜粋する。
　　ラズノレーチエは,特定のイデオロギー的視点と結びついた,闘争しあう様々な言語

この農民の意識において，諸言語の批評的な相互照明が始まるやいなや，つまりそれらが相異なる言語であるだけでなく，ラズノレーチエ的な言語であること，これらの言語と分かちがたく結びついている，世界への諸々のアプローチやイデオロギー体系は，たがいに対立しており平和に並びたつなどけっしてできないものであることが明らかになるやいなや，これらの言語の議論の余地なき状態やあらかじめ決定されている状態は終わり，それらの言語のあいだで方向が能動的に選択されるようになる。(バフチン，1996, pp. 71-72)

能動性を獲得した文学的な言語意識は，標準的文語そのものの内部においても外部においても，もちろん，いっそう多様で深いラズノレーチエをあらかじめ見出す。この基本的事実からこそ，言葉の文法論的生命のあらゆる本質的研究は出発しなければならない。あらかじめ見出される多様な諸言語(ラズノレーチエ)の性格と，そこにおける定位の方法は，言葉の具体的な文法論的生命を規定する。(バフチン，1996, p. 72)

そしてバフチン(1996, p. 78)は，この種のラズノレーチエが顕在化する言語活動を「小説の言葉 слово в романе」として捉えているようである。小説とは，登場人物たちの相互交流を軸に物語が展開していく文学作品であるが，バフチンのいう，この場合の小説はもはや文学の一様式というよりもむしろ，後述するように，話者の言語意識や彼らが展開する相互交流のあり方を象徴化した概念となっている (Brandist & Lähteenmäki, 2010, p. 84 ; Clark & Holquist,1984,

> 形式(例えば社会的なレジスターや職業上の談話など)の多様性の共存を示す。……次にラズノヤズィチエは，言語的複数状態，すなわち特定の言語共同体内における，言語的特徴によって異なる複数の方言や言語の存在を示す。……ラズノヤズィチエは，明らかな言語的特徴によって識別される異なる言語的形式(例えば地域的方言)が，特定のイデオロギー的視点を描写するようになる時にのみ，ラズノレーチエとなりえる。それゆえ，農民がついに，彼が使用している諸言語が単なる言語ではなく，異なるイデオロギー的システムと関連していることを認識し，「たがいに対立しており平和に並びたつなどけっしてできない」(バフチン，1996，p. 72)世界に歩み寄るときに，言語的複数状態はラズノレーチエとなる。(Brandist & Lähteenmäki, 2010, p. 73)

pp.287-288 邦訳 p.361 ; Holquist, 1990, pp. 87-88 邦訳 pp. 125-126 ; 桑野, 2011, pp. 145-146)[15]。

　この議論の中で重きをなす契機として浮かび上がるのは，話者個々人の内的ダイアローグをともなう意識（「人格 личность」とも捉えられる）の視野・視点が響く「声 голос」である。バフチンのいう声とは，ことばの身体的側面（トーン・イントネーション・ジェスチャーなど）を含む概念であり，話者独自の解釈を反映するものである（Bertau, 2007, pp. 136-138; Morson & Emerson, 1990, pp. 133-135）。Morson らはことばに対し，聞き手に向けた独自の身体的動きを吹き込むことで話し手は，かけがえのない人格の視点をともなう自らの声の作者になるのだと表現する。無論，この概念に，トーン・イントネーションや顔の表情などの言語外的（身体的）契機を含めたことばの意味を論じた，ヤクビンスキーの議論の発展的な引用の痕跡を読み取ることも可能だろう[16]。

3-3 「詩の言葉」

　バフチン（1996, p. 128）は，このような話者の声が反映された言説を「二声的な言葉 двуголосое слово」と呼ぶ。そしてこの二声的な言葉は，小説において，登場人物の個人的な意思表明ばかりではなく，その個人が認識する社会的諸言語を，それぞれの人格的意識において相互に相関させる行為を反映するものとして展開されるのだという。

　　小説においてはこの二声性は社会・言語面での本質的なラズノレーチエ性

15　文学における小説のジャンル的特徴については，本書第5部第1章においても解説している。
16　話者の評価を含んだこのことばのトーン・イントネーションなどの契機は，『ことばのジャンル』において以下のように明快に説明がなされている。
　　　発話のコンテキストによっては，「彼は死んだ」という文が，肯定的な，喜ばしい，どうかすると驚喜の表情をすら示す場合もありうる。また，「なんと喜ばしいこと！」という文が，しかるべき発話のコンテキストにおいては，アイロニカルな，もしくは苦い当てこすりの調子（トーン）を帯びる場合もあり得る。話者は自分のことばの対象を情動的に評価する。この評価をあらわす手段のひとつが，表情豊かなイントネーションなのだが，話し言葉ではそれがはっきりと感じ取られる。（バフチン，1988a, p. 162）

とラズノヤズィチエに深く根ざしている。もっとも，小説においても，ラズノレーチエは基本的にはつねに人格化されており，個性化されたラズノグラシエ[17]と矛盾を抱えた人々の個人的なイメージとして具現化されている。しかしこの場合，個人的な意志や知力のこうした矛盾は，社会的ラズノレーチエのなかに入り，それによって新たに意味づけられている。個々人の矛盾は，この場合，社会的ラズノレーチエという環境（スチヒーヤ）の浮上した一角にすぎない。この環境は，個々人を弄び，かれらを矛盾したものとし，かれらの意識や言葉を歴史的に創造的で本質的なラズノレーチエ性で満たしている。(バフチン，1996, p. 130)

そして登場人物らの発話を自身の意識において相互に調整し，自分自身の読者に向けた志向を植えつけて自らの作品に仕上げていく「小説家 романист」の創作行為は，さまざまな世界に属する人々のことばを批判的に相関させる話者個々人の内的ダイアローグ（文盲の農民の状態を脱する「文学的な言語意識」(バフチン，1996, p. 72)）のモデルとして示唆されているように思われる。

言語はすべて，言語そのものとして対比され，相互に補いあい，相互に矛盾しあい，また相互に対話的に相関しうる。それらは，言語そのものとして，人々の意識の中，それもまず第一に芸術家である小説家の創作意識の中で出会い，共存する。それらは言語そのものとして，社会的なラズノレーチエの中で現実に生き，闘争し，生存する。それゆえに，それらすべての言語は，単一の小説の平面に収まりうるのである。(バフチン，1996, p. 64)

この小説の言葉は，読み手独自の解釈を前提とせず，作者の意図がそのことばにおいて自足していると想定される「詩の言葉 слово в поэзии」と対極に位置するものとして捉えられている（バフチン，1996, pp. 72-78）。桑野（2011, p.

---

17 ラズノグラシエについては，本書第5部第3章にて解説を行う。

145）は,「小説」はバフチンのいう「ダイアローグ」に,「詩」は「モノローグ」に関連づけられているのだと指摘する。

　詩の言葉と小説の言葉の違いは,『叙事詩と小説』(1941) においても鮮明に描かれている。民族の聖なる伝説ないし神話（古典的テキストとしてヨーロッパにおいて受け継がれてきたホメロスの『イリアス』『オデュッセイア』がイメージされる）としての「叙事詩 эпос」は,「詩の言葉」とほぼ等号の扱いがなされているものと考えられる。

> 描写されている英雄の世界は，叙事詩的距離によって隔絶された，〔歌い手や聴き手には〕手の届かない，まったく別種の価値的・時間的レヴェルに存在している。歌い手，聴き手と英雄のあいだを橋渡しするのは民族的伝説である。できごとを自己，および自己の同時代人と同一の価値的・時間的レヴェルで描写する（したがって，個人的な経験や虚構をもとに描写する）ということは，根本的な転換がなしとげられたこと，叙事詩的世界から小説的世界へ一歩踏み出すことを意味する。（バフチン，2001b, p. 485）

　この「詩」の特性は，その材料や作者の主張そのものによっては決まらず，そのことばを聴く者が，その者の個人的な視点からの新たな意味づけや反駁をともなう引用を行うことがない／行うことが許されないことにより決まるのだという。

> 絶対的過去を描く叙事詩の世界は，その本質からすれば，個人的な経験のおよびがたい世界であり，個人的・個性的な視点から見たり，価値評価をくだしたりすることが許されるものではない。この世界を眼で見たり，探ったり，手で触れたりできないし，**任意の**視点から眺めることもできない。……重要なことは，叙事詩の実際の材源が何かだとか，その内容的契機がいかなるものかだとか，はたまた，作者たちの宣言がどうだとかいった点にあるわけではない。（バフチン，2001b, p. 489）

Clark & Holquist（1984, pp. 287-288 邦訳 p. 361）は，これらバフチンのいう「小説」と「詩」は，叙事詩，抒情詩，劇といった一般的な分類を無視した，すべての芸術ジャンルを大きく二分するカテゴリーになっているのだと指摘する。本書の議論に引き寄せるならば，詩の言葉とは，話し手のことばに対して，聞き手自身の視点からの批判的・創造的引用を行うことが十分に想定されない／許されない関係の下に展開する言語活動を示す概念として捉えることができるかもしれない。[18]

　一方，その対概念としての小説の言葉とは，話者らの言語意識におけるダイアローグが大いに活発化し，視点の独自性を活かした互いの解釈を否定的に評価しあう関係の下に展開する言語実践を示す概念といえるかもしれない。すなわちバフチンは，話者らが様々な社会的属性を背景とする人々とのダイアローグに参加しつつ，彼らのパートナーが外的・内的に発することば（イデオロギー）を自律的に検証・再解釈していくラズノレーチエ状況を「小説」になぞらえ，価値づけているように思われる。[19]

18　口伝えで伝承される叙事詩には，そもそも，聞き手による質問や反論を受け付けない性質がある。Havelock（1963, pp. 36-49, 208-210 邦訳 pp. 52-69, 246-249）によると，ホメロスの叙事詩『イリアス』『オデュッセイア』は，師匠の模範を韻律とともに復誦し，具体的に詳述される登場人物らと感情的に一体化するような形で口伝されていったのだという。一方，Havelock は古代ギリシャにおいて，世界について自身の論理的判断により解釈を行おうとする散文（書きことばを志向する）による意思疎通を前提とする，自律的な自己意識を持つ人々による交流が生まれつつあったと指摘する（プラトンが記述するソクラテスのダイアローグは，その嚆矢として捉えられている）。

　　　「それはどういう意味ですか，もう一度言ってください」などと言うことは，詩的な定型表現やイメージによって感じられていた満足感を不意に妨げることである。このように言われれば，ひとは同じ事態を別の同意語で説明しなければならないだろうが，しかしそうなると，そのことばは詩的ではなくなってしまう。散文的なことばになってしまう。……要するに，紀元前五世紀後半のある知識人グループ全体にこのようなかたちで採用されたと推定される対話法とは，意識をその夢の言語からも目覚めさせ，抽象的な思考へと意識を鼓舞するための武器だったのである。こうして，「私がアキレウスと一体化する」という考え方よりも，むしろ「私がアキレウスについて考える」という考え方が生まれてきた。（Havelock, 1963, p. 209 邦訳 p. 247）

19　19世紀に活躍したウクライナの詩人・シェフチェンコの叙事詩『マリア』は，聖母マリアを下女に見立て，聖書の世界をウクライナの民衆の視点から描き出している。教会のことば（教会スラブ語）とその文脈ではなく，シェフチェンコが生きた当時の民衆のことば（ウクライナ語）とその文脈に引き寄せて聖母マリアの生涯を描いたこの叙事詩は，日常生活を生きる人々の実体験に引き寄せた聖書解釈を可能にしたが，一方で，マリアを土着の人間として描写し過ぎて

Holquist（1990, pp. 84-85 邦訳 pp. 120-122）は，この種の自律的な言語認識＝自己意識をともなう話者を，自らの人生という物語を執筆する作者になぞらえている。我々は，自らが占める唯一の場所（人格的意識）から，我々に向けられたことばに対して応答し，また同様に，唯一の場所を持つ聞き手の視点を意識して自律的な意思（声）を発信し続ける限りにおいて，それぞれが向き合う世界および自らの人生に関する「小説」の作者となり，また独自のコピーライトを主張しあえる存在になり得るのだろう。そしてバフチンは，まさにこのようなコミュニケーションを価値づけているように思われるのである。

第4章　異化の観点からみたラズノレーチエ・小説の言葉

　本章では，ラズノレーチエおよび小説の言葉の概念について，シクロフスキーが提唱した「異化」の観点から検討を深めていく。

4-1　ラズノレーチエを駆動させる「悪漢・道化・愚者」

　ラズノレーチエを駆動させる人物のロールモデルとしてバフチン（1996, pp. 260-262）は，部外者の視点からその世界を見つめる「悪漢 плут・道化 шут・[20]

いることを理由に，ロシア正教会から瀆神的であるとみなされ弾圧されたという（シェフチェンコ，2009, pp. 75-77）。その意味で『マリア』はバフチンのいう「叙事詩」ではなく，教会と日常世界の異なるイデオロギーを抱える人々の，聖書の解釈を巡る否定的評価を刺激する「小説」として機能したものといえるかもしれない。

[20]　「悪漢（ピカロ）」とは，『ラサリリョ・デ・トルメスの生涯』（作者不詳，1997）を嚆矢とする，いわゆる「ピカレスク小説」の主人公像を示す概念である。悪漢は必ずしも犯罪者であるとは限らず，慣習的な共同体の外に住み，（物理的には同じ世界に住んでいる場合でも），その視点から慣習に潜む虚偽的側面を批判的に描くアンチ・ヒーローであり，マーク・トウェインのハックルベリー・フィンもその中に含まれる（牛島，1997, pp. 327-328）。またバフチン（2007, p. 670）は，巧みに隠蔽された犯罪を暴く探偵（警察官）も悪漢に含めている。『小説における時間と時空間の諸形式』（1937-38, 1973）から抜粋した以下の文章における，悪漢に対するバフチンの評からも，その具体像を読み取ることができるだろう。

　　　小説のもっとも根本的な課題のひとつが，あらゆる人間関係のうちに潜むあらゆる因習性・悪しき偽りの約束ごとを暴露することにある……。人間生活に浸透しているこの悪しき因習性とは，とりわけ封建制度であり，あらゆる空間的・時間的なものからその価

愚者 дурак」を導入する。世界の慣習化された高尚な諸言語を二声化するため，悪漢は虚言者の話す高尚な嘘に対して「嘘」をつく。愚者は，高尚な言語実践に対する素朴な「無理解」を示す。また両者が結合した存在としての道化（「愚者の仮面をつけた悪漢」（バフチン，1996, p. 260））は，無理解によって高尚な言語を解体する暴露的な「歪曲」を行う。そして，彼らが行うこれらのダイアロジックな働きかけは，ラズノレーチエを組織化するのだという。

　この悪漢・道化・愚者にまつわる典型的なエピソードの一つとして，セルバンテスの小説『ドン・キホーテ』があげられる（バフチン，1996, p. 259）。バフチンは貧しい農民であるサンチョが，ドン・キホーテの従者となったことへの褒美としてある村の領主になったエピソードを取り上げる。このエピソードでは，サンチョの愚者としての素朴な視点，騎士道物語の世界にとりつかれた道化であるドン・キホーテの視点，そしてサンチョをからかう悪漢の侍従たちの視点から，領主および農民の規範的価値観が次々に解体され，それぞれの視点を反映した否定的評価および，その評価に基づく批評が加えられている[21]。つま

値を奪う封建的イデオロギーである。……封建的環境や欺瞞にたいし，それらを暴露する力として対置されるのは，悪漢の醒めた，陽気でずるがしこい知恵である（そのさい彼は，半自由農奴・徒弟＝町人・唱歌隊でうたう遊行僧，一般に階級脱落の放浪者の姿になる）……因習的なもの・慣行にもとづくものとの闘いを，より深くより原則的な基盤に移して継承したのが，小説である。（バフチン，2001a, pp. 264-265）

[21] このエピソードでは，サンチョ・パンサが農民から領主となったことで，領主階層や農民階層のことばが，ドン・キホーテや侍従，領民とのやりとりの中で，相互に批判される。彼らが展開するこの種のダイアローグにおいて，慣習化された領主の価値観と農民のそれが衝突し，互いのイデオロギーの矛盾が露呈する契機になっている。
　バフチンはこの箇所で具体的な抜粋を行ってはいないが，この議論に関連し得る箇所として，領主となったサンチョが，彼の休息時間に唐突に現れた農民（実は侍従たちが仕組んだ役者）の嘆願を聞くというエピソードに際して発せられた独白を紹介する。サンチョは常識外れの法外な大金を根拠なく無心するこの悪漢を追い返した後，農民達が当然のこととして受け止める領主像を，彼の内的ダイアローグが反映されたことばで批判する（ここでサンチョが引用する「用件を聞いてすぐに片付けてくれろ」という農民の声はサンチョ自身の声として，批判的なトーンを付されて発せられているものだろう）。これにはまた，農民たちをまともに治める力がない領主階層に対するサンチョの否定的評価も暗に込められているのだろう。
　特定の社会階層のイデオロギーが，異なる社会階層のイデオロギーを背景とする人格的視点によって批判的に解体されているという点で，バフチンのいうラズノレーチエの特徴を比較的，明瞭に読み取ることができるエピソードの一つといえる。
　わしは今になって，領主や判事ってものは青銅づくりの人間でなきゃならねえし，またその必要があるってことが，真実よく分かったよ。なにしろ，いつなんどきでも，どんな

り個々の主人公らの内的ダイアローグが活発なものとなり，他者との間で展開するダイアローグも複雑化し，関連する社会の個々のイデオロギー的視点が交錯するラズノレーチエが響くようになる。これは先述の，ある言語世界を他の世界の言語で見ることができない文盲の農民とは，好対照をなす事例といえるだろう。

　Morson & Emerson（1990, pp. 359-362）は，特に愚者の無理解の機能を重視する。愚者の無理解は，単に知識を知らないということだけを意味しない。彼らは素朴な他者の視点から，固着化した慣習に疑問を投げかけ，またその虚構性を批判する存在であり，いわゆる「正しい」知識を教えてもらうことを待っている従順な生徒ではない。むしろ，その世界の人々が当たり前のこととして受け入れる世界観を異質なアウトサイダー的視点から否定的に評価し直し，その批評に対する応答を人々に迫るダイアローグを切り拓くことが，愚者の役割になる。

　　小説における愚かさ（無理解）は常に論争的なものである。それは知恵（偽りの高尚な知恵）と対話的に相関し，それと論争し，それをあばきだす。……愚かさの基礎には他者の言葉に対する，世界を束縛し，世界を意味づけようとしている他者のパセティックな虚偽に対する論争的な無理解，事物や事件を高尚な言葉で呼んでいる，一般に認められ規範化されてはいるが偽りに満ちた言語——詩的言語，衒学的な学術用語，宗教，政治，法律

　　　折にでも平気でやってきちゃ，用件を聞いてすぐに片付けてくれろ，それがどのようなものであれ，自分の願いだけを取り上げてくれろとせっついてくる陳情者たちの厚かましさに，平然と耐えなきゃならねえんだからね。それでもし，御苦労な判事さんが，一件がどうにも自分の手に負えねえものだとか，刻限が訴えを聞くような刻限じゃねえということで，奴らの言い分を聞かなかったり，その問題を片づけてやらなかったりしてごろうじろ，たちまち悪口を言われて中傷され，骨までかじられ，あげくのはては家系にまでけちをつけられるのが関の山だからね。お前ら，愚かで気の利かねえ陳情者め，そんなにあわてるんじゃねえよ。用件を持ちこむにゃ，それ相応の潮時ってものがあるんだ。飯時や眠る時間に来るもんじゃねえ。判事だって肉と骨からなる人間よ，身体が自然に要求するものは，ちゃんと満たしてやらなきゃならねえんだ。（セルバンテス，2001, pp. 403-404）

などの言語——に対する論争的な無理解が常に横たわっているのである。ここから小説における対話的情況(シチュエーション)または対話的対立の多様性が生まれる。(バフチン, 1996, pp. 258-259)

　上記の引用箇所にある「パセティックな虚偽 патетическая ложь」とは，北岡（1998, p. 288）の解説を参考に論じるならば，慣習と化した（自動化された）言語実践の空虚さを示す概念と捉えられる。悪漢・道化・愚者はこの虚構性を，外部者の視点から暴く。北岡はその事例として，隠居から教えられた婚礼の祝辞を葬式で述べ，お悔やみのことばを婚礼の席で述べる落語の主人公のおかしさをあげる。この愚者は意味が蒸発し，状況に応じて機械的に適用する，人々の言語実践の虚構性を暴くのである。
　一方，本質的に根無し草である悪漢・道化・愚者は，特定の世界の規範を強化するために，他の世界の規範を攻撃する存在ではない（Morson & Emerson, 1990, p.352）。したがって特定の人物（組織）の世界観を称揚するために，他の人物（組織）の世界観をパロディ化して攻撃を行うこと（例えばプロパガンダ）は，その外面的な類似性にもかかわらず，バフチンのいう悪漢・道化・愚者の行う嘘や無理解や歪曲とは根本的に異なる行為といえる。悪漢・道化・愚者は，他者の自動化された特定の世界観を批判するが，同時に，彼ら自身もまた，他者によって批判される存在でもあるのである（バフチン, 1996, pp. 259-260, 2001a, pp, 260-261）。

　〈悪漢(ピカロ)〉，ラサーリリョ，ジル・ブラースのような男たちはいったい何者だろうか？……彼はいかなる規範にも，いかなる要求あるいは理想にも関係づけられない。……悪漢(ピカロ)の周囲では，人間が尊大かつ偽善的に身にまとってたあらゆる高い地位と高尚なシンボルは僧俗を問わず仮面や仮装舞踏会の衣装，芝居の小道具へと変貌する。陽気な嘘がかもし出す雰囲気の中で，これらのあらゆる高尚なシンボルと高い地位の変容と弱化，それらにおける根本的なアクセントの改変が起こるのである。(バフチン, 1996, pp. 265-266)

バフチン（2001b, p. 500）は，この種の愚者の無知を「何も知らないということを知っているがゆえに，わたしは誰よりも賢明である」というソクラテスのことばと結びつけ，「賢明な無知 мудрое незнание」とも呼ぶ。つまりバフチンは，「愚かさ」の視点から，人々が常識として考察を行うことをやめてしまったイデオロギーの再定義を迫る愚者の「賢さ」を重視しているのだといえる。その意味では，バフチンのいう「愚者」をいわゆる「賢明な愚者 wise fool」に該当するものと捉えることもできるだろう。なおソクラテスについては，本書第5部で扱う『ドストエフスキーの詩学』においても詳細な検討が行われている。

4-2 異化とラズノレーチエ

そしてバフチンはこの種の異質な他者の視点により，慣習化された世界の意味が再発見されること（小説的に見直すこと）を「異化」と呼ぶ。本書第2部でも紹介したように，異化はシクロフスキーによって提案され，ロシア・フォルマリズム運動の基幹テーマとなった概念の一つである。

> 作者によって導入され，パセティックな約束事の世界を異化する愚者は，自らもまた，愚者として作者の嘲笑の対象となりうる。作者は必ずしも完全には愚者に同調しない。愚者自身に対する嘲笑の要素（モメント）は前面に押し出されることさえありうる（例えば『シルダの市民』）。しかし，愚者は作者に

---

22 中世ヨーロッパにおいて，道化は社会のしきたりや常識を理解することができない「狂人」というマスクを外さない限りにおいて，宮廷の礼儀に縛られた人々が王に対して進言することができないような真実を暴露し，鋭い批判を浴びせることが許されていた（Kaiser, 1973, pp. 515-518 邦訳 pp. 45-59; ヴェルドン，2002, pp. 109-121）。そして実際に，この責任のない部外者という立場を活かし，多くの権力者たちに注意を喚起し続けるご意見番を担う「賢明な愚者」と後に呼ばれる，知的な道化が多く存在したのだという。歴史的事実として，「愚かさ」と「賢明さ」はコインの裏表の関係にあったということだろう。
23 『小説の言葉』の草稿・2章・原註2においては，出版時には削除された，異化に関する以下のコメントがなされていた（本抜粋箇所の特定及び翻訳は桑野による）。本概念に対するバフチンの高い関心を示唆するものといえるだろう。
　　小説における無理解というカテゴリーとのむすびつき。トルストイにおける異化的［異化する］無理解。

よって必要なものである。なぜなら愚者は，彼自身がまさに無理解者として存在することによって社会的な約束事の世界を異化するからである。愚かさを描き出すことによって，小説は散文的な知恵，散文的な賢明さを学ぶ。愚者を見ることにより，あるいは世界を愚者の眼で見ることにより，小説家の眼はパセティックな約束性と虚偽とに束縛されている世界を散文的に見る術を学ぶのである。一般的に認められ，普遍的意義を有しているかのように見える諸言語に対する無理解は，それら諸言語の客体性と相対性とを知覚し，それらを外面化し，それらの境界を触知する術を，すなわち社会的な諸言語のイメージを開示し構成する術を教えてくれるのである。（バフチン, 1996, pp. 259-260）

シクロフスキーは『手法としての芸術』(1917) において，異化を，対象への認識を「再認 узнавать」するものではなく「直視 видеть」するものとして位置づける。そして「形式を難解にして知覚をより困難にし，より長引かせる」（シクロフスキー, 1988, p. 25）ことで，慣習化・自動化された話者の言語に対する認識を新たにする（＝異化する）手段として芸術の存在意義を定義づける。シクロフスキーは，異化の具体例の一つとして「事物をその名称で呼ばずに，初めて見たもののように描くこと，出来事の場合ならば，初めて起こったことのように描くこと」（シクロフスキー, 1988, p. 26）という手法を紹介する。[24]

24　シクロフスキー（1988, pp. 26-28）が『手法としての芸術』において，異化を使用した小説の事例としてあげるトルストイの小説『ホルストメール』の一部を紹介する。様々な人間社会の様相を観察してきた老馬・ホルストメールが，若い馬たちに語り聞かせる場面である。人間世界では当たり前とみなされる「自分のモノ（所有権）」という自動化されたイデオロギーが，異質な世界の住人である馬の視点から，その対象を初めて見る者のことばのように詳細に描き直され，否定的な評価が下されている。

　　　理解に苦しんだのは **"自分の" "やつの"** 仔馬という言葉だった。……生きた馬である私をさして，"自分の馬" というのは，"自分の大地" "自分の空気" "自分の水" という言葉と同様に，奇妙なものに思われたのだった。……この **"自分の"** という概念は，人間が所有感とか所有権とか名づけている低く卑しい本能以外にいかなる根拠ももっていないことを私は確信した。人は言う，《私の家》と。そしてそこに一度も住んだことはなく，ただその家の建築とか保全だけに気を使う。……女性を自分の女，あるいは妻と名づける人びとがいる。けれどもその女たちは，他の男たちと住んでいる。人びとは人生において善いと

以下は，シクロフスキー（1988, p. 26）が異化の事例として紹介するトルストイのエッセー『恥ぢるがよい』からの抜粋である（著者が独自に参照したもので，シクロフスキー自身の引用箇所とは一部，異なっている）。ここでは「笞刑」が，それを初めて見る者の視点からの情報として示されると同時に，その情報に対する否定的な評価（「キリスト教大帝国の最高政府は……道徳的な方法を，案出することができなかった」）が付されることで，日常生活を送る多くの者には省みられることのない意味づけを与えられ，異化されている。

> キリスト昇天後の十九世紀間において，キリスト教大帝国の最高政府は，法律の違反に対して，その違反者を成年はもとより，時には老年をさえも裸体にし，床にころがし，臀部を棒で打ち据えるより以上に，有益にして，合理的，かつ道徳的な方法を，案出することが出来なかったのだ。（トルストイ，1940, p. 594）[25]

　ある文化世界について，まったく無知なよそ者が我々の世界を眺める際，彼は自分の属する世界の文化コードに従ってその世界の営為を奇妙なものとして描き直すだろう。石川（1999, pp. 15-16）によれば，異化とはこのようなよそ者の視点を活かし，自動化の影響の下で疑問に感じることもなくなった慣習を再認識する文化批判の手法であるという。シクロフスキーのいう「初めて見たもののように描く」は，まさにこのようなよそ者の視点を導入することによる文化批判としての異化の基本的手法の一つといえる。
　この異化を八木（2011a, p. 23）は，未知のオブジェを目の前にした人の探索行動のプロセスにたとえる。未知のオブジェの意味を把握しようとする人は五感を活かし，手にとってその触感を確認し，対象の周囲を回りながら徹底的に「眺める」だろう。八木（2011a, p. 24, 2011b, pp. 88-92）によれば，シクロフス

　　みなしていることをするよりも，ただ，より多くの物に"**自分の**"と名づけるために努力している。（トルストイ，1983, pp. 113-115）
25　一部，文章を現代的な表現に改変している。

キーのいう「直視」とは，自動化された対象に対し，このような身体的な「運動」をともなう探索行動を示す概念なのだという。この「運動」であるか否か（「直視」か「再認」か）という問題は，石川も指摘するように，よそ者の視点から，対象と話者の自己意識との関係を自覚的に解釈しているか否かの違いに帰結するように思われる。このよそ者の視点から，活発な内的ダイアローグをともない（「これは何だろう」「何に似ているだろう」などの自問自答），対象を認識し評価を下すのか，その視点と関わりなく，他人事として単に確認するかの違いといってもいいだろう。

　以上の議論をバフチンのダイアローグ論に引き寄せるならば，**異化とは，悪漢・道化・愚者に代表される異質な他者とのダイアローグに巻き込まれることで，このよそ者の視点から見慣れた自分の世界の意味やイデオロギーを自覚的に読み解き，またそれらの情報を鵜呑みにせずに否定的な再評価を下し得る内的ダイアローグが，個々の話者において賦活すること**と捉えられるだろう[26]。すでに論じたように，悪漢・道化・愚者は，人々にとっての常識と化した知識に否定的な評価を下し，さらにその批評への応答（論争）を迫る他者のロールモデルといえる。この異世界のイデオロギー的視点を持ち込む彼らとの論争に巻き込まれ，自身の世界観に対する他者の否定的な評価に触れることを通して人々は，自動化された言語認識の対象に対して，未知のオブジェを探索するかのように運動的感覚をともない徹底的に再検討するようになるのだろう[27]。

26　シクロフスキーの異化は，作品構造の分析にアクセントが置かれる傾向にあり，異化に関わる社会性に関する分析は必ずしも明確なものではない（桑野，2017, pp. 67-68）。ここで論じたバフチンの異化は，まさにこの社会性（他者とのダイアローグ）において発現するものであり，両者のアクセントの違いは比較的，明瞭に見てとることができる。

27　エスノメソドロジーを提唱したGarfinkel (1967, pp. 44-49邦訳pp. 44-51) が報告する，社会集団の成員の間に無自覚に共有される背後期待を探り出すことを目的として，自分が「下宿人boarder」であるかのように家族の日常を記述した会話実験は，本書の議論からいえば，悪漢・道化・愚者がもたらす異化を人工的に作り出したものと捉えることができるかもしれない。実験者らは自らが下宿人になったつもりで，「誰の目からも明らかなこと」について自らの生活を記述するよう指示された実験者らは，日常生活の中に隠された家人の様々な活動や人間関係のゆがみを発見し驚いたという。またこのような視点から自らの常識に疑義を付された実験参加者らは一様に驚き，彼ら自身の視点を見なおさざるを得なくなったという。

　　背の低い太った男が家に入ってきた。私の頬にキスし「学校はどうだったい」と尋ねた。

それは同時に，当たり前の存在として省みることのなくなった対象に対する，自分自身の意識（内的ダイアローグ）について，この他者の視点から解釈し直すことでもあるだろう。話者は悪漢・道化・愚者と自分の視点とのダイアローグ的な相関を行うことにより，先述の「文盲の農民」の場合とは対照的に，彼が関わる世界の言語（イデオロギー）に対する異質な情報構成とそれに対する否定的評価（本書第2部でいう，話し手の自動化を抑制する聞き手の「抵抗」）を生成するプロセスとして，異化を体験するのだろう。

　その意味では『《ラブレー》の増補・改訂』(1944) において，エミール・ガボリオの描く『ルコック探偵』の主人公が「悪漢の一種の後継者」（バフチン, 2007, p. 670）として位置づけられていることは示唆的である。「もっともらしく思える情報ほど疑ってかかれ。もっともらしくないことこそ信じよ」（ガボリオ, 1979, p. 48）という信条を持つ警察官・ルコックは，人々が省みない些細な情報を第三者視点から批判的に検証し，重要な証拠をつかんでいく。彼は上流階級に属する容疑者に対しても臆することなくダイアローグを挑み，彼らが隠蔽する真実を批判的に暴き出す。社会的慣習に拘束されず，否定的な評価の目で様々な社会属性を背景とする人々の意志を相関させるルコックは，まさに異化をもたらす悪漢の典型といえる。

　ただしシクロフスキーの議論においては，話者間の相互交流の視点は必ずしも明確に打ち出されているとはいえない。一方，バフチンはこの異化を彼のダ

　　　　私は愛想よく返事した。彼は台所に入って行き，二人の女性のうち若い方の女性にキスをし，もう一人に「やあ」と言った。若い方の女性が私に「ねえ，夕飯は何がいい？」と聞いた。私は「別に」と答えた。彼女は肩をすくめ，それ以上何も言わなかった。年長の女性はぶつぶつつぶやきながら台所を動きまわっていた。男は手を洗ってテーブルにつき新聞を取り上げた。彼は二人の女性がテーブルの上に食べ物を並べ終えるまでそれを読んでいた。三人がテーブルについた。彼らは今日あった事についてくだらないおしゃべりをしていた。年長の女性が外国語で何か言い，他の者を笑わせた。(Garfinkel, 1967, p. 45, 邦訳, p. 46)

28　『《ラブレー》の増補・改訂』において，『ルコック探偵』からの具体的な事例引用は行われていない。ここで紹介したルコック像は，著者が独自に参照した情報を基に解釈したものである。
29　Emerson (2005, pp. 655-656) によると，バフチンが1920年代から70年代にかけて書き留めたメモにおいて，シクロフスキーに言及している箇所が散見されることから，バフチンはシクロフスキーらの議論に対する関心をかなりの程度，持っていたようである。一方でEmersonは，シクロフスキーが異化を人とモノとの関係において生じるものとみなし，必ずしも人と人とのコ

イアローグ論に引き寄せ，話者らが自己意識において相互に異質な世界のイデオロギーを相関させる多言語状況（ラズノレーチエ）を描き出したように思われる。そして，このラズノレーチエのモデルとして，悪漢・道化・愚者が活躍する小説の象徴的意義を強調したのだともいえるだろう。[30]

4-3 「権威的な言葉」と「内的説得力のある言葉」およびラズノレーチエ

　バフチンの「詩の言葉（モノローグ）」「小説の言葉（ダイアローグ）」は，他者のことばを自分のことばとして引用するスタイルの違いを概念化した「権威的な言葉 авторитарное слово」「内的説得力のある言葉 внутренне убедительное слово」にもつながる概念と考えられる。

　権威的な言葉とは，遠い昔に意味づけられた「父祖たちの言葉」（バフチン，1996, p.160）であり，聞き手の自由な解釈を許さず（話者自身の内的ダイアローグにおいて独自に議論する余地を残さず），話し手のことばをなぞるように再生するような引用スタイルに基づくディスコースを示す。一方の内的説得力のある言葉は，同時代人の言葉であり，過去ではなく現在のダイアローグにおいて，聞き手なりの自分の言葉での再解釈を前提とする引用スタイルに基づくディスコースを示す。

　　権威的な言葉が我々に要求するのは，無条件の承認であり，自由な適用や，
　　われわれ自身の言葉との同化などでは全くない。それゆえ権威的な言葉は，

　　ミュニケーションを必須としない論調に対して，バフチンは同意しないだろうとも指摘する。そしてバフチンであれば，生きた固有の意識同士の意味ある接触として美的活動を捉えるだろうと論じている。

[30]　メドヴェージェフ名義で出版された『文芸学の形式的方法』(1928)では，バフチン（メドヴェージェフ）はシクロフスキーの論考を徹底的に批判している（バフチン（メドヴェージェフ），2005, pp. 307-328）。しかし『小説の言葉』も含む，1930年代以降に執筆された著作においては，逆に「自動化・異化」などのアイディアを，自らの論に発展的に吸収している（Clark & Holquist, 1984, p. 269 邦訳p. 338；桑野，2009, pp. 174-176）。桑野は，シクロフスキーの捉える対象への自動化された言語認識の不毛性に対する問題意識は，バフチンも共有していたと指摘する。その上で，この認識からの脱却をはかる上で，バフチンはダイアローグにおける新たな意味生成を重視しているのだと指摘する。

それを枠付けするコンテキストとの，その境界との戯れを（いっさい許さず），漸次的かつあいまいな移行をも，自由で創造的な様式化を行ういかなる変奏(ヴァリエーション)をも許さない。……無遠慮な接触は，ここでは不可能である。知覚し理解するものは，遠く離れた子孫であって，従って論争は不可能である。（バフチン，1996, pp. 161-162）

内的説得力のある言葉は，それが肯定的に摂取される過程において，〈自己の言葉〉と緊密に絡み合う。我々の意識の日常において，内的説得力を持つ言葉は，半ば自己の，半ば他者の言葉である。……内的説得力のある言葉は同時代の言葉であり，未完結な同時代性との接触の圏域(ゾーン)において生まれた言葉，すなわち同時代化された言葉である。それは同時代人に呼び掛けるだけでなく，子孫にも同時代人に対するように呼び掛ける。（バフチン，1996, pp. 165-166）

 以上の抜粋から判断して，大枠でいえば，権威的な言葉とはバフチンのいう詩の言葉が示す言語実践に，また内的説得力のある言葉とは小説の言葉にほぼ該当するといえるだろう。ここで注目すべきなのは，権威的な言葉と内的説得力のある言葉との関係である。先取りして論じるならば，Morson & Emerson (1990, pp. 220-221, p. 227) も指摘するように，両者の関係は実は対立的なものではなく，むしろ，話者が自己意識を形成する成長プロセスにおいて，かつて権威的だった言葉が内的説得力のある言葉として組み替えられていくものとして捉えられる。
 「権威的な」という厳粛な印象を与える用語からは，権力者が，自らの圧倒的な力によって多くの人々を従属させるような，強権的なイメージが喚起される。しかしこの権威的な言葉に関するバフチンの記述をじっくり読み解くと，実はこの概念は，むしろ親や友人などの親しい人々との交流にも親和性が高いものであることに気づかされる。

自律したイデオロギー的生活にとって，意識は自己をとりまく他者の言葉の世界で目覚めるものなのであり，最初のうちは，自己をそれらの他者の言葉から分け隔ててはいない。つまり，自己の言葉と他者の言葉，自己の思考と他者の思考が区別されるのは，かなり後のことなのである。自立した試行的・選択的思考が始まると，まず最初に内的説得力を持った言葉が，権威的で強制的な言葉から，また我々にとって意味を持たず，我々を挑発することのない数々の言葉から区別される。（バフチン，1996, pp. 164-165）

　内的説得力のある言葉が（「かなり後」で自立した選択的思考が始まることにより），権威的な言葉から区別される形で生じるという以上の抜粋は，両者の密接な依存的関係を示している点で興味深い。この記述からは，バフチンが権威的な（強制的な）言葉を，ことばの学びはじめの状態として捉えているように思われるからである。つまり，子どもが親や教員・仲間などから新たな情報を学ぶことばの活動として位置づけられ得るということである。

　多くの場合，子どもは教示者が提示する「父祖たちの言葉」を当初は，反論の余地のないものとして「無条件に承認」するだろう。小さな子どもが親や教員からことばを学ぶとき，最初から「なぜこれを『花』と呼ぶのか」「これを『電車』と呼ぶのはおかしい」などと批判的に応答する場面は，想像しにくい。このような肯定的評価をともなう模倣的学習を可能にする契機を，大人への子どもの「**信用**」と呼ぶことができるかもしれない。

　そして子どもは「かなり後」で，これらの「父祖たちの言葉」の総体を自分なりの意味として解釈しはじめ，そのことばを教示した話者とは相対的に独立した，自律的な意味を創出し得る内的ダイアローグを発揮し始める（異化をともなうラズノレーチエを展開し始める）のだろう。教示者の志向から自分にとっての志向に置き換え，自分自身が対面する話者に向けた独自のことばとして描き直すようになるということである。[31] その成長過程において彼らは，大人

31　このような言語意識の成長プロセスは，晩年に書かれた『人文科学方法論ノート』(1974) から

たちの言説を否定的に評価し，独自の文脈を抱える自己意識を展開するようにもなるのだろう。

Morson（2004, pp. 321-322）は，権威的な言葉の事例として，親が子どもに向け，ほとんど問答無用の助言を与える行為をあげる。さらに Sullivan, Smith & Matusov（2009, pp. 329-332）も，親や教員が子どもに愛情を込めて行う教授的な行為を権威的な言葉として捉え，特に親の愛情のこもったことばを子どもが批判することは困難と指摘する。その一方で Sullivan らは，これらの愛ある権威的な言葉が後に，子どもが内的説得力のある言葉を展開する際の源泉にもなり得ると指摘する[32]。

以上のように，**バフチンのいう権威的な言葉と内的説得力のある言葉との関係は，二項対立的というよりもむしろ，このような話者の学習・変化・成長過程を間にはさむ，相互依存的なものとして描き得るものといえる。**

権威的な言葉のこのような側面については，『美的活動における作者と主人公』における以下のコメントからも示唆される。

の以下の抜粋においても示唆される。話者の意識とは「他者の言葉 чужое слово」（原初的には母親の言葉とされる）の吸収から始まり，それらを匿名化し，他の人々の言葉と内的なダイアローグ関係を樹立することで自律的なものとなり，創造的な人格になるのだろう。

> とくに重要な意義を有するのは，人間の成長の早期の段階に与えるテクスト外の影響である。こうした影響は言葉（あるいは他の記号）に現れるが，それは他の人々の言葉であり，何よりも母親の言葉である。そのあと，これらの《他者の言葉》は（以前に耳にしていた）その他の《他者の言葉》の助けを借りて，《自分＝他者の言葉》へと対話を通じてつくりなおされ，またそのあとには，すでに創造的な性格を持つ（いわば括弧のはずれた）自分の言葉へと対話を通じてつくりなおされていく。……他者の言葉にたいする当初の対話的関係も，忘れられ，それらは（《自分＝他者の言葉》の段階を経て）自己のものとなっている他者の言葉のなかに，いわば吸収摂取されていく。（バフチン，1988c, pp. 330-331）

32 Sullivan らは，「権威的な言葉 authoritative discourse」から「独裁主義的な言葉 authoritarian discourse」を区別する Morson（2004, pp. 317-320）の議論を強調する。後者は，疑念を抱くことが許されないような言説（典型的には独裁国家における政治的イデオロギーのことば）として想定されるのに対し，前者は，社会の中で広く伝統的に受け入れられた実践を伝える言説（典型的には子どもに対する両親のしつけ的なことば）として想定される。権威的な言葉は，話者独自の新たな言説を生み出す際のリソースとなり得るものであり（典型的には古いドグマとして否定され続けながらも，それぞれの時代における新たな諸実践・諸学説の源泉となってきたキリスト教における諸教義），内的説得力のある言葉と切り離すことが出来ないものと位置づけられる。

赤ん坊は母親や身近な人々の口から，自分とその身体についてのその最初の規定をすべて受け取る。……最初に外側から彼という人間を規定し，彼自身の内的なおぼろげな自己感覚に形と名称を与えてこれを促進する，彼について最初の，そして最も権威ある言葉，その中で彼が最初に自分を何かとして自覚し，わきまえるような言葉──それが愛情をもった人の言葉である。愛情にみちた言葉と実際の世話は，内的自己感覚のおぼろげな渾沌に力を貸して，これを名付け，方向づけ，満足させ，外界－わたしや，わたしの必要に関心を持った返答としての──と，むすびつける。（バフチン, 1999, p. 177）

　Holquist（1990, pp. 79-81 邦訳 pp. 113-117）は，以上のバフチンのコメントを，愛情に満ちた大人との関係から，子どもが世界を解釈するためのことば（思考方法）を模倣的に獲得する契機を説明するものとして捉える。そしてこのような言語活動を説明するため，Bruner（1986, pp. 73-78 邦訳 pp. 117-126）の「意識の貸与 loan of consciousness」に関する議論を引用する。本部で論じる『小説の言葉』の文脈から読み解くならば，大人を信用して彼らが示すことばを模倣することを示すこの意識の貸与は，大人の愛ある権威的な言葉を示すものと捉えることができるだろう。

　そして Holquist は，子どもはこの大人から模倣的に習得したことば（思考方法）を資源に，自らの観点から独自の意味を持った物語として翻訳を行う創作者になり得ると指摘する。『小説の言葉』の文脈でいえば，内的説得力のある言葉としての言語活動を活発化させるということだろう。Holquist は，大人から貸与された意識から自分なりの物語（内的ダイアローグ）を紡ぎ出し始める子どもの変化を，より自律的で独自性の高い自己意識を形成する成長過程として捉え，さらにこの成長をヴィゴツキー（2001, pp. 297-304）のいう「発達の最近接領域 ближайшая зона развития」に該当するものと位置づけている。[33]

33　ヴィゴツキーの発達の最近接領域に関する議論とバフチンのダイアローグ論との関係につい

この権威的な言葉は，教示者の発することばを文脈通りに疑問を持つことなく肯定的に使用するという点で，ヤクビンスキーのいう自動化をともなう言語実践に親和性の高い概念でもあるだろう[34]。

　以上のように考えるのであれば，日常的に使用される言語実践の多くは，権威的な言葉に該当するということにもなる。我々は日頃，「食事の後に『ごちそうさま』というのはなぜか」「『ありがとう』とは本来，どういう意味なのだろうか」などと，いちいち否定的に評価をしながらこれらのことば・イデオロギーを使用してはいない[35]。人々との日常的交流の中で問題なくこれらのことばを使用できている限り，それ以上の意味の批判的検討を行う機会は少ないからである。無論，それぞれのことばはそれぞれの語源を持つが，多くの場合，それは我々の日頃のコミュニケーションからは切り離された，昔の人々によって検証された歴史と化し，通常は，我々自身がいちいち意識することはない。我々は親や友人のことばを肯定的に評価し，多くの場合，彼らが教えてくれた意味通りに使用する。

　裏を返すなら，話者が「食事の後になぜ『ごちそうさま』というのか」などという内的ダイアローグを展開するのは，この実践の日常性が覆されるときだろう。そしてそれは，日頃から慣れ親しんだ人々との間で構成する生活圏に侵入してくる異質な他者（バフチンのいう悪漢・道化・愚者がその典型）とのダイアローグが契機になることも多いのではないか。そのようなダイアローグに接する際に，我々は自分たちが無自覚に使用し続けてきたことばの意味について考え，説明を求める聞き手の反駁に応じて解釈し直す（異化する）自己意識を展開することが必要になるからである。

ては，田島（2014, pp. 11-16）においても詳細に論じている。
34　Clark & Holquist（1984, p. 267 邦訳 p. 336）は「バフチンは常に，ことばが自動的，機械的もしくは権威的になることに対して反対していた。彼はモノローグを非難し，終わりのなさ，未完成さを絶賛した」と述べ，「自動化」と「権威性」および「モノローグ」との関連性を示唆している。
35　Morson（2004, pp. 320-321）は，「民主主義はアパルトヘイトよりも優れている」「環境は保護されねばならない」「教会は国家から独立しなければならない」などの，我々が生きる社会における常識的なイデオロギーの多くも，日常生活を送る上でほとんど疑問に付されることがないという点で，権威性を帯びていると指摘している。

4-4　学習者の内的説得力のある言葉を引き出す教育実践者・バフチン

　この種の成長を促進する実践事例として，バフチン自身が中等学校の教員だった時に行った教育プログラムを紹介する。バフチンは，多くの学習者ら（特に7年生以上の高学年：アメリカのシステムでいえばおおよそ10年生（Halasek, 2005, p. 357））が，教科書などに書かれたことばを書き写すことで満足し，彼ら自身の生き生きとした経験をそれらのことばに反映することがないブッキッシュな病にかかっていると指摘する（Bakhtin, 2004, pp. 22-24）。このような学習状況は，教員が紹介するテキストのことばを学習者の自己意識の視点から否定的に評価せず，そのまま受け入れているという点で，権威的な言葉に類するディスコースとして展開されたものといえるだろう。

　以上のような状況を打開するため，バフチンは，倒置法などの情動的な表現技法を駆使したスタイルによるテキストを学習者らに分析させ，テキストに対する彼らの内的ダイアローグを喚起させた。また情動的に表現されたテキストと，公的なテキストを学習者自身が相互に調整する活動を促進させ，学習者個人のイントネーションを込め，テキストを読ませる介入なども実施した。これは，教科書などに記載された科学的・文学的テキストを彼ら自身の内的説得力のある言葉として展開させる取り組みといえる。

　さらに学習者らの産出するテキストを，教員自身の視点から再分析をして読み出してみせるという介入も行われた（Bakhtin, 2004, pp. 16-24）。バフチンはこのような介入を通し，学習者らが教員の分析に対して反論をし始めるという生き生きとしたコミュニケーションが生じた点を強調する。それはこの学習者らが反論を行うことで，以前であればテキストの内容を書き写しただけで満足をしていた情報に対する，彼ら自身の分析的視点を自覚し始めるようになるからだと考えられる（Matusov, 2004, pp. 7-9）。換言すれば，教員による解釈に反論（否定的評価を含む）を加えさせることで，教員に対する学習者らの過剰な信用を抑え，彼らがそのままの形で受け入れていたテキスト情報を彼らなりの立場から否定的に評価させ，内的説得力のある言葉にする動きを促進したということだろう。

以上の介入により，バフチンは多くの学習者らが，教授された文学的・科学的に完成度の高い公的テキストを使用して，彼ら自身の生き生きとした感情と解釈を込めた（このような表現は下級学年においては，子どもらしい幼い言語の中で実現していた），文法的にも論理的にも完成度の高い作文が行えるようになったと報告する。

　本事例からもバフチンが，学習者らの権威的な言葉（この場合は彼らが模倣する公的言説）を一概に否定せず，その言説を源泉として，彼ら独自の内的説得力を展開するようになる成長プロセスを重視していたことが示唆される。そしてこの成長はおそらく，教員であるバフチン自身が，否定的な評価をともなう質問を投げかける他者（賢明な愚者）になり，学習者らの日常的な学習状況を一時的に覆し，彼ら自身の意味を探求する（異化する）自律的なダイアローグを展開させることによっても実現していたのだろう。[36]

36　田島（2010, p. 8, pp. 35-155, 2013, pp. 83-84）は，教員の指導に従い教科書の記述を学ぶ学習者らの中に，彼らの日常経験的な見地からみると解釈しがたいことばをそのまま暗記する者が多くみられる現象の存在を指摘する。この学習者らは，他所から来た調査者が「地球は自転しているというけれど，実際，校庭は電車のように動いているようには思えないよ」などという否定的な評価をともなう質問を投げかけると，戸惑い，「先生はそんなこといわない」「教科書に書いてあることを読めばよい」などと言い訳を始める。田島はこのような学習者の学習状況を「分かったつもり」と呼ぶ。この分かったつもりは，バフチンのいう教員との権威的な言葉において生じる現象と捉えられる。
　しかし田島は，教室の学習文脈とは異なる背景を持つ他者（例えば調査者）の立場からの否定的な評価をともなう質問を投げかけられ，学んだ知識を批判的に捉え直さざるを得ないダイアローグを学習者が経験することが，知識への自律的な関与を高める契機になったとも指摘している。つまりバフチンが示唆していたと考えられる，権威的なディスコースの中で学んだ知識を，内的説得力のあることばとして展開する成長過程が確認されたといえる。

第5章　まとめ

　バフチンは，話者が複数の異なる世界の言語実践に参加すると同時に，それら個々の世界におけるイデオロギーを話者自身の自己意識において相関させ，自分なりの解釈をその都度，見出していくようなダイアローグを価値づけたのだといえる（ラズノレーチエとしての多言語状況の実現）。ダイアローグのこのような，常に他者による新たな解釈可能性を引き入れる未完性は，バフチンの思想のもっとも基盤的なイデエの一つといえる（桑野, 2017, pp. 104-105）。

　本部において論じてきたバフチンの思想を総括するならば，「**慣習への不服従**」と表現できるかもしれない。特定の世界における日常的・慣習的活動に参加し，そこで使用されることば・イデオロギーを学びつつも，それらの一面的な意味解釈に満足せず，別様の解釈を行う悪漢・道化・愚者の視点をも持ち続けるという意味における話者のダイアローグ的不服従を，バフチンは重視しているように思われる。

　バフチンに先行する論者としてのヤクビンスキーのすごみは，内的ダイアローグに関する萌芽的アイディアも含め，後にバフチンが論じたダイアローグ論のかなりの範囲を，数多くの具体的な事例分析をともないすでに検証していたという点に見出せるだろう。そして両者ともに，様々な社会集団が異なる言語体系を抱える現象に着目した上で，話者の言語認識が日常性に埋没することを問題視し，異なる言語体系を背景とする人々との相互交流の実現可能性を意識していたともいえる。

　一方，本部で扱った『小説の言葉』におけるバフチンの論調と『ダイアローグのことばについて』におけるヤクビンスキーのそれとの間には，明らかなアクセントの差異がみてとれる。バフチンは，個々の話者が抱える内的なダイアローグの独自性（それにともなう話者間の葛藤）と，その世界に呼び掛ける話し手の発話に対する聞き手の否定的評価を執拗なまでに重視するのに対し，ヤ

クビンスキーはこれらの問題については,比較的素っ気なく,断片的に触れるにとどまる。その意味で,Brandist & Lähteenmäki (2010, pp. 84-86) が指摘するように,ヤクビンスキーが『ダイアローグのことばについて』以降に発表した著作において,個々人の意識やローカルな社会に偏在する言語的多様性と葛藤が克服され唯一の言語が誕生する「未来」を論じるのに対し,バフチンは,異質な意識同士が衝突し合う葛藤的な「現在」を重視するというコントラストが生じたのは,必然的なことだったのかもしれない。[37]

　人々が独自性・自律性の高い自己意識を保ちながら,異質な文脈を背景とする人々とのダイアローグを実現するということは,現代においてもなお達成が容易とはいえない課題である。その意味で,ヤクビンスキーとバフチンの議論にみられるコントラストは興味深く,またそのコントラストを前提としてみたバフチンの小説論は,社会的実践を分析するツールとしての価値を持ち続けているように思われる。

〈補足〉

　本部において紹介するバフチンの著作からの抜粋は,桑野によるロシア語からの翻訳を経ており,出版されている和訳とは一部,異なる箇所がある。

引用文献

Alpatov, V. (2004). The Bakhtin Circle and problems in linguistics. In C. Brandist, D. Shepherd, & G. Tihanov (Eds.), *The Bakhtin Circle: In the master's absence* (pp. 70-96). Manchester: Manchester University Press.

バフチン, M. M.　斎藤俊雄 (訳) (1979).　生活の言葉と詩の言葉　バフチン, M. M.　磯谷孝・斎藤俊雄 (訳)　ミハイル・バフチン著作集①／フロイト主義：生活の言葉と詩の言葉 (pp. 213-262)　新時代社

バフチン, M. M.　佐々木寛 (訳) (1988a).　ことばのジャンル　バフチン, M. M.　新谷敬三郎・伊東一郎・佐々木寛 (訳).　ミハイル・バフチン著作集⑧／ことば対話テキスト (pp. 113-189)　新時代社

---

[37] バフチンの議論は,1930年代当時の,作家は大衆が文学の内容を理解しやすくするために,難解な語句や方言などのような特定の社会集団が使用している語彙を使用してはならないと要求する公的権力へのアンチテーゼとして読み取ることも可能という (Clark & Holquist, 1984, pp. 271-274 邦訳pp. 341-345)。

バフチン, M. M. 佐々木寛(訳) (1988b). テキストの問題:言語学, 文献学および他の人文諸科学におけるテキストの問題。哲学的分析の試み バフチン, M. M. 新谷敬三郎・伊東一郎・佐々木寛(訳). ミハイル・バフチン著作集⑧／ことば対話テキスト (pp. 191-239) 新時代社

バフチン, M. M. 新谷敬三郎(訳) (1988c). 人文科学方法論ノート バフチン, M. M. 新谷敬三郎・伊東一郎・佐々木寛(訳). ミハイル・バフチン著作集⑧／ことば対話テキスト (pp. 321-347) 新時代社

バフチン, M. M. 桑野隆(訳) (1989). マルクス主義と言語哲学:言語学における社会学的方法の基本的問題 未來社

バフチン, M. M. 望月哲男・鈴木淳一(訳) (1995). ドストエフスキーの詩学 筑摩書房

バフチン, M. M. 伊東一郎(訳) (1996). 小説の言葉 平凡社

バフチン, M. M. 佐々木寛(訳) (1999). 美的活動における作者と主人公 バフチン, M. M. 伊東一郎・佐々木寛(編) ミハイル・バフチン全著作 第一巻:〈行為の哲学によせて〉〈美的活動における作者と主人公〉他 一九二〇年代前半の哲学・美学関係の著作 (pp. 87-368) 水声社

バフチン, M. M. 北岡誠司(訳) (2001a). 小説における時間と時空間の諸形式:歴史詩学序説 バフチン, M. M. 伊東一郎・北岡誠司・佐々木寛・杉里直人・塚本善也(訳) ミハイル・バフチン全著作 第五巻:〈小説における時間と時空間の諸形式〉他 一九三〇年代以降の小説ジャンル論 (pp. 141-409) 水声社

バフチン, M. M. 杉里直人(訳) (2001b). 叙事詩と小説:小説研究の方法論をめぐって バフチン, M. M. 伊東一郎・北岡誠司・佐々木寛・杉里直人・塚本善也(訳) ミハイル・バフチン全著作 第五巻:〈小説における時間と時空間の諸形式〉他 一九三〇年代以降の小説ジャンル論 (pp. 469-521) 水声社

バフチン, M. M. 小林潔(訳) (2002). 芸術のことばの文体論 桑野隆・小林潔(編訳)バフチン言語論入門 (pp. 99-219) せりか書房

Bakhtin, M. M. Stone, L. R. (Trans.) (2004). Dialogic origin and dialogic pedagogy of grammar: Stylistics in teaching Russian language in secondary school. *Journal of Russian and East European Psychology*, 42, 12-49.

バフチン, M. M. 佐々木寛(訳) (2005). 文芸学の形式的手法:社会学的詩学のための批判序説 バフチン, M. M. 磯谷孝・佐々木寛(訳) ミハイル・バフチン全著作〈第二巻:一九二〇年代後半のバフチン・サークルの著作Ⅰ〉 (pp. 217-516) 水声社

バフチン, M. M. 杉里直人(訳) (2007).《ラブレー》の増補・改訂 バフチン, M. M. 杉里直人(訳) ミハイル・バフチン全著作第七巻:〈フランソワ・ラブレーの作品と中世・ルネサンスの民衆文化〉他 (pp. 619-684) 水声社

Bertau, M. C. (2007). On the notion of voice: An exploration from a psycholinguistic perspective with developmental implications. *International Journal for Dialogical Science*, 2, 133-161.

Brandist, C. (2007). The Vygotsky and Bakhtin circles: Explaining the convergence. In R. Alanen & S. Poyhonen (Eds.), *Language in action: Vygotsky and Leontievian legacy today* (pp. 79-100). New Castle: Cambridge Scholars Publishing.

Brandist, C., & Lähteenmäki, M. (2010). Early Soviet linguistics and Mikhail Bakhtin's essays on the novel of the 1930s. In C. Brandist & K. Chown (Eds.), *Politics and the theory of language in the USSR 1917-1938: The birth of sociological linguistics* (pp. 69-88). London: Anthem Press.

Bruner, J. (1986). *Actual minds, possible worlds*. Cambridge: Harvard University Press.(ブルーナー, J. 田中一彦(訳) (1998). 可能世界の心理 みすず書房)

Clark, K., & Holquist, M. (1984). *Mikhail Bakhtin*. Cambridge: Harvard University Press.(クラーク, K., & ホルクイスト, M. 川端香男里・鈴木晶(訳) (1990). ミハイール・バフチーンの世界 せりか書房)

Dittrich, O. (1913). *Die Probleme der Sprachpsychologie und ihre gegenwärtigen Lösungsmöglichkeiten.*

Leipzig: Verlag von Quelle & Meyer.
ドストエフスキー, F. M. 小沼文彦(訳)(1963). 貧しい人々(ドストエフスキー全集 I)(pp. 3-127) 筑摩書房
Emerson, C. (1983). The Outer Word and Inner Speech: Bakhtin, Vygotsky, and the Internalization of Language. *Critical Inquiry*, 10, 245-264.
Emerson, C. (2005). Shklovsky's ostranenie, Bakhtin's vnenakhodimost' (How distance serves an aesthetics of arousal differently from an aesthetics based on pain). *Poetics Today*, 26, 637-664.
ガボリオ, E. 松村喜雄(訳)(1979). ルコック探偵 旺文社
Garfinkel, H. (1967). *Studies in Ethnomethodology*. Engelwood Cliffs: Prentice-Hall. (ガーフィンケル, H. 北澤裕・西阪仰(訳)(1995). 日常生活の基盤:当たり前を見る サーサス, G., ガーフィンケル, H., サックス, H., & シェグロフ, E. 北澤裕・西阪仰(訳) 日常性の解剖学:知と会話 (pp. 31-92) マルジュ社
Halasek, K. (2005). An enriching methodology: Bakhtin's "dialogic origin and dialogic pedagogy of grammar" and the teaching of writing. *Written Communication*, 22, 355-362.
Havelock, E. A. (1963). *Preface to Plato*. Cambridge: Belknap. (ハヴロック, E. A. 村岡晋一(訳)(1997). プラトン序説 新書館)
Hirzel, R. (1895). *Der Dialog : ein literarhistorischer Versuch*. Leipzig: S. Hirzel.
Holquist, M. (1990). *Dialogism : Bakhtin and his world*. London: Routledge. (ホルクウィスト, M. 伊藤誓(訳)(1994). ダイアローグの思想:ミハイル・バフチンの可能性 法政大学出版局)
石川達夫(1999). 文化批判の手法としての「逆説的対照法」と「異化」:トルストイとその先行者たち 国際文化学, 創刊号, 13-28.
磯谷孝(1979). 交流としての言語の理論 バフチン, M. M. 磯谷孝・斎藤俊雄(訳) ミハイル・バフチン著作集①/フロイト主義:生活の言葉と詩の言葉(pp. 264-280) 新時代社
Kaiser, W. (1973). Wisdom of the fool. In P. P. Wiener (Ed.), *Dictionary of the history of ideas: studies of selected pivotal ideas volume IV* (pp. 515-520). New York: Charles Scribner's Sons. (カイザー, W. (1987). 高山宏・寺島悦恩・森利夫(訳) 愚者の知恵 高山宏・寺島悦恩・森利夫(訳) 愚者の知恵(pp. 44-74) 平凡社
北岡誠司(1998). バフチン:対話とカーニヴァル(現代思想の冒険者たち・第10巻) 講談社
桑野隆(1977). ヴィゴツキイとバフチーン 窓, 23, 10-13.
桑野隆(2002). バフチン:〈対話〉そして〈解放の笑い〉 岩波書店
桑野隆(2009). 危機の時代のポリフォニー:ベンヤミン, バフチン, メイエルホリド 水声社
桑野隆(2011). バフチン:カーニヴァル・対話・笑い 平凡社
桑野隆(2017). 20世紀ロシア思想史:宗教・革命・言語 岩波書店
Matusov, E. (2004). Guest editor's introduction: Bakhtin's dialogic pedagogy. *Journal of Russian and East European Psychology*, 42, 3-11.
Morson, G. S. (2004). The process of ideological becoming. In A. F. Ball & S. W. Freedman (Eds.), *Bakhtinian perspectives on language, literacy and learning* (pp. 315-333). Cambridge: Cambridge University Press.
Morson, G. S., & Emerson, C. (1990). *Mikhail Bakhtin: Creation of a prosaics*. Stanford: Stanford University Press.
Poole, B. (1989). From phenomenology to dialogue: Max Scheler's phenomenological tradition and Mikhail Bakhtin's development from 'Toward a philosophy of the act' to his study of Dostevsky. In K. Hirschkop & D. Shepherd (Eds.), *Bakhtin and cultural theory* (pp. 109-135). Manchester: Manchester University Press (プール, B. 宍戸通庸(訳)(2005). バフチンと読者 ハーシュコップ, K. & シェパード, D.(編) 宍戸通庸(訳) バフチンと文化理論(pp. 147-177) 松柏社)
作者不詳(1997). ラサリリョ・デ・トルメスの生涯 フランシスコ・デ・ケベートほか 牛島信明・竹村文彦(訳) スペイン中世・黄金世紀文学選集6・ピカレスク小説名作選(pp. 5-107)

国書刊行会
Spitzer, L.（1922）. *Italienische Umgangssprache*. Bonn: Kurt Schroeder.
セルバンテス , M. d. S.　牛島信明（訳）（2001）．　ドン・キホーテ後篇（二）　岩波書店
シェフチェンコ , T. G.　藤井悦子（訳）（2009）．　マリア　群像社
シクロフスキー , V. B.　松原明（訳）（1988）．　手法としての芸術　桑野隆・大石雅彦（編）　ロシア・アヴァンギャルド⑥／フォルマリズム：詩的言語論（pp. 20-35）　国書刊行会
Sullivan, P., Smith, M., & Matusov, E.（2009）. Bakhtin, Socrates and the carnivalesque in education. *New Ideas in Psychology, 27,* 326-342.
田島充士（2010）．　「分かったつもり」のしくみを探る：バフチンおよびヴィゴツキー理論の観点から　ナカニシヤ出版
田島充士（2013）．　質的研究概念としての「分かったつもり」　質的心理学フォーラム , 5, 83-84.
田島充士（2014）．　ヤクビンスキー・バフチン・ヴィゴツキーの論にみるモノローグ・ダイアローグ概念の展開：社会集団の斉一性と人格の独自性とをめぐって　ヴィゴツキー学，増刊 3, 1-20.
トルストイ , L. G.　北御門二郎（訳）（2009）．　青年時代　講談社
トルストイ , L. G.　桜井郁子（訳）（1983）．　ある馬の物語：ホルストメール　せせらぎ出版
トルストイ , L. G.　原久一郎（訳）（1940）．　恥ぢるがよい　大トルストイ全集第十七巻：宗教・人生問題論集（pp. 589-597）　中央公論社
牛島信明（1997）．　解説：ラサリーリョ・デ・トルメスの生涯　フランシスコ・デ・ケベートほか　牛島信明・竹村文彦（訳）　スペイン中世・黄金世紀文学選集 6　ピカレスク小説名作選（pp. 327-349）　国書刊行会
ヴェルドン , J.　池上俊一（監）吉田春美（訳）（2002）．　図説笑いの中世史　原書房
ヴィゴツキー , L. S.　柴田義松（訳）（2001）．　思考と言語　新読書社
八木君人（2011a）．　シクロフスキイの「異化」における視覚　ロシア語ロシア文学研究, 43, 17-26.
八木君人（2011b）．　シクロフスキイにおける образ の問題　ロシア文化研究 , 18, 77-97.

第 5 部

ポリフォニー・ホモフォニー論の視点からみた ダイアローグとモノローグ
『ドストエフスキーの詩学』を中心に

田島充士

　第 4 部では『小説の言葉』を中心として，バフチン独自のダイアローグ概念の展開およびヤクビンスキーの議論との関係について検証を行った。

　本部ではドストエフスキーの小説に関する分析（『ドストエフスキーの詩学』(1963)）を中心に，バフチンの捉えるダイアローグおよびモノローグ概念についてさらに検討を行う。『ドストエフスキーの詩学』においては，ドストエフスキーの小説からの引用を中心に，『小説の言葉』よりも多くの具体例が紹介されており，関連概念であるポリフォニー・ホモフォニーと共に，バフチンのいうダイアローグおよびモノローグの概念的特性を把握する上で，格好の資料になっている。特にモノローグに関しては，まとまった分析がなされているため，同書の議論を検討することは重要である。

　その上で，ヤクビンスキー『ダイアローグのことばについて』におけるダイアローグ・モノローグ論との異同についても論じ，本書におけるこれまでの議論も参照しながら，バフチンのダイアローグ観について検証を深めていく。

第 1 章　小説のジャンルとダイアローグ

　バフチンは，ドストエフスキー小説のジャンル・プロット構成上の起源を検討するため，ドストエフスキーが影響を受けたと考えられる，古代以降の小説

の歴史をひもとく。本章では，特にドストエフスキー小説の源流と位置づけられる「まじめな笑話」に属するジャンルである「ソクラテスの対話」および「メニッポスの風刺（メニッペア）」に焦点を当て，これらの歴史的展開に関するバフチンの議論を分析すると共に，この論点からみた，ドストエフスキー小説の創作の特徴を解説する。さらに，ドストエフスキー小説を分析するために使用されたポリフォニー・ホモフォニー概念についても論じる。

1-1　ソクラテスと「メニッペア」のダイアローグ

　小説とは，ギリシアなどにおいて古くから展開された叙事詩（神話など），叙情詩（悲劇・喜劇など），散文（哲学，歴史，地誌学，雄弁術など）の既成の先行ジャンルを模倣・批評することによって出現した混成的ジャンルである（後藤, 1995, pp. 356-365）。バフチン（1995, pp. 220-225）は，ドストエフスキーに影響を与えた小説ジャンルの起源を，古典古代末期からヘレニズム期にかけて発展した「真面目な笑話 серьезно-смеховое」にみる[1]。そしてこの真面目な笑話の代表的な下位ジャンルを，「ソクラテスのダイアローグ сократический диалог」および「メニッポスの風刺 Мениппова сатира（メニッペア мениппея）」と位置づける（バフチン, 1995, p. 225）[2]。

---

[1] この小説の起源については『叙事詩と小説』における以下の抜粋においても，明確に論じられている。
　　民衆の笑いがとびかうこの環境〔広場〕から，古典的な土壌のうえに，相当に幅広く多様な古代文学の一分野が直接に生長していったが，古代人自身，それを……「まじめで滑稽な」分野と含蓄のある呼び方をしていた。……「まじめで滑稽な」という概念で包括しうる，これらのジャンルはことごとく，小説のまごうことなき先行現象である。……生成しつつあるジャンルとしての小説の真の精神は……これらの「まじめで滑稽な」ジャンルのなかに宿っている。(バフチン, 2001b, pp. 496-497)

[2] 小説は，古い既存の階級・共同体が崩壊し，固定化した伝統的な社会秩序が揺れ動く時代の産物として位置づけられる。以下の抜粋において示されるようにバフチンは，人々に安定的な世界観をもたらしてきた叙事詩や悲劇が価値を失い，個々の意識において，異質な価値観との関係を問わざるを得ない時代に，メニッペアが形成されたのだと読み解く。
　　このジャンル（著者註：メニッペア）の形成期は，国民の伝承が衰弱し，……古代の理想を形成していた倫理規範が壊れ……世界観における《最終的な立場》を巡る議論が住民の各階層で日常茶飯事となって……とにかく人の集まるところではどこでも行われるようになり，哲学者や賢者……の姿が珍しくなく……ざらに見られたような時代なのである。……この時代は，人間の生活におけるあらゆる外面的な地位がその価値を失い，あたか

ソクラテスのダイアローグとは，常識となり通念となった諸概念の内実を批判的に問いただすコミュニケーションである（岩田, 2014, pp. 55-87）[3]。多くの人々が常識的に「知っている」と考えるイデオロギー[4]の一面的な解釈に対し，矛盾する事象や概念を次々に提示して反駁する中で，相手の応答に応じた新たな側面からの解釈を導出する実践を示す。しかしソクラテス自身，この知の有り様を，ダイアローグを開始する前に知っているわけではなく，あくまでもそのダイアローグに引き込まれた人々（ソクラテス自身も含め）が，自分自身の応答責任を発揮する中で初めて見出されるものである（ブラン, 1962, pp. 55-61）。その意味でプラトンが初期のダイアローグ篇において描き出したソクラテスとは，ダイアローグを通し，相手と共にテーマに関する解釈を深めていく「賢き愚者」であり，彼が知る知識を，それらの知識を持たない生徒に一方的に伝授するような存在ではない。[5]　ソクラテスは，人々が本来持っている知識

　　　　も盲目の運命の意志に従って世界という劇場の舞台で行われる劇の配役と化してしまったかのようである……。それが叙事詩や悲劇における人間とその運命の一体性の破壊に結びついたのである。（バフチン, 1995, pp. 242-243）
[3]　ただしソクラテス自身はテキストを残しておらず，彼のダイアローグはソクラテスの死後，プラトンやクセノフォンなどの弟子によって描かれたものである。後藤（1995, pp. 358-361）はプラトンによるソクラテスのダイアローグ篇を，小説ジャンルの始祖の一つとして位置づけている。
[4]　バフチン（1995, p. 420, p. 487）はイデオロギーを，社会全般をテーマとした抽象論を含む世界観として，身近な出来事に対する具体的な見解と区別している。このコントラストは，主人公らが具体的な生活上の出来事を互いに述べるにとどまるとするドストエフスキーの『貧しい人々』と，抽象的な世界観を開陳する『地下室からの手紙』との比較を通して解説されている。本部では本書第4部と同様にイデオロギーを，個々人が抱き社会的な共有も期待されるイデエ（観念：考えていること）の総体ないし世界観（宗教や学問も含めた）として捉える。
[5]　初期のダイアローグ篇である『メノン』に記録された以下のやりとりでは，ソクラテスは自ら結論づけたイデオロギーを否定してみせ，交流相手を困惑させている。ソクラテスから「正しい」イデオロギーを教わることを期待する人々にとっては不可解なこのやりとりも，ソクラテスを探求者としてみるならば，イデオロギーの新たな側面を検討する探求的ダイアローグの過程として捉えることができるだろう。
　　　ソクラテス：そうすると，すぐれた人物たちは生まれつきによってすぐれているのではない以上，はたして学ぶことによってなのだろうか？
　　　メノン：その帰結はもう動かないように思えます。そして仮説にしたがって徳が知識であるとするならば，ソクラテス，それが教えられうるものであることは明らかでしょう。
　　　ソクラテス：ゼウスに誓って，たぶんね。――しかしひょっとして，われわれがそのことに同意したのは正しくなかったのではあるまいか。
　　　メノン：でもたったいま，たしかに正しい所論と思われたのですよ。
　　　ソクラテス：いや，少しでもそれに確かなところがあるべきだとするなら，たったいまそ

のより豊かな解釈を引き出す役割を果たすという意味で，自身を「産婆 повивальная бабка」と呼び，そのダイアローグに関わる技術を「産婆術 родовспомогательный метод」と呼ぶ。

　このソクラテスのダイアローグは，日常生活のパターンから外れた状況のもとになされていることも多い。死刑の宣告場面・友人からの脱獄の誘い・高名なソフィストとの論争などのダイアローグを通し，通念となった諸概念は否定的に評価され，日常生活における慣習的な意味から解き放たれ，新たな姿を改新していく。

　バフチンはこのソクラテスのダイアローグを特徴づける上で，ヤクビンスキーの名前をあげることなく「自動化（オートマチスム）」を用いる。日常世界の言語実践において進む，諸概念に対する認識の自動化を抑制する契機として，このソクラテスのダイアローグを価値づけているのだといえる。

> プラトンの『弁明』では，裁判および予想される死刑宣告というシチュエーションが，ソクラテスの発言に敷居に立つ人間の釈明・告白という特殊な性格を与えている。『ファイドン』では，内面的にも外面的にも急激に変転する霊魂不滅に関する談話が，臨終の時というシチュエーションによってじかに条件づけられている。いずれの場合にも，ある**異常な**状況を作り出し，そこで言葉を日常のオートマチスムや客体性から解放して，人間にその人格と思想の深層を開示せしめようという傾向が存在している。（バフチン，1995, p. 229）

　アブが惰眠をむさぼる馬を刺すように，またシビレエイが人々をしびれさせるように，ソクラテスのダイアローグは，問題に対する出来合いの理解で満足

　　　う思われたというだけでなく，いまこの現在においても，将来においても，やはり正しい所論と思われるのでなければならないだろう。
　メノン：どうしたのですか，いったい。何のつもりであなたはこの結論に難色を示し，徳が知識であるということを疑うのですか？（プラトン，1994, pp. 80-81）

する相手の思考に刺激を与え，テーマについて自ら向き合わざるを得ない緊迫した状況に追い込むものとして機能する（ブラン，1962, pp. 58-61）。バフチン（1995, p. 229, p. 237）はこの種のダイアローグを，人々の慣習的世界の「敷居 порог」をまたぐ「境界線上のダイアローグ диалог на пороге」とも呼ぶ。これはドイツ語で"Schwellendialog"とも表記される。"die Schwelle"とは「敷居」「閾」「入り口」「境目」などの意味を持つ名詞である。

　このソクラテスのダイアローグは，その回想記・歴史書的な性質が衰退した形で，メニッペアへと引き継がれる（バフチン，1995, pp. 233-235）。メニッペアとは，主にローマ時代以降に展開した風刺文学を示す。例えば，現世の皇帝が亡くなった後，地獄で出会う人々によって自身の権力が否定されてその虚構性が暴かれたり（『アポコロキュントシス：神君クラウディウスのひょうたん化（南瓜転身譜）』(セネカ，1991)），高名な学者たちの悪行が神々の世界で暴かれて天罰が下ったり（『空を飛ぶメニッポス』(ルキアノス，1989)），逆に神が道化た学者に難詰されたり（『ゼウス論破さる』(ルキアノス，1999)），驢馬に変身した若者によって人々の日常生活の秘密が暴かれたり（『黄金の驢馬』(アープレーイユス，2013)）といった類の小説が含まれるジャンルである。このような「異常（例外的）な状況 исключительная ситуация」において，様々なイデオロギーが否定的に評価され，その意味が改めて問い直されるのである（ロバとなった主人公がドグマ化した権力や宗教などのイデオロギーを糾弾したり，学者たちが死んで地獄に行き，彼らの衒学性が地獄の住人によって批判されたりするなど）。

1-2　「カーニバル文学」と「陽気な相対性（笑い）」をもたらすダイアローグ

　人々が無自覚に抱くイデエを試練にかけるこのメニッペアの登場人物たちは，本書第4部で論じた「悪漢・道化・愚者」に概ね対応している。例えば，アープレーイユスの『黄金の驢馬』で人々の日常世界をロバの視点から描き出す主人公のルキウスは，悪漢の典型例と捉えられている（バフチン，2001a, p. 266）。またバフチン（1995, p. 273）は，いわゆる悪漢（ピカレスク）小説の代表的作

家であるケベードを，メニッペアの影響を受けた作家の一人としてあげている。そしてこのピカレスク小説にドストエフスキーは親しみ，影響を受けていたとする。[6]

> ピカレスク小説の特質にしても，ドストエフスキーはル・サージュの『ジル・ブラース』を通じて馴染んでもいたし，強く引かれてもいたのである。ピカレスク小説は，常識的な，いわば法で定められた軌道を逸脱した生を描き，人間のあらゆるヒエラルヒー的地位を剥奪し，それらをもてあそぶ。ピカレスク小説には激しい移動，変転，ミスティフィケーションが溢れ返り，そこでは描き出される世界全体が無遠慮な接触の圏（ゾーン）内で提示されるのである。（バフチン, 1995, pp. 317-318）

バフチン（1995, pp. 221-222）は，真面目な笑話を含む文学のジャンルを「カーニバル文学 карнавальзованная литература」とも呼ぶ。カーニバル（謝肉祭）とは，主にヨーロッパにおいてみられる風習で，四旬節に先立つ時期に，地上の楽園を支配する偽王の戴冠と共に展開された，日常世界における秩序が転倒された祝祭を示す（ル＝ゴフ, 2006, pp. 83-84）。

> カーニバルにおいては，半ば現実，半ば演技として経験される具体的・感覚的形式の中で，カーニバルの外の生活における全能の社会的ヒエラルヒー的関係と対立する，**人と人との相関関係の新しい様態**が作り出される。人間の振舞い，身振り，言葉は，カーニバルの外の世界でそれらをまるごと規定していたあらゆるヒエラルヒー的与件（階層，地位，年齢，財産）の支配下を脱し，それゆえに通常のカーニバルの外の世界の論理に照らすと，

---

[6] ドストエフスキーの小説にも，アウトサイダー的視点から社会的営為を批判的に捉え続ける，悪漢・道化ないし賢明な愚者がイメージされる登場人物が多く登場する。長編小説における主要な登場人物でいえば，例えば『罪と罰』におけるラスコーリニコフ，『カラマーゾフの兄弟』におけるドミートリーやイワン，『白痴』におけるムイシキンなどがあげられる。また中編小説である『地下室からの手紙』の主人公も，この種の悪漢の典型であるように思われる。

常軌を逸した場違いなものになる。**常軌の逸脱**こそカーニバル的世界感覚に特有なカテゴリーであり，それは無遠慮な接触というカテゴリーと有機的に結びついている。(バフチン，1995, p. 249)

　法律や地位や階層などのヒエラルヒー的へだたりはカーニバルにおいて撤廃され，普段の生活においては考えられないような，人々の自由で無遠慮な相関関係（境界線上のダイアローグ）が生じる。バフチン（1995, pp. 251-253）は，それをカーニバル劇における偽王のおどけた「戴冠 увенчание」と「奪冠 развенчание」にたとえる。あらゆる体制や秩序，権力は偽王の戴冠・奪冠と共に相対化される。このカーニバルにおける戴冠・奪冠は，それぞれのヒエラルヒー世界に閉じられたことばに否定的評価が下され，アウトサイダーの視点から解体され，新たな意味を持つことばに改新されるダイアローグを示唆する概念として捉えることができるだろう。ソクラテスのダイアローグも，共同体において共有が期待されるイデオロギーを無自覚に主張する話者に否定的評価を下すという意味でカーニバル的な言説といえる（Zappen, 2004, pp. 48-50）。Zappen は，著名なソフィストらの一面的な見解をソクラテスが揺さぶっていく『ゴルギアス』（プラトン，1967）を，特にバフチンのいうカーニバル的雰囲気にあふれた著作としてあげる。

　ただしバフチンの捉えるカーニバルは，卑俗な世界観が高尚な世界観に取って代わるということよりもむしろ，異質な視点を持ち込む人々との接触および相互変化そのものを言祝ぐ概念であることに注意が必要である。カーニバルにおいては，すべての人々が変化を被ることが祝福されるのであり，ある世界の人々が敗北し，また別の世界の人々が勝利することには主眼が置かれていない。バフチン（1995, p. 221）は，このようなカーニバルの特性を「陽気な相対性 веселая относительность」と呼ぶ。[7]

---

[7] ソクラテスがもたらす緊迫した反駁もまた，単に相手を攻撃し自分の知的な優位さを示すために行われるものではない（岩田，2014, p. 62）。ソクラテスの批判は自分自身にも向けられており，事柄の知的検討そのものが目的であるという点において，相対性を帯びたものといえる。

カーニバルが祝うのは交替そのもの、つまり交替のプロセスなのであって、何が交替されるかは関係がない。いわばカーニバルは実体志向ではなく、機能志向なのである。それは何ものをも絶対化せず、あらゆるものの陽気な相対性を宣言する。(バフチン, 1995, p. 252)

またこの陽気な相対性に関連する概念として「両義性(アンビヴァレンス)амбивалентность」があげられる。アンビヴァレンスとはバフチンのカーニバル論における主要概念の一つであり、一つの事物・現象・存在に相反する力＝価値(ヴァレンス)が、対立を明確に保ったまま、同時に具現(アンビ)されている状態を意味するという(杉里, 2007, p. 741)。

このアンビヴァレンスにおける相反する力＝価値のうち、特に重要と思われるのが「嘲罵 брань(否定 отрицание)－称賛 хвала(肯定 утверждение)」である。バフチンの議論を最大限に要約するならば、嘲罵(否定)は、慣習化した世界のことば(宗教や学問などのイデオロギー)を批判し格下げして解体することを、また称賛(肯定)は、そのことば・イデオロギーを認めて受け入れることを意味する。特定の立場を価値づけるために他のイデオロギーを批判す

このことは、著名なソフィストとのダイアローグを記録する『ゴルギアス』から抜粋した以下のソクラテスのことばからも読み取ることができるだろう。
> わたしが恐れるのは、あなたを反駁することで、わたしが事柄そのものを目ざして、それが明白になることを狙っているのではなく、あなたという人を目標にして、議論に勝ちたいばかりにそう言っているのだと、こうあなたが受けとられるのではないかということなのです。……もしわたしの言っていることに何か間違いでもあれば、こころよく反駁を受けるし、他方また、ひとの言っていることに何か本当でない点があれば、よろこんで反駁するような……そういう人間なのです。なぜなら、反駁を受けることのほうが、より大きな善であると私は考えているからです。それは、自分自身が最大の害悪から解放されるほうが、他の人をそれから解放することよりも、より善いことであるのとちょうど同じ程度に、そうだからです。(プラトン, 1967, pp. 47-48)

8　この箇所の解説を執筆する上で『ドストエフスキーの詩学』における記述(バフチン, 1995, pp. 255-261)のほか、カーニバル論が中心的に論じられた『フランソワ・ラブレーの作品と中世・ルネサンスの民衆文化』(1965)における記述(バフチン, 2007, pp. 25-27, pp. 206-209)も参照している。

9　本書第2部において、ヤクビンスキー『ダイアローグのことばについて』の分析から提唱した、評価における「否定－肯定」も、バフチンのいう「嘲罵(否定)－称賛(肯定)」と響き合う概念である。特に自動化を抑制する「否定的評価」については、教条主義的慣習や概念を格下げする「嘲罵(否定)」と概ね一致する。一方、本書で提唱する「肯定的評価」は、自動化の促進要因

るのではなく，自身の立場を含め，関係するすべてのイデオロギーを批判しつつ新たな意味を創造する，カーニバル的ダイアローグの相対性を示す概念といえるだろう。

そしてこの両義的（アンビヴァレント）な嘲罵（否定）－称賛（肯定）が働く際に生じるとされるのが，「笑い cмex」である。

そもそも笑いとは，多くの場合，慣習化された世界観に基づく期待が裏切られ，思ってもみなかったような状況が比較的短時間の内に展開する際に発生する行動である（Morreall, 1983, pp. 38-59, pp. 101-108 邦訳 pp. 68-105, pp. 184-197）。[10] そしてこの種の笑いは，以上のような奇想天外なずれを体験する際，愉快な感情をともない経験される傾向にある。このような状況に陥った場合，自分自身の見解に拘り，その期待通りに相手が動かないことに対して不寛容な態度をとり続ける者もいるだろうが，そのような者は，陽気で愉快というよりも怒りの感情をあらわにするだろう。また笑いを通し人は，現実の活動状況から距離を置き，自明視しがちな慣習的状況に対する独自の多様な解釈可能性を担保することもできる（裏を返すならば，専制的権力者は被支配者の笑いを嫌う）。笑いとは，盲目的な服従を要求する権力に相対し，話者らの内面の自由を実現するための知的機能でもある。

上記の Morreall の議論を視点として解釈するならば，バフチン（1995, pp. 330-332）のいう笑いとは，話者それぞれが抱くイデオロギーを否定的に評価し，そのズレから，新たな意味を創造するアンビヴァレントなダイアローグを展開する際に生じるものといえるだろう。その意味で笑いは，自動化された（＝一義的な）意味となった慣習的イデオロギーの異化（シクロフスキー，1988, p.

として，現状の慣習・概念を追認する話者の判断を示す。バフチンのいう「称賛（肯定）」も「肯定的評価」と同様の意味として使用される場合がある反面，「嘲罵（否定）」による格下げとセットで，既存の慣習・概念の新たな姿を生み出す創造的な行為を示すと思われる場合もあり，その意味に微妙なズレが生じている。本書では評価における「否定-肯定」を，以上のバフチンが展開する概念との共通性を意識しつつ，互いに独立した概念として扱う。

10 Morreall (1983) は，カーニバル論を展開する上でバフチンが参照するラブレーの活躍した，中世ヨーロッパにおける文化表象を扱うル＝ゴフ（2006, p. 108）が，笑いに関する研究書として紹介したものである。

25)とも響き合う[11]。しかし本概念はシクロフスキーの議論においては必ずしも明確に打ち出されてはいない，陽気な相対性がいかんなく発揮される異化として，発展的に解釈されたものになっているように思われる。Billig (2008, pp. 131-133) は，このバフチンの笑いを，慣習的・権威的な視座にとらわれることなくイデオロギーの意味を独自に検証できる話者の「自由」と関連づけている。

> カーニバルの**笑い**もまた至高のものに，つまり権力や法典の交替，世界秩序の転換に向けられている。笑いは交替する二つの極を一挙に捉えながら，交替のプロセス自体を，つまり**危機**そのものを笑うのである。カーニバルの笑いの行為の中では，死と再生，否定（嘲笑）と肯定（歓喜の笑い）が結びつく。……これが両義的なカーニバルの笑いの特質である。（バフチン，1995, p. 256）

ただしバフチンのいう笑いは，必ずしも実際に話者らが笑っていることを直接的に示す概念ではない。例えば，ソクラテスの対話に登場する多くの登場人物らは，必ずしも常に笑ってはいない。またドストエフスキーの小説ではカーニバル的な喜劇性が現れる作品もあるものの，『罪と罰』（ドストエフスキー，1963c）などの著名な長編小説において，主人公らの具体的な行動としての笑いは必ずしも前景化されてはいないことも多い。

しかしバフチンは，笑い（異化）がプラトンやドストエフスキーの小説においても横溢していると捉え，これを「希釈された笑い редуцированный смех」と呼ぶ[12]。そしてドストエフスキーの小説においてこの希釈された笑いが決定的

---

11 桑野 (2002, pp. 180-181, 2009, pp. 172-173) もバフチンの笑いを，一面的なことばの意味の再解釈可能性を生み出す契機としての異化と関連づけて論じている。
12 以下の抜粋においてバフチンは希釈された笑いが，人びとが抱くイデオロギーの教条主義的な性質を，陽気なダイアローグに引き込み解体する機能があるものと論じている。ここからもバフチンの捉える笑いが，アンビヴァレンスをともなう異化的機能を包含していることが示唆される。

な意味をなすのは，作者のことばにおいてであるという。

> 希釈された笑いが一番大事な，決定的ともいえる自己表現を獲得するのは，作者という究極的な立場においてである。この立場は，一面的で教条主義的ないかなる真面目さも排除し，どんな視点にしろ，どんな生や思想の極にしろ，それが絶対化されることを許さない。あらゆる（生や思想の）一面的な真面目さ，あらゆる一面的なパトスは登場人物たちにあてがわれるのであって，作者はそうした一切合切を小説の《大きな対話》の中で衝突させるとともに，その対話を開かれたままに放置して，最終的なピリオドを打とうとはしないのである。(バフチン, 1995, pp. 332-333)

以上のようにバフチンは，ドストエフスキーの小説におけるカーニバル性（笑い・陽気な相対性）が，登場人物らが個々に抱く一面的なイデオロギーの衝突を観察し，評価における否定－肯定の両義性を発揮してそれらを相対化させつつ，そこに最終的な結論を与えない作者のことばにおいて端的に見いだせると捉える。その意味では，作者としてのドストエフスキー自身が，異化をもたらす悪漢・道化・愚者と位置づけられるのかもしれない。このドストエフスキーの作者としてのことばの具体事例については，本部 2-2 においても検討を行う。

1-3 ドストエフスキー論におけるモノローグ・ダイアローグの定義

以上のカーニバル文学に関する論を読み解くことで，『ドストエフスキーの詩学』において捉えられるダイアローグの意味も，より明確なものになるよう

（初期の）プラトンの《ソクラテスの対話》では，笑いは（完全ではないにせよ）希釈されてはいるが，それでも主人公（ソクラテス）の形象の構造の中や対話を進行させる方法の中に残っているのであり，そして何よりも，生成する存在の陽気な相対性の中に思想を投げ込み，その思想を抽象的で教条主義的な（モノローグ的な）硬直状態の中にけっして佇立させることのない正真正銘の（修辞的ではない）対話性の中に残っているのである。(バフチン, 1995, p. 331)

に思われる。『小説の言葉』における定義と同様に，カーニバル文学におけるダイアローグも，ヤクビンスキーのいう発話構成の形態を問題とするようなものではない。

そもそも，ソクラテスのダイアローグにおいては，話し手と聞き手の交換は頻繁に生じず，ソクラテスによる長広舌で占められることも多い。ヤクビンスキー論の文脈でいうなら，ソクラテスのことばの多くは，典型的なモノローグ形式である。しかし他者との接触をとおした知のありようを探求するソクラテスの発話の多くは，表面的な構成はモノローグ形式的であっても，その内容は聞き手の反駁可能性を緻密に計算に入れたもの（典型的には相手の発話を引用しながら展開する内的ダイアローグの形をとる）になっている。

その意味では，『ドストエフスキーの詩学』において展開されるダイアローグとは『小説の言葉』における定義と同様，ヤクビンスキーのいう発話・コミュニケーションの形態というよりも，**交流相手の意識の内実に焦点を合わせ，自分自身の意識を調整しながら展開していく話者らの内的・外的な相互交流**を示すものといえる。

一方，カーニバルにおける「笑い（アンビヴァレントな異化）」を強調する『ドストエフスキーの詩学』におけるダイアローグ論では，**聞き手による反駁に向かう話し手の意識の高まり，つまり本書第2部で提案した聞き手の「抵抗（特に否定的評価）」を感知する「センシティビティ」に分析のアクセントが置かれている**ように思われる[13]。

カーニバル文学が扱う異常な状況下のコミュニケーションでは，日常生活の中では議論の余地もないような慣習的知識・テーマであっても，話し手は自分の発話に対する聞き手の否定的な評価への感度を上げざるを得ない。そして聞き手の批判的な応答に反駁するため，必然的に話し手は自身の言語認識の自動

---

13 本書第2部でも論じたように，話し手が感知する聞き手の抵抗には，評価の否定性だけではなく，情報共有の期待度の低さも関連する。しかし『ドストエフスキーの詩学』において，ことばの情報的側面の重要性は後退し，評価的側面の問題が前景化すると考えられる。本部2-3, 2-4も参照。

化を停止し，聞き手の視点から発話を構成し直すという複雑な意志行為を操作せざるを得なくなる。このダイアローグのプロセスにおいて，話者らの笑いが発生するのだと考えられる。

一方，「ダイアローグ」を以上のように捉えるならば，バフチンの捉える「モノローグ」の姿もより鮮明になってくる。**自分の発話に対する聞き手の抵抗を無視ないし軽視して（センシティビティが低く聞き手の抵抗を感知しない場合も含め）話し手が発話を発し続けるような相互交流が**，バフチンの主張するモノローグであるように思われる。[14]

バフチンは，このモノローグの典型例として，後期プラトンの著作における「教師 учитель」のことばをあげる。[15]

> プラトンの場合，その創作の第一期および第二期の対話においては，いまだ真理の対話性の認識が，弱められた形ではあるが，その哲学的世界観自体の中に保たれている。したがってこの時期の対話はいまだ，出来合いの思考を（教育的な目的で）叙述する単純な方法と化してはいないし，ソクラテスもまだ《教師》に変貌してはいない。しかしプラトンの創作の末期になると，そのような現象がすでに現れてくる。つまり内容のモノローグ

---

14 このようなモノローグの定義は，『ドストエフスキー論の改稿によせて』(1961) からの以下の抜粋からも示唆される。この抜粋においてバフチンはモノローグを，聞き手の人格的視点を軽視し，またその視点に基づく自らの発話の異質な解釈をかたくなに拒絶する話し手が展開する，硬直化したコミュニケーションの特性として端的に描き出している。

> その権限においてはモノローグ主義は，自己の外に，対等な権利を持ち対等に応答するもうひとつの意識が存在すること，対等なもうひとりの我（汝）が存在することを否定する。（その極限的あるいは純粋な相における）モノローグ的アプローチにおいては，**他者**は，もうひとつの意識としてではなく，もっぱら単なる意識の**対象**にすぎないままである。このような他者からは，私の意識の世界内に存在するものすべてを変貌させうるような答を期待することはできない。モノローグは完結しており，他者の応答に耳を貸さない。それは応答を期待しないし，そのような応答に**決定権**を認めようとしない。モノローグは，他者なしですましており，またそれゆえに，一定程度，あらゆる現実を物化する。モノローグは，**最後の言葉**であると主張する。それは描写された世界と描写された人間とを閉じられたものとする。（バフチン，1988b, pp. 261-262）

15 プラトンの著作は，推定された執筆時期により，大きく初期・中期・後期に分類される（上田，2001, pp. 1-9）。特に初期の著作は，比較的よくソクラテスのダイアローグの姿を忠実に描いたものとされ，後期の著作は，プラトン自身の教説を展開したものとして特徴づけられるという。

主義が《ソクラテスの対話》の形式を破壊し始めるのである。そしてその後《ソクラテスの対話》のジャンルが，当時勃興し始めていた様々な哲学流派や宗教的教義の教条主義的な世界観に仕えるものとなると，それはカーニバル的な世界感覚との結びつきをすっかり失って，すでに見出された，出来合いの，反駁不可能な真理を叙述するための単純な形式と化し，ついには新参者を教育するための問答形式（教理問答）にすっかり退化してしまうのである。(バフチン，1995, p. 227)

　プラトンの初期作品とは異なり（本部注5参照），それ以降の作品においてソクラテス＝教師が展開するコミュニケーションでは「正しい」知識を教師が持ち，その知識を相手に教条的に伝達する傾向がみられるという。このような場合，教師は生徒の応答内容を考慮する必要をあまり感じないのだろう。つまり生徒は自分の発話を従属的に受け止め，反駁することもなくそのまま覚えるものと教師は考え，彼が生徒の抵抗可能性を予測することの重要性も低下するのだろう。[16]

1-4　敷居越しのダイアローグと異化

　ドストエフスキーの小説には，それぞれが異なる世界に住む登場人物らが，互いに抵抗を示し合うような場面が多く設定される。登場人物たちの多くは，殺人（犯罪），借金の取り立て，内ゲバ，悪夢，婚約者の逃走などにより異常で危機的なライフイベントに直面する。そして彼らは，他の登場人物らが一堂に集う「広場 площадь」（食堂，リビング，道路などを含む）において互いに声を出し合い，ののしり合い，聞き耳を立て，また盗み聞きをする（バフチン，1995, p. 299, p. 341)。この異常な状況のおかげで，登場人物らの発話は日常的・慣習的なパターンに沈殿することもなく，他の登場人物らの否定的な評価

---

[16] もちろんこれは，モノローグ主義を明快に示すための極端なモデル事例であり，実際の教員のことばは，生徒の反応に対する応答性により開かれるものとして展開しているだろう。

に対し敏感となる。

　異常な状況とは対照的な状況を，バフチン（1995, p. 341）は「伝記的生活 биографическая жизнь」と呼ぶ。これは，互いによく見知った親密な人々と過ごす日常的な生活を示す。このような状況において，話者らは慣れ親しんだことばの意味を抵抗なく交わしあう。そしてその前提について疑問を投げかけられる機会はまれであり，コミュニケーションに際しての言語認識の自動化も進むと考えられる。

　しかしドストエフスキー小説の主人公らは，それぞれの伝記的生活の敷居を越えた危機的なダイアローグを展開することになる[17]。

> ドストエフスキーは屋敷や家，部屋，アパート，家族を舞台に描く作者では断じてない。敷居から遠く離れた生活用の内部空間では，人は伝記的時間の流れの中で伝記的生活を送っている。つまり人はそこで生まれ，少年・少女時代，青年時代を過ごし，結婚し，子供を産み，老い，そして死んでいくのである。……第一に，ラスコーリニコフは実際敷居の上で暮らしている。彼の狭い部屋である「棺桶」（ここではカーニバルの象徴）は，直接**階段の踊り場**に面しているし，彼は自分の部屋のドアに，外出するときでもけっして鍵をかけようとしない（つまり，彼の部屋は閉じられていない内部空間である）。この「棺桶」の中で伝記的生活を営むことは不可能であって，そこでできるのはただ危機を体験すること，最終的な決断を下すこと，死ぬか復活することだけである[18]。（バフチン，1995, pp. 341-342）

17　『小説における時間と時空間の諸形式』においては，トルストイの作品がこの「伝記的」時空間を重視したものであるのに対し，ドストエフスキーは通常の伝記的時空間を逸脱した，登場人物たちの敷居越しの危機的な出会いの時空間を重視したのだと論じられている（バフチン，2001a, pp. 395-397）。

18　ラスコーリニコフは長編小説『罪と罰』の主人公である。彼は，「天才が偉業を成し遂げるためには，普通の人々の生命を犠牲にしてもかまわない」という自らのイデオロギーに従い，金貸しの老婆を殺害する。しかし彼のアパートを訪れた友人ラズミーヒンに就寝中の懺悔を聞かれたために，その秘密は危うくもれかかってしまう（ドストエフスキー，1963c, p. 114）。また老婆の殺害を娼婦ソーニャに告白した際も，彼女のアパートの薄い壁のため，隣室に住むスヴィドリガイロフに盗み聞きされ，それが新たな危機的ダイアローグを生じさせることになる（ド

ドストエフスキーは，議論の余地のない登場人物たちの日常生活（伝記的生活）を描くのではなく，むしろ彼らを異質な世界との「敷居」に立たせ，ソクラテスのダイアローグのように，異質な内的文脈を背景として批判的に迫る他者との接触に誘い込む。その意味で，犯罪や悪夢などの危機的状況は，登場人物らをこうした境界線上のダイアローグに駆り立てる舞台装置として機能しているのだといえる。無論，この危機的な状況においては，強い抵抗可能性が予測される相手に自分の見解を伝えるため，適切なことばを慎重に探し続けざるを得ない。そして聞き手による自分の発話に対する評価に向かう話し手の緊張度も最大限に高まるため，登場人物らの言語認識は自動化されようもない。『ダイアローグのことばについて』を論じた視点からみれば，**これらの登場人物らの，他者による否定的な評価に対するセンシティビティは，もしその感度を計測する測定器があるのならば，針が振り切れる程の高い状態**にあるといえる[19]。

　ドストエフスキーの小説の登場人物らは，このような相手に自分の意志を的確に伝え得ることばを探し続ける。彼らの発話は，相手から得られた（得られるであろう）否定的応答に対して応える内的ダイアローグを含むものとなり，時としてそれは長大となる。しかしこの否定的な評価との接触を通し，日常的生活（伝記的生活）において自動化された彼らのイデエには，別の視点からの異化がもたらされる。

ストエフスキー，1963c, pp. 456-458）。
19　以下の抜粋は，登場人物たちが交わしあう書簡だけで構成される『貧しい人々』（ドストエフスキー，1963a）に関するバフチンの分析だが，他者の応答可能性に対する彼らの異常なまでに高まったセンシティビティが，登場人物たちのダイアローグを駆動させる原動力となっていることを示唆している。

> 書簡体形式とは一人称の叙述（Icherzählung）の一バリエーションである。そこでの言葉は複声的で，ほとんどの場合は一方向的である。……この形式は概して広範な言葉の可能性を許容するが，この形式がもっとも好都合なのは，第三のタイプの最後のバリエーションの言葉，すなわち投影された他者の言葉にとってである。書簡に固有なのは，話し相手である受信者に対する鋭敏な感覚だからである。対話の応答としての書簡は特定の人間に向けられていて，その人物のあり得べき反応，あり得べき返答を計算に入れているからである。不在の対話者を計算に入れる度合は，強くもなれば，また弱くもなり得る。ドストエフスキーの場合には，それは異常なほどに緊張した性格を帯びている。（バフチン，1995, pp. 415-416）

以下の抜粋は,「世の中のことなんてどこへ行ったって変わりばえのしないものだ」と評し自殺を図る男が,自殺直前にみた夢の中で異なる惑星を旅し,そこでの体験から,人生の意味を再解釈するというドストエフスキーのメニッペア的短編小説『おかしな男の夢』(ドストエフスキー,1980c) に関する解説の一部である。[20]

> メニッペアに導入されるのは,日常的な生とは異なる法則にもとづいて組織された,まったく異なる生の**可能性**としての(時には単刀直入に《あべこべの世界》としての)夢に他ならないのである。夢の中で見られる生は日常的生を異化し,その新たな(夢で見られた別な可能性の観点に立っての)理解と評価を促す。そして人は夢の中で別人となり,自らの内に新しい可能性を(より悪いと,より良いとを問わず)打ち開き,夢によってテストされ,チェックされるのである。夢はときおり単刀直入に,人と生の戴冠と奪冠として構成されることもある。このように夢の中で,イデエとイデエの所有者をテストするというメニッペアの基本目的にかなった,日常生活ではあり得ないような**異常な状況**が作り出されるのである。(バフチン,1995, pp. 295-296)

そして本作品に影響を与えた小説としてヴォルテール (1988) の『ミクロメ

---

[20] 『おかしな男の夢』の主人公は,夢の中で地球からある惑星にたどり着き,そこで悲しみ・怒りや妬みなどのない,他者への愛に満ちあふれた,いわゆる「原罪」に犯されていない人々と出会う。しかし主人公は彼らが自我を確立し,次第に嘘,嫉妬や悲哀,苦悩を知り,自分だけを愛するようになる過程を観察することになる。そして知恵と科学を発達させた結果,大戦争を起こしていく様をみる。おかしな男はこの夢から覚めた後「その夢はこのおれに新しい,偉大な,再生された,力にみちあふれた生命をおれに告げ知らせてくれた」(ドストエフスキー,1980c, p. 370) と述べ,「なによりも肝心なのは──自分を愛するように他人をも愛せよということで,これがいちばん大切なことなのだ。……ところがこんなことは,それこそこれまでに十億度も繰り返され,さんざんに説かれてきた──古くさい真理にすぎない」(ドストエフスキー,1980c, p. 382) とのイデオロギーを述べた。「さんざん説かれてきた古くさい」と彼が評する「愛」の概念は,別の惑星に生きる人々の社会の変化過程をみてきた視点から否定的に再評価され,別様の新たな意味を持つものとして異化されたのだといえる。

ガス』をあげ,「ドストエフスキーがヴォルテールのメニッペア『ミクロメガス』を,地球の現実を異化する空想物語という,メニッペアの発展路線にこれまた属しているこの作品を知っていたことは,論をまつまでもない」(バフチン,1995, p. 298)ともコメントしている。バフチンはこの滑稽なメニッペアのエピソードを引用することで異化を,異質な内的文脈を背景とした批判的な聞き手との間で創出される新たな視点からの解釈を言祝ぐ,アンビヴァレントな笑いとして捉えているように思われる。

1-5　改新されたカーニバル文学としての「ポリフォニー小説」(作者のことば)

　ドストエフスキーは,古代のメニッペアから続くカーニバル文学のジャンルを,あからさまに模倣したわけではない。しかしバフチンは,「ジャンルの記憶 память жанра」という概念を使用して,カーニバル文学とドストエフスキーの詩学との接続をはかる。そして古代のメニッペアを改新するドストエフスキー小説の革新性を説明する上で,「ポリフォニー полифония」概念を使用する。

　　古代のメニッペアの特徴を保存したのは,ドストエフスキーの主観的な記

21　『ミクロメガス』では,シリウス星から地球を訪れた巨大な身体を持つ青年ミクロメガスが,学者たちを相手に議論を展開する。学者らの権威性を認めず,その主張の内実を問い続けるこの異星人とのやりとりの中で,彼らのイデオロギーの虚偽性が次々に暴かれる。以下のやりとりは,「魂」に関して,逍遥学派の学者を相手にしたものであるが,素朴に「解らない」という質問をぶつけるミクロメガスとのやりとりの中で,この学者の見解の衒学性が露わになった。その意味で,この異星人の無知さは賢明な愚者のものだといえるだろう。もし聞き手が学者の権威性を認める従順な弟子であれば,意味不明と思われる師のこの発言に対しても「そんなものか」と肯定的に受け止めるのかもしれない。
　　　学者：霊魂とは一個の完全体(エンテレケイア)であり,かつ一個の理性である。この理性に依り,霊魂はその存在に要する力を所有する。このことはアリストテレスが明言しているところであって,ルーヴル版の六百三十三頁に,エンテレケイア・エスチと,かように記載されております。
　　　ミクロ：私はギリシャ語は余り解らないんだけれど。
　　　学者：わしだって同じですじゃ。
　　　ミクロ：え？では何故あなたはアリストテレスとやらをギリシャ語で引用したんです。
　　　学者：それはですな,自分でも全然解らんことは,いちばん理解しにくい外国語で引用するに限るからですじゃ。(ヴォルテール,1988, pp. 92-93より一部改編)

憶ではなく，彼がその中で仕事をしたジャンル自体の客観的な記憶なのである。メニッペアのこうしたジャンル的特徴は，ドストエフスキーの創作の中で単に復活したのみではなく，**改新された**。……もっとも大きな違いは，古代のメニッペアはいまだ**ポリフォニー**を知らなかったことである。（バフチン，1995, pp. 246-247）

　ポリフォニーとは，本来，従属関係のない複数の声部からなり，それぞれが独立しながら展開していく音楽を示す概念である（『百科事典マイペディア』より）。一方，その対概念としての「ホモフォニー гомофония」は，特定の一声部だけが主旋律となり，他の声部はそれを支え従属するような音楽の様式を示す。バフチン（1995, pp. 15-19）はポリフォニーを，個々の登場人物の声が融合せずに自立したものとして存在すると同時に，互いが組み合わされることによって高度な統一性を実現する小説の構造を説明する概念として意味づける。
　「ポリフォニー小説 полифонический роман」では，作者は登場人物らをそれぞれ一貫した内的文脈を持つ存在として扱い，個々の登場人物が独自のイデエをもって発する声同士の衝突としてエピソードが展開する。ドストエフスキーの長編小説は，このポリフォニー性が最大限に発揮されたものであり，登場人物たちの絶え間ない相互交流の総体（「出来事 событие[22]」とも呼ばれる）によってエピソードが成立しているとされる。一方，作者が登場人物らの内的世界まで規定し，その相互交流を支配するような小説は「ホモフォニー小説 гомофонический роман」ないし「モノローグ小説 монологический роман」と呼ばれる。
　ポリフォニー小説では，登場人物と登場人物との間の敷居だけではなく，作者と登場人物との間の敷居すら越えるようなダイアローグが展開する（この種の越境を可能とする具体的な技法については次章以降で解説する）。ポリフォ

---

[22] 「出来事（sobytie）」とは「ともに（so）＋存在（bytie）」という意味に分解可能な用語であり，唯一無二の人格同士の相互関係の総体としての世界を捉えた概念とされる（桑野，2011, pp. 32-33）。

ニー小説の作者は,登場人物たちを自らのイデオロギーに従属するマリオネットのように扱う人物ではなく,また,その作品における最終的な評価を下す存在でもない。むしろ作者も登場人物らの一人としてダイアローグに加わり,登場人物らを挑発し,語りかけ,その応答を挑発する。カーニバルの(希釈された)笑いは,作者のことばにおいて決定的な役割を果たすというバフチン(1995, p. 332)の論は,まさにこの小説のポリフォニー化と関連するものと思われる。

そしてこのポリフォニーはダイアローグと(Clark & Holquist, 1984, p. 242 邦訳 p. 305; 桑野, 2008, pp. 7-8),またホモフォニー(邦訳では「単旋律」となっている)はモノローグと関連づけられる(バフチン, 1995, p. 18)。ポリフォニー小説では登場人物らの,作者自身のコメントに対する抵抗可能性(またその逆)の余地が大きく残されている。その意味では,作品における作者のことばがソクラテスのように,登場人物らの抵抗可能性に向けた高いセンシティビティを持って,危機的状況を共に生きているものであるかどうかが,その小説のダイアローグ性(ないしモノローグ性)を決める条件であり,またそのことばのアンビヴァレンス性において,古来のカーニバル文学に対する改新性も認められるのではないかと思われる。[23]

---

[23] ルキアノスなど古来のカーニバル文学の限界は,『フランソワ・ラブレーの作品と中世・ルネサンスの民衆文化』において,作者の代弁者である下層社会に位置する人物が,宗教者や支配者を一方的に貶めるにとどまる点にあり(例えばルキアノスのメニッペアにおいては,神・宗教者・支配者などのイデオロギーは,下層社会の人々によってこき下ろされるにとどまる),「真の陽気さは微塵もない」(「アンビヴァレンスがほぼ完全に欠落」している)という形で指摘されている(バフチン, 2007, p. 504)。

バフチンの「カーニバル」を,異質なイデオロギーを背景とする人々の相互接触(戴冠と奪冠)そのものを価値づける概念と捉えるならば,卑俗な存在が高尚な存在に単に取って代わることのみを扱うものとはいえない。桑野(1990, pp. 20-25)はこのようなバフチンの戴冠・奪冠論を,自由なダイアローグをはばむ契機の廃棄を志向するという意味での,「無冠」を目指すものと読み解く。バフチンは,創造主である作者が被造物である主人公たちに対し,自分のイデオロギーへの従属を要求するのではなく,しかし同時に,彼らに創造主の地位が奪われるわけでもない,ドストエフスキー小説におけるアンビヴァレントな感覚(無冠)の中に,カーニバル文学の改新性をみてとったのかもしれない。

第2章　ドストエフスキーの方法

　本章では，ドストエフスキー小説においてポリフォニー性を成立させている具体的な方法に関するバフチンの分析について重点的に論じる。その上で，バフチンによるダイアローグ・モノローグ概念の展開および，ヤクビンスキーの議論との関係について，さらに検討を進める。

　ポリフォニーは，厳密にいえば，ドストエフスキーの長編小説においてのみみられる，自律した対等な権利を持つ登場人物らの意識同士の交流状況を指している（バフチン，1995, pp. 450-451, p. 491）。その一方でバフチンの分析は中編小説を対象としたものも多く，長編小説における方法との差異についても「長編によってもたらされる新しさは……単に複雑化され，繊細化されているだけ」（バフチン，1995, p. 494）と述べられるように，機能的に連続性のあるものとして論じられている。本章では中編小説と長編小説との違いも意識しつつ，いずれの小説における方法もポリフォニー性を際立たせるものとして捉え論じる。

2-1　小説におけるモノローグ（ホモフォニー）性とは

　ドストエフスキーのポリフォニー性を理解する上で，小説におけるモノローグ的手法をバフチンが具体的にどのようなものとして捉えていたのかを検証することは重要だろう。バフチンはモノローグ的な小説の典型例として，トルストイの短編小説『三つの死』を取り上げ，この問題について論じている。

　『三つの死』は，ある貴族婦人の死にまつわるエピソードを中心に，その貴族婦人が通りがかった宿駅における年老いた御者の死，そしてその御者の墓を

24　伊東（2007, p. 942）はドストエフスキーの長編小説の中でも，『カラマーゾフの兄弟』（ドストエフスキー，1963e, 1963f）を，このポリフォニー小説の典型と位置づけている。

建てるために若い御者が切り出した木の死が描かれている。この小説の特徴は，これらの登場人物たちが，互いに顔を見合わせることがなく，それぞれの生きる世界の中で死んでいくという点にある。個々の世界における死を眺め，一つのエピソードにまとめ上げられるのは，一人，俯瞰的に人々の出来事を眺めるトルストイのみである。

> 三つの生と，それらによって定められるトルストイの小説の三つの部分は，それぞれに**内的に閉ざされていて，互いを知らないのである**。……それぞれに閉ざされた世界を持つこの三者は，それらを包含する**作者**の単一の視野と意識の内において統一され，比較対照され，相互に意味づけられている。この作者こそが，彼らについてすべてを知り，三つの生と死のすべてを比較し，対置させ，評価しているのだ。三つの生と死はたがいに照らし合っている。だがそれは作者にとってのみであって，作者は彼らの**外側**に位置しており，彼らを最終的に意味づけ完結させるために自らの**外在性**を利用しているのである。登場人物たちの視野に比べて，作者の包括的な視野は，巨大でかつ根源的な余剰部分を持っている。（バフチン，1995, pp. 143-144）

このトルストイの設定の問題は，登場人物らの言動・意識が作者のイデオロギーを個別に具体化する従属的な事例にとどまるという点にある。これら三名の死にゆく登場人物たちは，互いを知ることもなければ小説世界全体を眺めることもできないのだから，問題とされている他の登場人物たちのことを知ることはできない。必然的に，この三つの死を総括したイデオロギーを論じることができるのは，登場人物それぞれが住む世界から切り離された地点から彼らの出来事を観察する，彼らとは比較にならないほど大きな視野の余剰／余裕（第4部2-1参照）を持つ作者のみということになる。また本書第2部の視点からいうならば，トルストイはどの登場人物らよりも多くの空間的・知識的リソースを独占している。

彼女自身は自分の生と死に含まれるあらゆる虚偽を理解し，評価することができないのである。つまり彼女はそうするための対話的な基盤がないのだ。……各登場人物の生と死の完結的で全体的な意味は，一人作者の視野の中においてのみ解明されるのであり，しかもそれはひとえに登場人物の視野に比べて作者の視野が余剰部分を持っているおかげで，つまり登場人物自身には見る力も理解する力もないという事情によって可能になっている。そこにこそ作者の余裕ある視野の，総括的でモノローグ的な機能が存在するのである。(バフチン, 1995, p. 144)

したがって，貴族婦人にとって「生と死に含まれるあらゆる虚偽」(バフチン, 1995, p. 144)というような，トルストイが小説を通して訴えるイデオロギーを把握し語ることは原理上，不可能である。そして作者と比較して世界に対する視野の範囲が大きく制限されている以上，これらの登場人物が自身の内的な文脈の視点から，作者の解釈に対して抗議するような余地もない。

長編小説の主要な主人公たちおよび彼らの世界は，閉ざされてもいないし，互いに耳を貸さないわけでもなく，様々な形で相互に交わり，組み合わされている。……しかしそれらの声のどれ一つとして，作者の言葉や作者の真実と同一平面にあらわれず，彼ら誰一人とも作者は対話的関係に入ろうとはしない。彼らはすべての自分の視野，自分なりの真実，自分の希求や議論を持ったまま，小説という**一枚岩のモノローグ的全体**の内に描き込ま

---

25 このトルストイのイデオロギーは，本小説執筆後の1858年5月1日にアレクサーンドラ・トルスターヤに送った手紙において，ストレートな形で表現されている。
　　彼女はキリスト教の来世の思想を，想像と知力のうえでは信じている。……けれども，まやかしのキリスト教のそれ以外，安心立命を発見することができない。……これに反して，農夫はなんのもだえもなく死んでいく。……彼の宗教は，慣習に従ってキリスト教の儀式を奉じているとはいっても，全然別個のものである。彼が共に生きているところの自然，——これが彼の宗教なのだ。……樹木もまた平安に，正直に，美しく死んでいく。しかも，これは前者よりもさらに一段と美しい。なんとなれば，樹木は全然偽らず，もだえず，恐れず，泣きごとをいわないからである。——これが本作に盛ろうとしたわたしの思想であります……。(トルストイ, 1966, pp. 1076-1077)

れており,そしてその小説世界はトルストイの場合,決してドストエフスキーの場合のように《大きな対話》になることはないのである。このモノローグ的全体のつなぎやまとめに当たる完結をもたらす契機はすべて,原理的に主人公たちの意識の及ばない領域(ゾーン),作者用の余剰の領域(ゾーン)に置かれているのだ。(バフチン,1995, p. 147)

このことはまた,読者との関係にも影響を及ぼすだろう。作者のモノローグ性が強く発揮された小説の場合,端的にいえば,個々の登場人物らのことばを総括的に評価する作者のことばから,読者は比較的容易に,作者自身の最終的な声を聴き取ることができる。[26]裏を返せばこれは,**小説全体の意味を把握しようとする読者自身の解釈の幅が狭くなることをも示す**だろう。作者による最終的かつ明瞭な解釈が容易に見出される以上,その小説の意図を読み取る上で,それがもっとも高い権威を持ち,読者がその解釈に従属する傾向に走ることは当然だろう。この読者による独自の解釈可能性の低さが,トルストイのこの小説におけるモノローグ性を際立たせているように思われる。[27]

2-2 ドストエフスキーの方法①(作者の「叙述(語り)」の問題)

一方,バフチンは,ドストエフスキーであればこの『三つの死』をどのように描くだろうかと問いかける。

---

[26] 『三つの死』の場合,貴族婦人の死に際してトルストイが行った以下の叙述が,この種の作者のことばに該当するだろう。貴族婦人を批判する作者のこのことばは,彼女も含めの登場人物とのダイアローグ的な接触にも向けられていないホモフォニックな独り語りである。その分,読者は比較的明瞭に,トルストイの作者としてのイデオロギーを聴き取ることができるだろう。
　「なんじその顔を隠さば,──人びとは悩みわずらわん」と,詩編の文句は告げた。……死人の顔は厳粛で,威厳があった。……しかし,彼女はせめてこのせつなに,これらの偉大なことばを理解しただろうか?(トルストイ, 1966, p. 905)

[27] 晩年のインタビューにおいてバフチンは,ポリフォニー小説を読む読者は決してくつろぐことができないと述べる一方で,モノローグ小説は,読者の心を休める存在であるとも述べている(ポドゥージェツ,1985, p. 64)。この資料からはバフチンが,モノローグ小説を,作者が込めたイデオロギーが読者にストレートに伝わりやすく,読者自身の解釈をさほど交えることなく理解可能な構造を持つもの(典型的には娯楽的な小説が想定される)と捉えていたことが示唆される。

ドストエフスキーならば何よりもまず，この作品の三つのレベルがすべて互いを反映し合うように仕組み，それらを対話的関係で結びつけたことだろう。……自分のためには（求められている真実によって）**本質的な意味での作者用の余剰**をまったく残さなかったであろう。……作品全体は大きな対話として構成され，作者はその対話の組織者兼参加者として振舞い，自分に最後の言葉を留保することはしないであろう。……小説の言葉の中には純粋な**作者のイントネーション**だけではなく，地主貴族婦人や御者のイントネーションも響くことになろう。つまり言葉は複声的になり，一つ一つの言葉の中に議論（ミクロの対話）の声が響き，そこに大きな対話の反響が聞こえることであろう。(バフチン，1995, p. 148)

　ドストエフスキーは，トルストイのように視野の余剰を独占せず，個々の生活世界に住む登場人物らを同じ時空間に引き出して，彼らとの間に接触が生じるよう組織する。そのため，登場人物たちの一つ一つのことばには，彼ら自身の内的ダイアローグの視点がより強く反映されるようになり，この内的ダイアローグ同士の衝突が，彼の小説のストーリーを展開する原動力になっている。
　この内的ダイアローグは，人格において展開されるといえる（バフチン(1995, p. 119)は人格を，ドストエフスキーのいう「人間の内なる人間」と同一視している）。小説のイデオロギーは，作者の巨大な視野の余剰によって独占されず，個々の登場人物たち自身の語りとしての人格において分化され，相互に対立・衝突し（登場人物たちの間の外的ダイアローグにおいても，また登場人物の人格における内的ダイアローグにおいても），複声化されていく。そして作者としてのドストエフスキーは，登場人物たちのダイアローグの組織者兼参加者として関わるが，そのそれぞれのイデオロギーに対し，ドストエフス

28　バフチンは，モノローグ小説家は登場人物をキャラクターと捉え，一方でドストエフスキーは人格として描いたと分析する（Morson & Emerson, 1990, pp. 263-265）。キャラクターは作者によって物象化され決定的に定義づけられる存在である一方，人格は作者の規定からより自由で完全には決定づけられ得ない，自律的な自己意識をともなうのだという。

キーが最終的な総括を下すことはないのだという。

　バフチン（1995, pp. 462-463）は，作中で挿入される作者としてのコメントを「叙述（語り）рассказ」と呼び，ドストエフスキーの場合，この叙述に「パースペクティブ перспектива」が欠けているのだと指摘する。ドストエフスキーの叙述は，彼があたかも登場人物たちのダイアローグが展開する出来事に参加するかのように述べられるのであり，トルストイのように登場人物らの視点を軽視し，外部から，彼らの出来事を眺めて一方的に語るようなことはないのだという。[29]

　バフチンのいう，パースペクティブが欠如した叙述に該当すると思われる事例として，中編小説『分身（二重人格）』（ドストエフスキー, 1963b）からの以下の抜粋を紹介する。

『……おれは自分をぼろきれ扱いにすることだけは赦しはしないぞ。立派な人間にだっておれは自分をぼろきれ扱いにはさせなかったんだから，ましてあんなやくざ野郎にそんなまねをさせてたまるもんか……』……つまり彼は抗議をすることに，全力を挙げて最後まで抗議することに覚悟を決めたのである。彼はそうした男だったのである！　彼は自分が侮辱されることには，ましてぼろきれ扱いにされることには……どうしても我慢がならなかったのだ。しかしまあ，議論はやめにしよう，議論はやめることにしよう。だがひょっとして，もしも誰かがその気になって……是非ともゴリャートキン氏をぼろきれにしてしまいたいというような気持になったとしたら，間違いなく，なんの抵抗も受けず，なんの罰を受けることもなく，そうすることができたに違いない（ゴリャートキン氏自身も，どうかするとそう感じることがあった）。……しかしそれはぼろきれはぼろきれでも

---

[29] このことはドストエフスキーが，何のもくろみもなく作品を執筆していたことを意味しない。ドストエフスキーも小説の構想段階では，自身の支配的なイデエを重視していた（バフチン，1995, pp. 203-205）。ただしこのイデエは登場人物らのダイアローグを彼らの外部からまとめ統制してしまうようなものではなく，題材の選択や素材（登場人物たちの声）の配置に反映されるのみであったという。

ただのぼろきれではなく,覇気をいだいたぼろきれなのだ。……もっともそれは覇気といっても内気なものであり,感情といっても控え目なもので……ぼろきれのきたならしい襞の奥深くにかくされているものではあるが,しかしやはり感情は感情なのである……　（ドストエフスキー,1963b, pp. 198-199)

　自分を愚弄する自分の「分身」に対して抗議する決意を述べる主人公(ゴリャートキン)に対し,作者は当初「彼はそうした男だったのである!」と断言調に称賛する。しかしその直後に「まあ,議論はやめにしよう」と述べ,まるでその場にいる,この主人公を軽んじる第三者の声を聴き取ったかのように,彼を「ぼろきれ」にすることはたやすく,たいした反撃もできないと挑発的な調子で嘲罵する。そしてさらに,その作者の挑発に抗議する主人公の声に耳を傾けたかのように,「覇気をいだいたぼろきれ」と叙述をし直す。[30]この抜粋箇所で展開される叙述からは,ドストエフスキーは,主人公とまるで時空間を共有し,互いに論争しているかのようにみえる。そして彼の叙述における主人公に関する説明も,その場にいる人々の批判・反駁に揺さぶられるかのようにフラフラと変化し,作者としての決定的で最終的な解釈がなされていないというような点で,俯瞰的なパースペクティブに欠けたものであるように思われる。
　このような作者のことばは,賢明な無知を発揮する愚者としての,ソクラテ

---

[30] Morson & Emerson (1990, pp. 263-265)がモノローグ小説としてあげる,ゴーゴリの『外套』における作者の叙述と比較すると,ドストエフスキーの叙述のこの特殊性はより明白になるだろう。以下の叙述は,主人公の貧しい役人であるアカーキイ・アカーキエヴィチが死ぬ場面に関するゴーゴリのものだが,死んだアカーキエヴィチとの対話的接触に向けられたものではなく,自らの特性を決定づけるこの作者による叙述に対する,彼自身による抗弁の機会も与えられない。ドストエフスキーの小説にみられるような,主人公の抗弁に対する作者の応答的叙述もない。そのためアカーキエヴィチは,自律的な意識を持つ「人格」ではなく,作者の叙述に従属する「キャラクター」となっている印象が強い。
　　だれひとりからも大事にされず,だれにとっても大切でなく,また何人の興味にも値せず,つまりきわめてありふれた蠅をピンでとめて,顕微鏡でのぞいてみねば気のすまないような,生物学者の注意をすらひくことのなかった一個の存在——事務所での嘲笑を温和しくじっと堪えしのび,これという目だった仕事の何ひとつさえなしとげることなく墓場へと去って行った一個の存在……は,いまや消えうせ,姿を消してしまったのである!(ゴーゴリ,1963, p. 576)

スのことばにも似ている。ドストエフスキーは「教師」ではなく，一人の登場人物として，他の登場人物たちの抵抗可能性への高いセンシティビティを持って，彼らと論争を行っているように思われるのである。その意味で作者としてのドストエフスキーは，彼の小説の登場人物らや読者に異化をもたらす「産婆」としてふるまっているといえるかもしれない。[31]

> 叙述の中にパロディーや論争の要素を導入するということは，叙述をより一層多声的で断続的なものにし，叙述そのもの，およびその対象の双方ともに充足させないものにするということである。別の面から言えば，文学的パロディーは，語り手の言葉における文学的約束事の要素を強化することになり，そのことがますます語り手の言葉から自立性を奪い，主人公を完結させる力を奪ってしまうことになるのである。(バフチン, 1995, p. 465)

この視点からみれば，ドストエフスキーがすべての登場人物の創造主であることと，彼らが高い自律性を発揮することのあいだに，矛盾は生じないことになる。確かに，ドストエフスキーは登場人物らを創造するのだが，同時に彼らの発話（イデー）は，作者の叙述だけではなく，自らの発話と他の登場人物との応答の連続という文脈にも拘束される。バフチン（2013, p. 97）はこのことを，"wer A sagt, muss auch B sagen"（A と言う者は，B とも言わねばならない：乗りかかった船だ）というドイツ語の格言を用いて表現する。バフチン（2013, p.

---

[31] バフチン（1995, p. 275）は，ドストエフスキーの小説では，作者の叙述の権威性が故意に低められている場合すらあると指摘する。短編小説『ボボーク』（ドストエフスキー, 1976）では，作者の代弁者であるべき語り手が，極度のアルコール中毒で発狂寸前の人物である。そのため彼の述べるイデオロギーは，一貫した主張としての権威を持ち得ない。このような信用できない語り手の存在および，そのことがもたらす，説得的で一貫性のある情報を提供し得る権威的な視点の欠落が，古代メニッポス風刺のジャンル的特徴でもある（Relihan, 1993, pp. 21-25, p. 35）。北野（1995, pp. 16-17）はこのレリハンによる議論を引用した上で，メニッペアの特徴が，作者も含めた異なる視点の並置により異化をもたらす点にあると指摘し，これらをポリフォニー小説の起源の一つと位置づけるバフチンの論を正当化する。

98）はこのような登場人物独自の文脈を「内的論理 внутренняя логика」とも呼ぶが，ドストエフスキーはこの種の内的論理を特に尊重したダイアローグ世界を創造するのであり，作者もまた，その内的論理に従う声の一つとしてダイアローグ的に参加するのだといえる。

　ドストエフスキーの小説では，個々の登場人物が，自分自身のモノローグ的イデオロギーを長々と語り出す場面が多い。しかしそのイデオロギーは，モノローグ小説の作者による叙述と比較すれば，必然的に，他の登場人物らの応答を黙殺できるほどの権威は持たない。そのため彼らのイデオロギーは，他の登場人物ら（作者も含め）によって否定的に評価され，反駁され，異なるイデエに改編されるダイアローグに巻き込まれ得る運命にある。これは，特定の登場人物たち（作者自身の叙述も含む）のいずれの視野にも絶対的な優先権を与えることなく，互いのイデオロギーを衝突させるダイアローグの総体として小説を描く，ドストエフスキー一流の表現手法といえる。[32]

　　イデエが世界を見て理解するための通常のモノローグ的原理となるのは，
　　ただ主人公たちにとってのみである。（バフチン, 1995, p. 204）

　　観念論的な意識を彼は自分用にではなく自分の主人公用に，一人のためにではなくみんなのために残しておいたのだ。彼の創作の中心を占めたのは，意識し判断する《自我》の世界に対する関係に代わって，それら意識し判断する《自我》同士の相互関係の問題であった。（バフチン, 1995, p. 205）

　そしてこのダイアローグは，小説を介した作者と読者，また読者と読者との

32　Morson & Emerson (1990, pp. 242-243) は，ドストエフスキーの小説にみられるこの種の視野の余剰を「宛先のある（話しかける）余剰 addressive surplus」と呼び，モノローグ小説の作者が使用する余剰と区別する。登場人物らはそれぞれの人格的視野から具体的な宛先に向けて発話を行うのであり，他の登場人物はその発話を傾聴することによって，自らの視野と関連づけ応答する。このように発揮される余剰を，作者自身も発揮して登場人物の発話に応答する点に，ポリフォニー的な小説の特徴があるのだといえる。

敷居を越えて飛び火し得るものだろう。ドストエフスキーは自らの創作において、作者としての最終的な解釈を述べることを避ける傾向にあるため、読者がこの種の情報を彼の小説から引き出すことは困難だという[33]。作者自身による明快な（モノローグ的な）総括がなされていないということは、先述のトルストイの小説の場合とは異なり、作品全体や登場人物らのイデオロギーに対する読者独自の解釈を行う自由度が高まることを意味する。

　無論、読者が特定の登場人物らの声を取り上げ、「ドストエフスキーがいいたいのは結局、○○ということだ」などと主張することは可能である。しかしそれは、そのテキストを読み解く読者自身の人格的視点から解釈されたイデオロギーという制約がかかる（そのイデオロギーを確実に裏書きする作者自身の最終的・権威的な叙述を見出すことは困難なのだから）。Clark & Holquist (1984, p. 240, pp. 242-244 邦訳 pp. 305-308) はこのような、読者間の果てなき論争の生じやすさを、ポリフォニー小説の特徴の一つとして指摘する[34]。

33　このドストエフスキーの傾向については、彼の社会評論集である『作家の日記』に収録される『遅ればせの教訓』(ドストエフスキー，1980b) においても述べられている。以下の抜粋は、作者の意図が不明確で一部の読者の反発を呼んだ彼の評論記事に対する、仲間からの忠告を受けて書かれたエッセーの一部である。この中でドストエフスキーは、作者としての総括を、読者に向けた教訓と呼び、この教訓を書くことを回避する自身の傾向について述べている。
　　　あの文章の末尾で、筆者からとして、率直にはっきりと、明瞭な言葉で、これが書かれた目的を説明し、そのうえさらに蛇足ながらずばりと教訓を加えておくべきだった、という結論に達したのである。……しかしわたしはそのときそんなものを書き加えるのがなんとなく気恥ずかしくなってきたのだった。きわめて単純で人の言葉を信じやすい読者の中には、この文章の裏の意味やその目的、その教訓を自分の目で読み取れないほどの単純さの持ち主も、かならずしもいないとは限るまいなどと想像するのが、わたしには恥ずかしいことに思われたのである。(ドストエフスキー，1980b, pp. 216-217)

34　高橋 (2007, pp. 118-120, p. 174, pp. 201-203) は、『貧しい人々』などの中編小説を分析対象とし、ドストエフスキーがこのような独自の文体をものにした背景の一つとして、当時のロシアにおける厳しい検閲制度の存在を指摘する。「作者」の意見として、ストレートに社会体制を批判するようなイデオロギーを表明することが容易ではなかった当時、「登場人物」らの意見として、それらを内的・外的に対決させる（場合によっては道化した主人公のことばとする）小説を展開することで、検閲官（および検閲を意識する編集者）の目をかいくぐったのではないかということである。高橋 (2007, pp. 201-203) は、特定のイデオロギーを明確に主張しておきながら、同時に、論者自身の最終的な判断を欠くようなドストエフスキーのことばを、現前しているものを不在化するものと捉え、ドストエフスキーの小説の芸術性を高める重要な契機の一つと考える。ドストエフスキーにとっては検閲官ですら、彼のテキストを豊穣化するダイアローグのパートナーだったのかもしれない。

以下の抜粋は，ドストエフスキーの小説における並外れた多面性・多次元性を説明するものとしての，カウスの『ドストエフスキーとその運命』における記述をバフチンが引用するものである（バフチン，1995, pp. 38-39）。

　　ドストエフスキーは喩えて言えば客あしらいのよい主人である。彼はきわめて多彩な客たちと上手につきあい，いろいろ毛色の変わったグループの関心に配慮して，誰一人飽きさせない技量を持っている。……いかに厳密で潔癖な批評態度をもって臨んだとしても，各人は各人なりに作者の最後の言葉を解釈するしかないであろう。(Kaus, 1923, p. 36)

　つまりドストエフスキーの小説とは，モノローグ小説とは異なり，登場人物らの人格の独自性が強く発揮される構造を持つ（作者も一人の人格としてダイアローグに参加する）ことで，作品全体の意味に関する，読者らの終わりなきダイアローグが展開されやすくなるテキストなのだろう。個々の読者はそれぞれの小説に対する自らの解釈を読み解くと同時に，それに対する，異質な視点を持つ他の読者からの批判的な検証を期待することもできる。その意味において，ドストエフスキーの小説は笑い（アンビヴァレントな異化）を読者にもたらす，ポリフォニックな要素を備えているのだともいえるだろう。

2-3　ドストエフスキーの方法②（登場人物の内的ダイアローグとポリフォニー）

　個々の登場人物らの声の自律性を尊重し，際立たせるドストエフスキーの具体的な方法についてさらにみていく。
　ここまでみてきたようにドストエフスキーの小説においては，異質な内的文脈を背景とする登場人物同士が，その境界線上で相互のイデエを相互参照するダイアローグを展開する。ただしバフチンの論に従えば，**ドストエフスキーの創作においてみられる登場人物同士の異質さ＝抵抗の強さ（境界線・敷居）と，ヤクビンスキーが重視したような，ことばの情報的側面のギャップとの関連性は高くはないということになる**（バフチン，1995, pp. 495-500）。

ヤクビンスキー『ダイアローグのことばについて』を解説した本書第2部でも論じたように，たとえ話し手の発話が示す事実（ことばの情報的側面）については悉知している聞き手であっても，その情報に対し否定的評価を下す（ことばの評価的側面）ことはあり得る。ドストエフスキーの小説において感知される登場人物同士の異質さは，むしろ，後者のことばの評価の否定性において際立つものだと考えられる。

　このことを比較的よくみてとることができるのが，長年に渡り自室に引きこもって生活を送る主人公が手記を書くというスタイルをとる，ドストエフスキーの中編小説『地下生活者の手記（地下室の手記）』（ドストエフスキー，1968）における主人公のことばである。この小説の前半部分は，主人公によるモノローグ形式の言語構成をとっているが，そのテキストは彼が先取り的に聴き取る，自分の頭の中で想定する他者の否定的な評価に向けられた，内的なダイアローグに満ちている。

　　意識的惰性というやつがいちばんいいのだ！だから，地下生活万歳というわけである！私はいらいらしてやりきれないほど正常な人間がうらやましいと言ったけれど，しかし現に私の目にうつっているような条件のもとでは，そんな人間にはなりたくない（だがそうは言っても，うらやむことだけはやめないだろう。いや，いや，なんと言っても地下生活のほうがずっと有利だ！）……ちぇ！ここでも私はでたらめを言っている！でたらめだとも。なぜならば私は，いちばんいいのは決して地下生活などではなくて，なにか別なもの，ぜんぜん別なものだということを，自分でもよく，それこそ二二が四ほど正確に承知しているからだ。私はそれを渇望しているのだが，どうしてもそれが発見できないだけの話である！地下生活など糞でもくらえだ！（ドストエフスキー，1968, p. 34）

　以上の発話では，主人公が最初に述べた断言的なイデエ（「地下生活万歳というわけである！」）がフラフラと揺らいでいき，最後には覆ってしまう（「地

下生活など糞でもくらえだ！」）。この発話には，彼のことばを厳しく糾弾する，姿のみえぬ他者の声が入り込んでいるかのようである。彼の述べるイデエは，この想像上の聞き手の否定的評価を敏感に予測し，それを先回りする内的ダイアローグとして展開するため，断定的な最後のことばになり得ない。彼を翻弄するこの種の他者の批判の声は，以下のようにも描かれている（バフチン (1995, p. 109) に掲載）。

> 君は実際になにか言いたいことがあるのだろうが，危惧の念にかられて自分の最後のことばをにごしている。それと言うのも，君にはそれをはっきり言ってしまう決断力がなく，卑怯未練な厚かましさしか持っていないからだ。……それにしても君のそのしつっこさはどうだ。なんて押しつけがましい男なんだろう，なんだってそんなにもったいぶるんだ！ 嘘だ，嘘だ，嘘っぱちだ！（ドストエフスキー，1968, p. 35）

この聞き手はあくまでも，主人公の意識が抱える幻想的な他者であるから，主人公の発話に関する情報的側面に関するギャップは問題にはならない。しかしこの幻想的な他者は，主人公が表明するイデエを従順に受け入れ，議論の余地なき賛意を示す人物ではなく，むしろそれらを知り尽くし，激烈な批判・反駁を浴びせかける存在である。

主人公はこの幻想的な他者に自分がどのように批判されるかについて過敏に反応して苦しむ。つまり両者の異質さは，話題として取り上げられた情報に対する，評価の否定性に起因しているといえる。そしてこの異質さがゆえに，主人公の意識内において表象される他者は，主人公とは異なる人格を備えた存在になっている。地下生活を送る主人公は，彼の住む部屋から出ることなく，しかし自らの伝記的生活（日常生活）になじむこともなく，異質な他者との敷居越しの危機的なダイアローグを展開しているのである。その結果，彼のイデエは自動化されることなく，自らの意識において別様の意味として異化され続ける。

バフチンはこのような，他者の批判的な応答可能性に緊張し，それを先取りして自らの発話を構成し続けるような契機を「痙攣 корчиться」と呼ぶ。

> 実際の日常生活的な発話においては，《他者に対するほのめかし》を含んだ言葉，《棘》を含んだ言葉のすべてが，この内的な論争の言葉に属している。しかし，この内的な論争の言葉には，卑屈な，もってまわった，あらかじめ自分を放棄しているような発話，いくつもの留保，譲歩，逃げ道等々を含んだ発話のすべてもまた属しているのである。そうした発話は，他者の言葉，他者の返答，反駁を目の前にして，あるいはその予感の中で，あたかも痙攣して身をよじらせているかのようである。個々人がその発話を組み立てる方法は，その人に固有な他者の言葉の感じ取り方と，それに対する反応の仕方によってかなりの程度，大きく規定されているのである。(バフチン, 1995, pp. 395-396)

この痙攣は，本書第 2 部で提案したことばでいえば，自らの発話に対する聞き手の「抵抗」に対する話し手の「センシティビティ」が極度に高まった状態を示す概念といえるだろう。ドストエフスキーの小説の登場人物たちは，他者の否定的な評価の声に過剰なまでの高いセンシティビティを発揮し，予測される批判に対する言い訳を先取りし，それぞれの人格的視野を肥大化させていく。主人公の自意識は，ソクラテスのダイアローグのように，この予測される他者の視点から異化され続けることになり，結果として，小説を書く作者並にふくれあがっていくことになる。『地下生活者の手記』と同様，『貧しい人々』(ドストエフスキー, 1963b)『柔和な女』(ドストエフスキー, 1980a)『分身(二重人格)』などの中編小説では，主人公の自意識の中でイメージされる幻想的な他者との内的なダイアローグが大きな役割を果たしている。

バフチン (1995, pp. 450-451) は，『分身』の主人公のゴリャートキンの痙攣することばを「これはまだポリフォニーではないが，さりとてもはやホモフォニーでもない，と言うことができるだろう」と評する。ゴリャートキンの自意

識も，他者の声との内的ダイアローグで満ちたものになっているが，一方で，ゴリャートキンと同等の規模の独立した人格を抱える登場人物は，作中にはない。「長編に現れるような融合することのない意識同士の真の対話というものは，まだそこにはない」（バフチン，1996, p. 451）のであり，主要なエピソードはゴリャートキンの独白として展開するという点で，中編小説としての『分身』はポリフォニー小説にはなりきれていないのだろう。

　裏を返すならば，これらの中編小説と比較したときの長編小説の特徴は，相手の応答可能性に対し，同等に肥大化した自意識（人格）を抱える複数の登場人物同士が展開するダイアローグに見出し得るのだろう。バフチン（1995, pp. 494-500）は，他の登場人物たちの応答可能性に語りかける，極度なまでに内的ダイアローグに満ちた主人公の事例として『罪と罰』のラスコーリニコフの発話をあげる。以下の抜粋は，バフチン（1995, pp. 150-152, pp. 495-496）も参照する，ラスコーリニコフの長い内的ダイアローグの一部である。

　　確かに「人を知ろうとするには，あせらずに注意深く」その人に近づく必要があるというのは本当だ。しかしルージン氏の場合は明瞭だ。なによりも肝心なのは「なかなか忙しい人で，しかも親切な人らしい」ということさ。まったくたいへんなことだよ，荷物は引き受けてくれる，大きなトランクは費用は向こう持ちで届けてくれるというんだからな！　これでも親切じゃないと言えますかね？　ところでこっちの二人は，花嫁と母親は，百姓男を雇って，筵をかけた荷馬車に乗っていくんですぜ！……「でもそれから先は三等でのびのびと揺られて行きます」ときたもんだ，千キロの道をね。……ルージンさん，あなたともあろう人がどうしたんですかね？　相手はあなたの花嫁じゃありませんか……荷物ってやつは二人の汽車賃よりは安くつくし，ことによると，ロハですむかもしれないんだからな。しかしなんだって二人ともそれがわからないんだろう，それともわざと気づかないふりをしてるんだろうか？　しかもそれに満足してる，満足してるんだ！（ドストエフスキー，1963c, p. 40）

このラスコーリニコフの独白は，先行する母親の手紙に向けられた，痙攣する内的ダイアローグに満ちたものといえる。ラスコーリニコフ一家の経済的苦境を救うために，妹のドゥーニェチカが小金を持つ官吏のルージンに嫁ぐことを告げる手紙に書かれた母親のことばは，ラスコーリニコフの人格において否定的な評価が下され，批判的・嘲笑的なアクセントを添えて引用されている。冒頭，ルージン氏の人柄を性急に値踏みしないようたしなめる母親のことば（「人を知ろうとするには，あせらずに注意深く」）に対し，ラスコーリニコフは「ルージン氏の場合は明瞭だ」と批判的アクセントを付して返す。そして「親切な人」という母親のことばには，「これでも親切じゃないと言えますかね？……荷物ってやつは二人の汽車賃よりは安くつくし，ことによるとロハですむかもしれないんだからな」とルージン氏の客嗇ぶりに対する批判的なコメントを付して応答する。そして「『でもそれから先は三等でのびのびと揺られていきます』ときたもんだ，千キロの道をね。」と母親のことばを，皮肉なアクセントを込めて引用した上で，「ルージンさん，あなたともあろう人がどうしたんですかね？　相手はあなたの花嫁じゃありませんか」と，花嫁に旅費も持たせずに新居への旅を強いることへの非難を込め，ルージン氏へ反駁的に語りかけている。

　彼はこの種のことばを実際に他の登場人物らに投げかけるが，彼らもまたその返答として，ラスコーリニコフ並みに肥大化した自意識を感じさせる，痙攣する長広舌をふるう。

　ドストエフスキーの長編小説では，このラスコーリニコフのような肥大化した自意識を抱える登場人物同士が，互いに痙攣する長セリフを交わしあうダイアローグの総体としてエピソードが進行する。他者の否定的評価に痙攣する彼らのことば（イデオロギー）は，論争を繰り返す内的ダイアローグに満ちたものとして立ち現れる。そして極端な場合，表面化した発話の背後に隠された相手の内的ダイアローグに呼び掛けるダイアローグに発展することもある。バフチン（1995, p. 505）は，この種のダイアローグのことばを「心に染み透ること

ば проникновенное слово」と呼ぶ。[35]

　バフチンのいうポリフォニーとは，このような同等の規模を持つ登場人物および作者の痙攣する人格同士の合唱を示す概念といえる（さらに読者も同等の人格的自意識の高まりをもってそのテキストを読むことが期待されるのだろう）。その合唱は長編小説において，表面化しない相手の意識の内的ダイアローグの声にさえ呼び掛ける，複雑化した多重奏へと深化し得るのだろう。

2-4　ドストエフスキーの方法③（ポリフォニーとラズノレーチエとの関係）

　以上のようにドストエフスキーの長編小説では，敷居越しの境界線上のダイアローグが複雑に展開する。そして登場人物たちを分かつ異質さの要因としてバフチンは，やはり先述した中編小説の場合と同様に，ことばの情報的側面ではなく，評価的側面を重視しているように思われる。

　　特徴的なのは，彼（著者註・ラスコーリニコフ）の内的発話の中に，彼がいまし方聞いたり読んだりした他者の言葉が溢れ返っているということである。……彼は自分の内的発話にこうした他者の言葉を詰め込み，そうした他者の言葉を自分のアクセントによって複雑化させるか，あるいは直接的

---

[35] バフチン（1995, pp. 505-507）は心に染み透ることばの事例として，『白痴』における，ナスターシヤ・フィリッポヴナに向けたムィシキン公爵の言葉をあげる。ナスターシヤ・フィリッポヴナは，周囲の人々から堕落した人物としてみられており，本人もその否定的評価にふさわしい人物であるように振る舞う。しかし公爵は彼女の表面化したことばの背後に響く内的ダイアローグを聴き取り，表面化したことばとは相反する声に呼び掛ける。彼女はそのことばに応答するかのように，これまでの言動は自身の本意ではなかったことを認める。以下，バフチンが引用した『白痴』からの抜粋である。
　　「あなたもやはり恥ずかしくはありませんか！　あなたは本当に，いまみんなの目に映ったようなあんなお方なのですか？　いいえ，そんなはずはないのです！」と突然公爵は，深い心の奥底から責めるように叫んだ。ナスターシヤ・フィリッポヴナはびっくりして，にやりと笑った。だがその微笑の蔭に何か隠しているように，いくぶんどぎまぎして，ちらりとガーニャに目を走らせて，客間から出て行った。けれどもまだ玄関まで行き着かぬうちに，不意に取って返して，急いでニーナ・アレクサンドロヴナのところに近寄ると，その手を取って，自分の唇へと持っていった。「わたしは本当はこんな女ではないのでございます。あの方のおっしゃったとおりです」と彼女は早口に，熱をこめて，全身にわかにぱっと燃え立たせて，真赤になってささやいた。（ドストエフスキー，1963d, pp. 118-119）

にそれらのアクセントの位置を変えてしまうかしながら，それらと凄絶な論争を展開することになるのである。（バフチン，1995, p. 496）

　ドストエフスキーの小説においては，上述したラスコーリニコフの発話からも示唆されるように，極端な場合，他の話者の発話に独自のアクセントを付すだけで，その発話のまま相手に返すような応答がみられる。つまり相手が投げかけたことばの情報的側面を改変しないまま，それらの情報の組み合わせとそれらに対する評価だけを変更して，相手に向けた自らの声とするのである。[36]

　意味的な素材は主人公の意識にいつでもまるごと一挙に与えられるのであり，しかも個々ばらばらな思想や命題としてではなく，様々な人間の意味的志向性として，様々な声として与えられる。そこで問題なのはただ，そうした志向，あるいは声の中からどれを選択するかということだけなのだ。……《私はそのことを知らなかった》《私はそんなことに気づかなかった》《それが私に明らかになったのは，後になってからのことだ》といったモチーフは，ドストエフスキーの世界には欠如している。彼の主人公は，そもそもの最初からすべてを知っているし，気づいているのである。（バフチン，1995, p. 498）

---

[36] この議論は，スタニスラフスキーによる俳優論との関係を強く意識させられるものでもある。スタニスラフスキーは『俳優の仕事』(1938) において，作家・脚本家が描いた台詞を自身の経験によって解釈し直し，発話のアクセント・イントネーションや表情・身振りなどの身体的表現を通して自分のことばへと変えていくことを俳優の仕事として捉えている（スタニスラフスキー，2008a, pp. 355-357, pp. 413-414）。ことばの背後に潜む話者独自の意味は「ポドテキスト（サブテキスト）подтекст」とも呼ばれる（スタニスラフスキー，2008b, pp. 97-100）。個々の俳優がそれぞれの人生の視点からポドテキストを深めて身体的に表現し互いに衝突させることで舞台上のダイアローグは，第三者によって与えられた，互いにお見通しの台詞を再現するだけの虚構的なものから，テキストの背後に隠された相手の意図を探り合うリアルなものへと昇華していく（田島，2016, pp. 50-54）。ラスコーリニコフによる他者のことばのアクセントの付け替えにみられるように，ドストエフスキーの小説の登場人物らは，彼らの人格的文脈が息づく意味をその発話に孕ませる（ポドテキスト）ことで自らの「声」を創作する俳優の姿に近似するようである。また彼ら同士のダイアローグも，与えられたテキストの再生ではなく，互いに矛盾する内的文脈が交錯し合う，危機的なものとして展開していくのだといえる。なおバフチンとスタニスラフスキーの議論の関係については，McCaw (2015, pp. 64-146) が詳細に論じている。

なおバフチン（1995, pp. 367-370）はこのような，ダイアローグで実際に交わされる言語的刺激（いわゆる「言語学」はこのレベルの言語を分析する）の背後に潜む，話者らの生きた声を聴き取る「メタ言語学 металингвистика 」と呼ぶ視点の必要性を強調する。

ヤクビンスキーもバフチンが重視する，アクセント・イントネーションなどの問題も扱ってはいる。しかしこの問題に関するヤクビンスキーの分析では，アクセントは，発話構造に影響を与える契機の一つとして取り上げられるにとどまる。バフチンが痙攣の概念を用いて論じるような，否定的評価へのセンシティビティに基づく，話者らの内なる人間との相互交流にまで掘り下げられた分析にまでは深められていないということである。[37]

また以上のようにみていくと，ポリフォニーとは，作者・登場人物・読者らが互いに異質な視点から，それぞれのイデエ・イデオロギーに対して否定的な評価を下し合う矛盾に満ちたダイアローグ状況を示すという点で，本書第4部

---

37 ロシア語版・バフチン全集（М. М. Бахтин, Собрание сочинений, Т. 2, Русские словари, 2000, С. 466-467.）では，バフチンのドストエフスキー論にみられるヤクビンスキーの影響について，以下のように解説している。なお以下の抜粋箇所の検討および訳出は桑野による。

『ドストエフスキーの創作の問題』の（晩年の定義によれば）メタ言語学的なテーマは，論文『ダイアローグのことばについて』(1923)の著者ヤクビンスキーや，散文のことばの文体論に関する一連の著作（その総まとめは『ドストエフスキーの創作の問題』の直後に出版された『芸術的散文について』(1930)）をものしているヴィノグラドフのような，1920年代の言語学者たちの研究を背景にしてあらわれた。ヤクビンスキーの論文は，すでにフンボルトが指し示していた道程の上にある言語学的問題，すなわち「人間の言語活動」の研究にさらに広がりをもたせようとしていた。ヤクビンスキーは，現代の言語学は「発話の目的に関する問題」に注意を払っていないとみなし，「ダイアローグとモノローグに関するなにがしかの「理論」が不可欠である」と述べている。しかし，ことばの構文上の形式としての対話の具体的な理解という枠の内にヤクビンスキーはとどまっている。『ドストエフスキーの創作の問題』におけるダイアローグのイデエにとっては，『マルクス主義と言語哲学』で「言語学的観点からの」対話の問題に関するほぼ唯一の著作として言及されているヤクビンスキー論文は，コンセプト面での意義ではなく，ひとつの刺激となった可能性はある。のちに，『ドストエフスキーの詩学』においてバフチンは，ヤクビンスキーの著作を名指してはいないが，以下のように評価している。

> 言語学はもちろん，《ダイアローグのことば》の構成形式を知っているし，その統辞論的，および語彙の意味論的特性を研究してもいる。しかし言語学は，そうした特性を純言語学として，つまり言語のレベルで研究しているのであって，応答と応答との間にあるダイアローグ関係の特殊性にはまったく言及できない。したがって《ダイアローグのことば》を研究する場合，言語学はメタ言語学の成果を利用せざるを得ないのである。(バフチン, 1995, pp. 369-370)

で検討した『小説の言葉』でいうラズノレーチエに近似する概念であるように思われる。無論，厳密にいえばポリフォニーとラズノレーチエは，単純な等号が引ける関係にはない（伊東, 2007, pp. 942-943）。バフチンのポリフォニーが対象とするドストエフスキーの小説では，いわゆる言語学的観点から特定される社会的方言や言語スタイルなどがほとんど扱われないのに対し（バフチン, 1995, p. 368），『小説の言葉』のラズノレーチエが示す言語状況は明らかに，この種の言語的ヴァリエーションも含んでいるという決定的な差異があるからである。

　しかし複数の異質な言語世界に参与していながら，自分自身の意識において，それぞれのイデオロギーを批判的に評価・検証することのなかった，非ラズノレーチエ的状況を生きる文盲の農民と，同質の言語世界にいながらも相手の批判的な応答可能性に痙攣するドストエフスキーの小説における登場人物らは，ことばの自動化および異化の観点からみて，対蹠的な存在になっているといえよう。

　伊東（2007, p. 943）は，ポリフォニーはラズノレーチエと比較し「客体的言語の対話ではなく純粋なイデエの構造的対話のレベルに移行している」概念であると示唆する。この伊東の指摘を発展的に解釈するならば，ポリフォニーとは，話者の抱くイデエ・イデオロギーの情報的側面（社会的方言等に関する事実的な知識も含む）のギャップについてはもはや中心的な問題とされず，評価的側面における否定性が主に焦点化されているという，特殊なラズノレーチエの状況を示す概念といえるかもしれない。

第3章　「同意・一致（ソグラシエ）」と他者への「信頼」

　バフチンは，複数の人間が同じ見解に到達する場合ですら，ある人間の声に対してある人間が従属するという形ではなく（つまりモノローグ的な関係ではなく），独立した個々人のイデエを同時に響かせる可能性を論じる。この種の

ダイアローグ的関係を説明するため，バフチンは「同意・一致（ソグラシエ）
согласие」と呼ぶ概念を使用する。ソグラシエとは，「ソ（ともに）со」「グラシ
エ（声を出すこと）гласие」をかけあわせたバフチンの造語という（桑野，
2008, pp. 15-17, 2011, pp. 119-122）。桑野は，このようなバフチンの世界観をソグ
ラシエの概念に引き寄せ，「ともに声をだすこと＝協働」「さまざまな声がある
こと＝対立」としてまとめる。

> ドストエフスキーの世界においては**同意**もまた**対話的**性格を失わない行為
> である。つまりモノローグ世界に見られるように，同意が複数の声と真実
> を単一の**非個人的**な真実へと**融合**させることはけっしてないのである。
> （バフチン，1995, p. 196）

　二人の話者が同じことばを述べるとしても，話者の人格における評価まで一
致するとは限らない（むしろバフチンの視野の余剰論に従えば，完全な一致は
あり得ない）。しかし個々の話者が，独自の評価を下す人格的視点を失わず，
同時に，同じ見解を互いに示しあうようなダイアローグ的関係の成立可能性を
バフチンは重視しているのだといえる。このような内的ダイアローグに満ちた
人格の間で交わされる「同意」とは，独立した複数の人格の異なる声たちが重
なりつつも見解の一致を「演示」するものといえる。以下は『テキストの問題』
（1959-61）からの抜粋であるが，このソグラシエのエッセンスをよく伝えてい
るように思われる。

> 対話的関係を単純化し一面的に理解して，これを矛盾，闘争，論争，不一致
> に帰着させてはならない。**一致**は対話的関係のもっとも重要な形式のひと
> つである。一致にはじつにさまざまなヴァリエーション，ニュアンスがあ
> る。あらゆる点で同一な二つの発話（「すばらしい天気だ！」「すばらしい
> 天気だ！」）も，それが現実に同じ声でなく**べつべつの声に属する二つの
> 発話**であるかぎり，**一致という対話的な関係**でむすびついている。それは

二つの発話の相関がつくりだす一定の対話的でき事であり，こだまではない。なにしろ，一致しない場合もありえたはずなのだから（「いや，そんなにいい天気じゃない」等々）。(バフチン, 1988a, p. 234)

Morson & Emerson (1990, pp. 132-133) は，この種の同意に関する事例を紹介する。AがBに向かい「人生は素晴らしい」といい，BもAに向かい「人生は素晴らしい」と答える。いわゆる言語学的な視点（ことばの情報的側面）でいえば，これは同じ文の繰り返しにすぎない。しかしメタ言語学的な視点でいえば，BはAの発話を異なるアクセント（評価）を付して返答した可能性もある。例えば「君も知っているように，病や悲劇にさいなまれた私の人生観からみてさえ，人生は素晴らしいといえるが，しかしそれは君が述べたものとは多分異なる理由によるものだ」(Morson & Emerson, 1990, p. 132) などという独自の否定的な評価が潜んでいる状況は十分に想像可能だろう。

独自の解釈可能性を抑圧して他者のイデエに従属的に従う話者らの状態については，バフチンは「ホモフォニー（モノローグ）」「自動化」などの概念を駆使して，再三にわたり批判を重ねている。その中でこの「同意」の概念は，他者と協同し社会を形成していく人間の原理を，モノローグではなくダイアローグとして描き出し得るアイディアとして注目に値する。

ヤクビンスキーが『ダイアローグのことばについて』以降に発表した論考において，個々の人格にみられる言語認識の異質性が消去された社会の達成を論じる傾向があったのに対し (Brandist & Lähteenmäki, 2010, pp. 85-86; Uhlik, 2008, pp. 291-293)，バフチンは「同じ」ことばを使用する局面においてもなお，個々の人格の独自性が失われず，それがソグラシエとして演示され得る可能性に価値を置いていたのだといえる[38]。つまり，話者らが互いの発話（イデオロギー）の一致を目指してもなお，個々の人格的視点の差異が消去されずにその違いや

---

[38] 桑野 (2011, p. 123) はバフチンのダイアローグ論を総括し，避けるべきは個々の人格の独自性の溶解や混合であり，個々の視点の差異を衝突させ，互いが豊かに変化し得るという意味での能動的な闘争が重視されているのだと指摘する。

矛盾が露呈するという，バフチンの描き出すダイアローグにおける矛盾は，ことばの新たな社会的意味を生成し得る豊穣な改新性の源泉になり得るということである。バフチンは，あくまでも話者それぞれが自立した人格を持ち，また独自の応答可能性（抵抗可能性）が抑圧されずに，共に接触しあうポリフォニー的関係を価値づけるのであり，またその観点から，それぞれの人格の独自性を放棄するような関係性を，問題視し続けているように思われる。

本書第4部では，『小説の言葉』におけるバフチンの思想を総括し，「慣習への不服従」と呼ぶ概念を提案した。これは，イデオロギー認識の自動化に盲従せず，自らが解釈の主体であることを自覚し続ける話者の態度を示す概念である。解釈の独自性を保ち続けながらも同じ社会を構成する話者同士のソグラシエは，慣習への不服従としてのバフチンの理想像を示すようにも思う。

---

39 山城（2010, pp. 59-65）によれば，ドストエフスキーの小説の登場人物らのことばは相手との同意を目指して呼び掛けられるものであるものの，実際にはソグラシエとしての「同意」ではなく，互いの声が違和感を持って響き合う「ラズノグラシエ（異和）разногласие」が展開されているのだという。しかし同意を目指すことは，ピリオドを打つことが困難な登場人物らの発話の連鎖（異和）を生みだし，接触を続けるための逆説的なエネルギー源になっているのだとも指摘する。

40 ドストエフスキーの小説の登場人物たちにとって，モノローグ的な声を生み出す源泉となる，家族・階層・階級などの慣習的な社会カテゴリーは権威を失っている（バフチン，2013, pp. 329-330）。ドストエフスキーの登場人物たちが形成するのは，この種の固定的なカテゴリーによらない「偶然の家族случайное семейство」「偶然の集団случайный коллектив」とされる。
> ドストエフスキーの主人公たちとは，偶然の家族，偶然の集団の主人公たちである。生と相互関係が展開されるような，実在的で自明の交通というものが，かれらには欠けている。……かれらは，みずからを世界じゅうに分散させられた者と感じ，自分の責任で独力で世界のなかに位置を定めようとしている。モノローグ的な確固たる声は，確固たる社会的支えを前提としており，自覚されていようがいまいが〈わたしたち〉を前提としている。（バフチン，2013, pp. 329-330）

このような共同体の事例の一つとして，バフチンは『カラマーゾフの兄弟』において，主人公のアリョーシャが，亡くなった少年の友人たちと設立しようとする共同体をあげる。年齢・職業・社会的地位の慣習的要因と関わりなく，この少年の思い出だけを介して人々が集まる偶然の集団は，恐らく，ここでいうソグラシエを追求し得る共同体なのだろう。以下の抜粋は，アリョーシャが少年たちに向かって，この共同体について語ったことばの一部である。
> 皆さん，一生涯，彼のことを覚えていることにしましょう。そして僕たちがどんなに重要な仕事で忙しいときにも，高位高官になっても，あるいは，たとえどんな不幸に陥ったときでも——いずれにしても，かつてこの町で僕たちがお互いに心を通わせ，すばらしい，善良な感情に結びあわされてどんなに楽しい時を送ったか，またそうした感情が僕たちをも，あの気の毒な少年を愛している間に，おそらく，実際の僕たちよりもずっとよい人間にしてくれたことを，絶対に忘れないで下さい。（ドストエフスキー，1963f, p. 448）

さらに誤読の可能性を恐れずに筆者自身のイメージを述べるならば，個々の発話に対する評価とは別個に（完全に独立しているわけではないが），**その他者と交流を続けることに対する価値を認め，彼らと共にあり続け得たいと願う，いわば「信頼」を持って続ける相互交流こそソグラシエであるように思われる**。[41]

　例えば，他者の意識を受容することも拒絶することもできない，『地下生活者の手記』の主人公の内的ダイアローグにおける，過剰なまでの痙攣を抑える契機について述べた「自分自身に対する他者の意識の支配権を認識することは，地下室の人間の言葉を穏やかなものにするとともに，彼を浄化する」（バフチン, 1995, p. 492）という記述は，他者と共にありたいと願うこの信頼感の存在を示唆するものかもしれない。見解の一致に至らずとも，他者が抱く自分のイメージを受容し，同時に，相手からの否定的評価への応答を続けるということは，その他者と共に創出し得る未来の新たなことば／イデオロギーの意味を言祝ぐ信頼感を基盤として実現する（もしくはその信頼感を醸成する）ダイアローグとして生ずるように思われるからである。[42]

41　ここでいう「信頼」は，『フランソワ・ラブレーの作品と中世・ルネサンスの民衆文化』における議論も参照して提案した概念である。バフチンは社会的ドグマに対する認識を改新する「祝祭的な笑い」への「信頼вера」について，以下のように論じている。話者らが，イデオロギーを否定的に評価することを互いに認めあうという信頼は，カーニバルにおける陽気な相対性を維持させていく上での必要条件なのかもしれない。本書で提唱した信頼は，バフチンが論じるラブレー論の文脈にとどまらず，あらゆるダイアローグに内在する一般的機能を示す概念として発展的に意味づけたものである。
　　厳粛な調子への不信と笑いの真実への信頼は無意識的なものだった。笑いの裏にはけっして強制は隠されていないこと，笑いは火刑台を築きはしないこと，……笑いはドグマを構築せず，権威主義的にもなりえないこと，笑いは恐怖ではなく，力の意識を意味すること……さらに笑いは未来，新しきもの，来るべきものと結びついて，未来への道を切り開くことなどを人々は理解していた。（バフチン, 2007, p. 125）

42　ラブレーの小説で活躍する道化・パニュルジュは，『第三の書』（ラブレー, 2007）において，自らの結婚を巡り，慣習を異化するような見解を述べ立て，主人であるパンタグリュエルや彼の仲間から徹底的な批判・嘲笑をこうむる。しかしScreech（1979, p. 231 邦訳pp. 447-448）は，パンタグリュエルがパニュルジュを「生涯愛した」（ラブレー, 2006, p. 119）点を重視する。悪漢・道化・愚者は敵ではなく，友人であることが重要なのである。この場合の「愛」とは，Screechの解説から判断して，本書で提唱した「信頼」に近似する概念といえる。話者らの背後に，互いへの信頼があればこそ，異化的な非難の応酬も，カーニバルの陽気な笑いとなり得るのだろう。

聞き手の否定的な評価に向かう話し手の痙攣は，彼の内的ダイアローグを豊かに異化し小説化する契機になるが，過剰な痙攣は話し手・聞き手の双方を弱らせ，コミュニケーションを中断させる契機にもなり得る。『地下生活者の手記』の主人公は，地下室の外の世界から訪れ，彼と関わろうとする娼婦のリーザを必要としつつも，彼女に対する激しい痙攣のため，結果的に，彼女を遠ざけてしまうことになった。

　その意味で，自らの発話に対する聞き手の否定的な評価を意識しつつも聞き手に対する信頼感を抱き続け，またその聞き手も，話し手への信頼を基盤として否定的評価を下し返す（典型的にはカーニバルの陽気な相対性）ということは，ソグラシエを目指すダイアローグを持続させる上で重要な契機であるように思われる[43]。ドストエフスキーの小説の著名な登場人物でいえば，相手への批判を繰り返しながらも互いに結びつくことをやめない『罪と罰』のラスコーリニコフとソフィアとの関係が，この種の信頼感に基づき展開されるダイアローグとしてイメージされる。また『カラマーゾフの兄弟』アレクセイや『白痴』のムィシキン公爵らが他の主要な登場人物らと展開する関係の多くも，この種のダイアローグに近似するように思われる。

43　「信頼」は，本書第4部において「権威的な言葉」に関連して論じた「信用」とは異なるベクトルの意味を持つ概念として想定している。『大辞林（第3版）』によれば，「信用」とは「うそや偽りがなく確かだと信じて疑わない」という意味であり，「信頼」は「対象を高く評価し，任せられるという気持ち」を表す。またロシア語で「信頼」に該当する "вера" は英語の "belief" に該当し，「信仰」という意味でも用いられる。それぞれ互いに関連し得る概念ではあるが，おおまかにいえば，信用は話者にとって相対的に過去に向かって抱かれる信念であり，また信頼は未来に向かって抱かれる感情として捉えることができるだろう。相手を信用するという場合，彼らがもたらすことばの過去の意味を確かだと信じて肯定的に評価し，そのまま受け取ることで，自動化につながる可能性が出てくる。一方，自分にとって大事なことを「任せられる」という感覚を抱くことができれば，相手が自分の発話に対し否定的な評価を下すとしても（またはそのような評価を相手の発話に対して下しても），未来の異化につながる危機的なダイアローグを悦ぶ心性につながるのかもしれない。ことばの実際の実践場面においては，相手に対する信用・信頼のいずれも欠くことのできない契機だろう。

第4章　まとめ

　バフチン独自のモノローグ・ダイアローグ論は，明らかにヤクビンスキーのものとは異なったものである。

　Morson (1986, pp. 83-84) は，バフチンの論ずる「ダイアローグ」「モノローグ」には，二種類の意味づけがなされていると指摘する。一つは，言語を使用したコミュニケーションそのものの性質を示す意味づけであり，あらゆる発話は他者の応答へ向かうという意味でダイアローグというものである。これは本書第4部の視点からいうなら，ヴォロシノフ名義で出版された『マルクス主義と言語哲学』などの論考における，ヤクビンスキーの影響を感じさせられるダイアローグの定義に近似するものであり，この場合は純粋なモノローグは存在し得ないということになる。

　もう一方の意味づけは，話し手の発することばが相手の応答可能性に開かれたものであるかどうかという，話者らの判断をともなうコミュニケーションの特性を示すものである。この場合のダイアローグは，話し手の発話が聞き手の応答可能性に対して開かれているとする話者らの判断に基づくコミュニケーションであり，モノローグはその逆に，それに対し閉じられているとする判断に基づくコミュニケーションを示すものとして捉えられる。これは第4部で論じた『小説の言葉』においては「小説の言葉」「詩の言葉」に関連して論じられた解釈であり，また本部で論じてきた，ドストエフスキーに関するバフチンの諸著作において，「ポリフォニー（ダイアローグ）」「ホモフォニー（モノローグ）」として概念化された解釈といえる。後者の意味でバフチンが展開しているダイアローグおよびモノローグは，もはや，話し手の交替頻度を念頭に置いた発話構造を検討するヤクビンスキーの定義による概念とは異質なものになっている。

　当然，両者の概念は区別して論じられるべきであるが，やっかいなことに，

バフチンの著作においては，バフチン独自の定義を思わせるモノローグ・ダイアローグ概念と，ヤクビンスキーの定義に近似するモノローグ・ダイアローグ概念（ダイアローグの場合は単にコミュニケーションを示すと思われる箇所も多い）が混在している[44]。このことは，バフチンのテキストを解読する上での障壁の一つにもなっている。

　そこで本書では，バフチン理論の独自性が強い定義による「ダイアローグ」を「ポリフォニー・ダイアローグ」，「モノローグ」を「ホモフォニー・モノローグ」と呼ぶことを提案する。

　バフチンの思想（視野の余剰論に代表される）にしたがえば，本来，たとえ人々が集合的活動に参与する場合においてもなお，人格の独自性は失われないということになる。その意味で，個々の意識世界の唯一性が尊重される相互交流のあり様を示すポリフォニー・ダイアローグがバフチンの議論においては称賛されるべき営為であり，また特定の話者のイデオロギーが優先され，個々の話者の視点のかけがえのなさが軽視されるホモフォニー・モノローグが続くことは避けるべきであるとの価値づけもまた，必然的な帰結といえる。以下の『ドストエフスキー論の改稿によせて』からの抜粋においては，このようなバフチンの価値観が比較的，明瞭に見て取れる。

> 　人間にかかわる出来事はいかなるものも，単一の意識の枠内では展開されない，また解決されない。最終的な目的を，複数の意識の単一の意識への融合，溶解に，個別化の解消の中に見るような世界観に対してドストエーフスキイが見せる敵意は，ここに由来するものである。いかなる涅槃も**単一の意識**にはありえない。単一の意識という表現は，形容矛盾である。意識は本質的に複数的なものである。絶対複数（プルラーリア・タントゥム）。ドストエーフスキイはま

44　例えば「ラスコーリニコフのモノローグ的な言葉」（バフチン，1995, p. 494) は，文脈から判断して，交流相手の応答可能性を強く志向して彼が長広舌をふるう，極度に内的ダイアローグ化された発話を示すといえる。つまりこの場合のモノローグは，ヤクビンスキーが論じるようなモノローグ形式の発話として捉えるのが適切と思われる。

た，より高い意識が，より低い複数の意識たちに代わって決定を下し，それらを，黙せる物に変えてしまうことを認めるような世界観も，受け入れない。(バフチン, 1988b, p. 252)

1930年代以降のソヴィエト独裁時代の生活環境・政治状況の極度な悲惨さと比較すれば，現代は，少なくとも先進国に限っていえば多少なりとも生きやすい世の中になっている。しかし一方で，イデオロギーの対立に起因する暴力は未だに根絶せず，さらに，一部のイデオロギーに対し多数の無批判な追随者を誘導するような情報操作の技術もかつてと比較してはるかに巧妙になってきている。

その意味で，特定の生活世界における言語認識の自動化に人々をとどめず，複数の世界のイデオロギーを自律的に解釈できる独自の人格的視点の重要性を提起したバフチンのダイアローグ論は，私たちが生きる現代においても，社会的実践の有り様を分析する概念的ツールとしての輝きを放つもののように思われる。

〈補足〉
本部において紹介するバフチンの著作からの抜粋およびポドグージェツによるインタビュー紹介箇所は，桑野によるロシア語からの翻訳を経ており，出版されている和訳の文言とは一部，異なる箇所がある。

引用文献
アープレーイユス, L． 呉茂一・国原吉之助（訳）(2013)．黄金の驢馬　岩波書店
バフチン, M. M.　佐々木寛（訳）(1988a)．テキストの問題：言語学，文献学および他の人文諸科学におけるテキストの問題。哲学的分析の試み　バフチン, M. M.　新谷敬三郎・伊東一郎・佐々木寛（訳）．ミハイル・バフチン著作集⑧／ことば対話テキスト (pp. 191-239)　新時代社
バフチン, M. M.　伊東一郎（訳）(1988b)．ドストエフスキー論の改稿によせて　バフチン, M. M.　新谷敬三郎・伊東一郎・佐々木寛（訳）．ミハイル・バフチン著作集⑧／ことば対話テキスト (pp. 241-278)　新時代社
バフチン, M. M.　望月哲男・鈴木淳一（訳）(1995)．ドストエフスキーの詩学　筑摩書房
バフチン, M. M.　伊東一郎（訳）(1996)．小説の言葉　平凡社
バフチン, M. M.　北岡誠司（訳）(2001a)．小説における時間と時空間の諸形式：歴史詩学序説バフ

チン, M. M. 伊東一郎・北岡誠司・佐々木寛・杉里直人・塚本善也(訳) ミハイル・バフチン全著作 第五巻：〈小説における時間と時空間の諸形式〉他 一九三〇年代以降の小説ジャンル論 (pp. 141-409) 水声社

バフチン, M. M. 杉里直人(訳) (2001b). 叙事詩と小説：小説研究の方法論をめぐって バフチン, M. M. 伊東一郎・北岡誠司・佐々木寛・杉里直人・塚本善也(訳) ミハイル・バフチン全著作 第五巻：〈小説における時間と時空間の諸形式〉他 一九三〇年代以降の小説ジャンル論 (pp. 469-521) 水声社

バフチン, M. M. 杉里直人(訳) (2007). フランソワ・ラブレーの作品と中世・ルネサンスの民衆文化 バフチン, M. M. 杉里直人(訳) ミハイル・バフチン全著作 第七巻：〈フランソワ・ラブレーの作品と中世・ルネサンスの民衆文化〉他 (pp. 11-617) 水声社

バフチン, M. M. 桑野隆(訳) (2013). ドストエフスキーの創作の問題 平凡社

ブラン, J. 有田潤(訳) (1962). ソクラテス 白水社

Billig, M. (2008). *The hidden roots of critical psychology: understanding the impact of Locke, Shaftesbury and Reid.* Los Angeles: Sage.

Brandist, C., & Lähteenmäki, M. (2010). Early Soviet linguistics and Mikhail Bakhtin's essays on the novel of the 1930s. In C. Brandist & K. Chown (Eds.), *Politics and the theory of language in the USSR 1917-1938: The birth of sociological linguistics* (pp. 69-88). London: Anthem Press.

Clark, K., & Holquist, M. (1984). *Mikhail Bakhtin.* Cambridge: Harvard University Press. (クラーク, K., & ホルクイスト, M. 川端香男里・鈴木晶(訳) (1990). ミハイール・バフチーンの世界 せりか書房)

ドストエフスキー, F. M. 小沼文彦(訳) (1963a). 貧しい人々 ドストエフスキー, F. M. 小沼文彦(訳) 貧しい人々他 (ドストエフスキー全集1) (pp. 3-127) 筑摩書房

ドストエフスキー, F. M. 小沼文彦(訳) (1963b). 二重人格：ペテルブルク史詩 ドストエフスキー, F. M. 小沼文彦(訳) 貧しい人々他 (ドストエフスキー全集1) (pp. 129-268) 筑摩書房

ドストエフスキー, F. M. 小沼文彦(訳) (1963c). 罪と罰 (ドストエフスキー全集6) 筑摩書房

ドストエフスキー, F. M. 小沼文彦(訳) (1963d). 白痴 (ドストエフスキー全集7) 筑摩書房

ドストエフスキー, F. M. 小沼文彦(訳) (1963e). カラマーゾフの兄弟Ⅰ (ドストエフスキー全集10) 筑摩書房

ドストエフスキー, F. M. 小沼文彦(訳) (1963f). カラマーゾフの兄弟Ⅱ (ドストエフスキー全集11) 筑摩書房

ドストエフスキー, F. M. 小沼文彦(訳) (1968). 地下生活者の手記 ドストエフスキー, F. M. 小沼文彦(訳) 地下生活者の手記他 (ドストエフスキー全集5) (pp. 5-109) 筑摩書房

ドストエフスキー, F. M. 小沼文彦(訳) (1976). ボボーク ドストエフスキー, F. M. 小沼文彦(訳) 作家の日記Ⅰ (ドストエフスキー全集12) (pp. 52-69) 筑摩書房

ドストエフスキー, F. M. 小沼文彦(訳) (1980a). 柔和な女：幻想的な物語 ドストエフスキー, F. M. 小沼文彦(訳) 作家の日記Ⅱ (ドストエフスキー全集13) (pp. 166-208) 筑摩書房

ドストエフスキー, F. M. 小沼文彦(訳) (1980b). 遅ればせの教訓 ドストエフスキー, F. M. 小沼文彦(訳) 作家の日記Ⅱ (ドストエフスキー全集13) (pp. 216-219) 筑摩書房

ドストエフスキー, F. M. 小沼文彦(訳) (1980c). おかしな男の夢：幻想的な物語 ドストエフスキー, F. M. 小沼文彦(訳) 作家の日記Ⅱ (ドストエフスキー全集13) (pp. 363-383) 筑摩書房

ゴーゴリ, N. V. 横田瑞穂(訳) (1963). 外套 ゴーゴリ, N. V. 中村融・横田瑞穂・倉橋健(訳) ゴーゴリ：死せる魂・鼻・外套・検察官 (世界文学全集10) (pp. 545-582) 河出書房

後藤明生 (1995). 小説は何処から来たか：二〇世紀小説の方法 白地社

伊東一郎 (2007). バフチン小説論における「ラブレー論」：二声的な言葉からカーニヴァルへ バフチン, M. M. 杉里直人(訳) ミハイル・バフチン全著作 第七巻：〈フランソワ・ラブレーの作品と中世・ルネサンスの民衆文化〉他 (pp. 925-945) 水声社

岩田靖夫（2014）．増補ソクラテス　筑摩書房
Kaus, O.(1923). *Dostojewski und sein Schicksal.* Berlin: E. Laub'sche.
北野雅弘（1995）．模倣とメニッポス風刺　フィロカリア，*12*, 13-29.
桑野隆（1990）．未完のポリフォニー：バフチンとロシア・アヴァンギャルド　未來社
桑野隆（2002）．バフチン：〈対話〉そして〈解放の笑い〉　岩波書店
桑野隆（2008）．「ともに」「さまざまな」声をだす：対話的能動性と距離　質的心理学研究，*7*, 6-20.
桑野隆（2009）．危機の時代のポリフォニー：ベンヤミン，バフチン，メイエルホリド　水声社
桑野隆（2011）．バフチン：カーニヴァル・対話・笑い　平凡社
ル＝ゴフ，J. 池田健二・菅沼潤（訳）（2006）．中世の身体　藤原書店
ルキアノス，S. 山田潤二（訳）（1989）．空を飛ぶメニッポス　ルキアノス，S. 呉茂一他（訳）　本当の話：ルキアノス短篇集（pp. 75-105）　筑摩書房
ルキアノス，S. 内田次信（訳）（1999）．ゼウス論破さる　ルキアノス，S. 内田次信（訳）　ルキアノス選集〈叢書アレクサンドリア図書館Ⅷ〉（pp. 89-103）　国文社
McCaw, D.(2015). *Bakhtin and Theatre: Dialogues with Stanislavski, Meyerhold and Grotowski.* London: Routledge.
Morreall, J.(1983). *Taking laughter seriously.* Albany: State University of New York Press.（モリオール，J. 森下伸也（訳）（1995）．ユーモア社会をもとめて：笑いの人間学　新曜社）
Morson, G. S.(1986). Dialogue, monologue, and the social: A reply to Ken Hirschkop. In G. S. Morson (Ed.), *Bakhtin: Essays and dialogues on his work* (pp. 81-90). Chicago: The University of Chicago Press,.
Morson, G. S. & Emerson, C.(1990). *Mikhail Bakhtin: Creation of a prosaics.* Stanford: Stanford University Press.
プラトン　加来彰俊（訳）（1967）．ゴルギアス　岩波書店
プラトン　藤沢令夫（訳）（1994）．メノン　岩波書店
ポドグージェツ，Z. 諸星和也（訳）（1985）．バフチンとの対話　ドストーエフスキイ研究，Ⅱ, 62-69.
ラブレー，F. 宮下志朗（訳）（2006）．ガルガンチュアとパンタグリュエル２：パンタグリュエル　筑摩書房
ラブレー，F. 宮下志朗（訳）（2007）．ガルガンチュアとパンタグリュエル３：第三の書　筑摩書房
Relihan, J. C.(1993). *Ancient Menippean satire.* Baltimore: The Johns Hopkins University Press.
Screech, M. A.(1979). *Rabelais.* London: Duckworth.（スクリーチ，M. A. 平野隆文（訳）（2009）．ラブレー：笑いと叡智のルネサンス　白水社）
セネカ，L. A. 国原吉之助（訳）（1991）．アポコロキュントシス：神君クラウディウスのひょうたん化　ペトロニウス，A. 国原吉之助（訳）　サテュリコン：古代ローマの風刺小説（pp. 303-334）　岩波書店
シクロフスキー，V. B. 松原明（訳）（1988）．手法としての芸術　桑野隆・大石雅彦（編）　ロシア・アヴァンギャルド⑥フォルマリズム：詩的言語論（pp. 20-35）　国書刊行会
スタニスラフスキー，K. 岩田貴・堀江新二・浦雅春・安達紀子（訳）（2008a）．俳優の仕事・第一部　未來社
スタニスラフスキー，K. 堀江新二・岩田貴・安達紀子（訳）（2008b）．俳優の仕事・第二部　未來社
杉里直人（2007）．訳注：フランソワ・ラブレーの作品と中世・ルネサンスの民衆文化　杉里直人（訳）　バフチン，M. M. ミハイル・バフチン全著作第七巻：〈フランソワ・ラブレーの作品と中世・ルネサンスの民衆文化〉他（pp. 735-834）　水声社
田島充士（2016）．言葉の理解およびその教育可能性をヴィゴツキー・内言論から捉える：スタニスラフスキー・ポドテキスト論を補助線として　ヴィゴツキー学，別巻4号, 45-57.
高橋誠一郎（2007）．ロシアの近代化と若きドストエフスキー：「祖国戦争」からクリミア戦争へ　成

文社
トルストイ, L. G. 原久一郎（訳）(1966). トルストイ全集1 春陽堂書店
上田徹 (2001). プラトン：初期対話編研究 東海大学出版会
Uhlik, M. (2008). Simmering in the Soviet pot: Language heterogeneity in early Soviet socio-linguistics. *Studies in East European Thought, 60,* 285-293.
ヴォルテール 川口顕弘（訳）(1988). ミクロメガス：哲学的物語 ヴォルテール 川口顕弘（訳） ミクロメガス (p. 55-97) 国書刊行会
山城むつみ (2010). ドストエフスキー 講談社
Zappen, J. P. (2004). *The rebirth of dialogue: Bakhtin, Socrates and the rhetorical tradition.* Albany: State University of New York Press.

バフチン-ヤクビンスキー理論の
社会的実践への示唆

第6部

バフチン−ヤクビンスキー理論の実践的な解釈可能性
教育実践研究を事例として

田島充士

　本書においては，第1部でヤクビンスキー『ダイアローグのことばについて』の邦訳に取り組み，第2部では『ダイアローグのことばについて』におけるダイアローグ・モノローグ概念の展開について解説を行った。また第3部では，言語学者としてのヤクビンスキーの履歴について紹介した。さらに第4部と第5部では，このヤクビンスキーの議論を視点として，『小説の言葉』および『ドストエフスキーの詩学』を中心に，バフチンによるダイアローグ・モノローグ論の展開について分析を進めてきた。

　本部では，具体的な社会的実践を分析するツールとしてのダイアローグ・モノローグ概念の展開可能性について検討を行う。バフチンが強調する，話者同士が個々の人格的視点の独自性を十分に尊重しつつ，生産的な相互交流を行うというダイアローグの実現は，現代においてもなお達成困難な課題といえる。本部においてはまず，ヤクビンスキーの議論を視座に解釈したバフチンのダイアローグ論の立場から，言語交流のモデル化を試みる。その上で，著者が関わってきた学校教育における実践研究を主な対象として，この言語交流モデルをもとにした学習者の実態及び，彼らのコミュニケーションを生産的なものとして展開させ得る教育介入の可能性について論じる。

第1章　バフチンとヤクビンスキーによる
ダイアローグ・モノローグ論の総括

　本書における議論を最大限に要約し，バフチンの論とヤクビンスキーの論の共通点をあげるならば，それは話者の言語認識が日常生活などの慣習的実践に埋没することへの懸念を表明した点にあるといえる。そして個々の生活世界における言語活動に参与すると同時に，異質な文脈を背景とする人々との相互交流も可能とする話者の姿についても，双方ともに論じている。その一方で，この異質さの読み取りについては，それぞれの論において，強調点が微妙に異なっている。

　ヤクビンスキーの議論においては，ことばが指し示す具体的な対象および，話し手が発する身振り・表情やイントネーション等の認知を示す「空間的リソース」，そして話題のテーマに関して話者が想起する記憶を示す「知識的リソース」の共有への期待が，コミュニケーションに参加する話者の間で高まることに焦点が当てられている。本書第2部では，これらのリソースの総体をヤクビンスキーは「統覚量」と呼んだが，このリソースはいずれも，「情報的側面（事実に関する話者の認知）」と「評価的側面（その事実に対する話者の価値判断）」を含むと捉えた。[1]

　そしてヤクビンスキーの関心は（バフチンと比較するならば），前者の情報的側面に向いていると読み解いた。話者間の文脈（この場合，個々の話者の統覚量）の異質さは，ヤクビンスキーの議論においては主に，情報的側面におけるギャップの多寡により立ち現れる現象として扱われている。『ダイアローグのことばについて』の主軸となる議論においては，話者らがコミュニケーションを継続し，相互に共有を期待できる情報が積み上がっていくことにより，彼

1　「空間的リソース」「知識的リソース」およびことばの「情報的側面」「評価的側面」は，本書第2部において，ヤクビンスキーの議論に関する解説を通し著者が独自に提唱した概念である。

らが使用する言語表現の省略が進む一方で，その種の情報共有が期待できない場合は，話者は自らの意志を可能な限り，言語的に表現する必要が生じると分析されているからである。

　そして前者は，話し手と聞き手の役割交替が頻繁に生じる「ダイアローグ形式」的コミュニケーションとして，また後者は話し手と聞き手の役割が固定化する「モノローグ形式」的コミュニケーションとして展開されるという。さらに情報の共有が高く期待できる話者間で展開されるコミュニケーションでは，その発話を操作する話者がことばの意味や発話構成について考えることをしなくなる，言語認識の「自動化」が進むのだという。

　一方，バフチンは話者が抱える異質さについて，ことばの情報的側面も無視はしていないが，評価的側面をより重視しているように思われる。特に『ドストエフスキーの詩学』においては，分析から情報的側面を切り離し，評価的側面の分析に注力する傾向が読み取れる。聞き手が話し手の発話に対して「否定的評価（否認・批判）」を下し，その評価に話し手自らが応答しなければならないと判断される場合，聞き手の応答を実際に聴き取る前にその応答に応答しようとする，緊迫した「内的ダイアローグ」が話し手の意識において活性化することもある。この種の内的ダイアローグが個々の話者において活性化した場合，自動化されその意味について疑問にも思わなくなったことば・イデオロギーを，話者なりの解釈を込めた意味として発していく必然性が生じる（裏を返せば，「肯定的評価（是認）」が聞き手により下される場合は，自動化が進む）。その結果，話者一人一人が自身の内的ダイアローグの総体としての特殊な「人格」を維持しつつ，異質な活動文脈を背景とする人々とのコミュニケーションを行い続ける言語活動状況が立ち現れる。

　ドストエフスキーの小説構造に象徴される，上記のような状況を，バフチン（1995, pp. 15-16）は「ポリフォニー」と呼ぶ（ほぼ同じ状況を示す概念として「ラズノレーチエ」（バフチン，1996, pp. 71-72）もあげられる）。一方，個々の人格における独自性が十分に発揮されないようなコミュニケーションの展開する状況を示す「ホモフォニー」は，ポリフォニーに対置されるものとして捉え

られている。

そして『小説の言葉』『ドストエフスキーの詩学』(およびその関連文献) においてバフチンが展開するダイアローグ・モノローグとは，このポリフォニー・ホモフォニーと関連づけることが可能なものと考えられる。本書第5部では，これらのバフチンの議論文脈でいう両概念をそれぞれ，「ポリフォニー・ダイアローグ」および「ホモフォニー・モノローグ」と名づけた。

第2章　バフチンとヤクビンスキーのダイアローグ論を接続した言語交流モデルの提案

以上の議論から，本章では，言語交流の実証的な検証視点を析出するためのモデルを提案する（以下の図を参照）。本図は，話し手の立場からみて，**ヤクビンスキーが重視した聞き手との「情報共有の期待の有無」を横軸**に，また**バフチンが重視した聞き手の「肯定的評価・否定的評価の読み取り」を縦軸**に配置し，それぞれの聞き手が背景とする文脈の異質さの予測の違いから想定できる，典型的なコミュニケーション（言語交流）の特性をカテゴリー化したもの

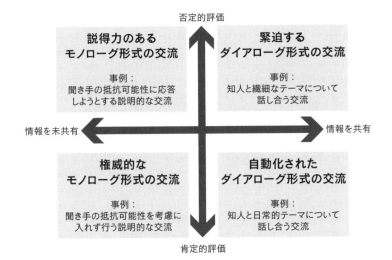

である。話し手が感知する,自らの発話に対する聞き手の「抵抗」(Шахматов, 1911, pp. 95-96)(共有情報がない＋評価が否定的)の程度を図式化し,聞き手との間で展開するコミュニケーションの特性を分類したものといえる。なお,本図において使用する「ダイアローグ・モノローグ」は,ヤクビンスキーのいうコミュニケーション(発話)の形態を分類する概念として使用している。

なお,モデルとして簡易化するため,話し手の視点に固定してコミュニケーションの分類を行っているが,これらの交流特性はもちろん,聞き手からのリアクションの内実によっても決まると考えている。これらは,あくまでも聞き手との連鎖的応答を通し,事後的に話し手によって確認されるカテゴリーと想定している。またこれらの抵抗を聞き手が感知するかどうかは,相手の抵抗に対する話し手の「センシティビティ」に依存するとも考えている。[2]

「自動化されたダイアローグ形式の交流」とは,聞き手との情報共有が期待され,しかも聞き手の評価が肯定的であると話し手によって予測される場合のコミュニケーションを示す。互いをよく知る知人同士が共に知り得る,日常的活動に関する話題を交換するようなコミュニケーションを想定している。典型的なコミュニケーション例として,仲間や家族などの頻繁に接触する人々との融合的な一体感の中で交わされる交流があげられる。自分の発言に対する聞き手の抵抗をほとんど感知しないため,個々の話者が発する発話の形態はダイアローグ形式的になり,また話し手の人格における内的ダイアローグの活動も低下し,言語認識の自動化は進む。

「緊迫するダイアローグ形式の交流」は,聞き手との情報共有は期待されるものの,その話題について,聞き手からの否定的評価が話し手によって予測される場合のコミュニケーションを示す。相手を立腹させる可能性がある,伝えにくい繊細な情報を,親しい知人に伝えねばならないようなコミュニケーションを典型例として想定している。また互いに悉知するテーマについて,批判的

---

2 聞き手の抵抗を感知する「センシティビティ」は,本書第2部において,ヤクビンスキーの議論に関する解説をもとに著者が独自に提唱した概念である。

な意見を交わし合うディスカッションも，このパターンに当てはまるだろう。話し手は聞き手とコミュニケーションのテーマに関する情報共有を期待し，相手が背景とする文脈の実態もかなりの程度，予測し得る。それだけに，自分の発言に対し聞き手が否定的な評価を下す可能性も感知しやすくなる。そのため，実際に表面化するコミュニケーションの形態はダイアローグ形式になっても，話し手の発話に対する緊張度が高まり，内的ダイアローグは活性化する（言語認識の自動化は抑制される）。場合によっては，話し手の言語認識における緊張度は「痙攣」（バフチン，1995, p. 396）するほどに高まることもあるだろう。

「権威的なモノローグ形式の交流」は，聞き手との情報共有は期待されないが，一方で聞き手による肯定的な評価が予測される（否定的評価が下される可能性を考慮しない）場合のコミュニケーションを示す。教員が講義内容をモノローグ形式的なことばにより学習者に説明するが，しかし彼らの応答をあまり配慮せずにいるコミュニケーションが典型例になると想定している。聞き手独自の解釈可能性に対する考慮が希薄なこの交流では，話し手の人格における内的ダイアローグも低調となる。これは上記の事例でいえば，教員は学習者の抵抗可能性に緊張することなく，発話し続けているという事態に現れるのだといえる。この場合も，話し手の言語意識は自動化される傾向にあるだろう[3]。

「説得力のあるモノローグ形式の交流」は，聞き手との情報共有が期待できず，さらに聞き手による評価も否定的であると予測される場合のコミュニケーションを示す。学習者の既有知識の実態（情報的側面）や批判・反発（評価的側面）を先取りして教材研究を行い，また実際に学習者が表現した応答に柔軟に応えて説明しようとする教員の言語活動が，典型的な事例として想定される。また読み手の共有知識のなさと，彼らの批判可能性を十分に考慮に入れた論文・エッセー・小説やプレゼンテーション資料の執筆活動なども該当する。こ

---

[3] 教育実践の観点からヤクビンスキーの議論を引用した Skidmore（2016, pp. 40-42）は，教室において教員が展開するモノローグ形式の交流の典型として，教員が生徒たちに対し静粛さを要求し，一方的に知識伝達を行うようなパターンのコミュニケーションをあげている。Skidmore の指摘は，権威的なモノローグ形式の交流を指したものといえるだろう。

のような場合，モノローグ形式的なことばを構成する話し手の人格において内的ダイアローグは活性化し，交流相手の応答可能性に対し「痙攣」するほどに緊張する場合もあるだろう。

なお上記の交流モデルの分類はあくまでも相対的なものであり，実際のコミュニケーションは，四分類したカテゴリーの要素が組み合わされた，中間的な言語現象として立ち現れると想定している。

そして本書第5部で提案した「ホモフォニー・モノローグ」に相当するのは，聞き手の抵抗可能性に対する話し手の配慮・緊張があまり示されない「権威的なモノローグ形式」および「自動化されたダイアローグ形式」の交流である。一方，「ポリフォニー・ダイアローグ」に相当するのは，聞き手の抵抗可能性に対する話し手の配慮・緊張がかなり示される「緊迫するダイアローグ形式」および「説得力のあるモノローグ形式」の交流である。

第3章　学校教育におけるダイアローグを価値づける

本章では前章において提案した言語交流モデルの，学校教育における言語活動への適用可能性について論じる。さらに異質な文脈を背景とする者同士が，個々の人格の独自性を十分に尊重する相互交流を行う，ポリフォニー・ダイアローグの実現を目指すという観点から，学校教育において展開され得る実践の価値づけを行う。

3-1　教室におけるコミュニケーションの課題と実践研究の展開

バフチン理論を分析視点とし，教室における子どもたちの学びが，いわゆる「モノローグ」に陥っているとする指摘はこれまでもなされてきた（秋田，2010, pp. 12-13；黒田・森本，2010, pp. 53-55；植西，2001, pp. 60-61）。秋田は，教室における決定権のあることばの多くは教員のものであり，学習者の思考は教員のことばにモノローグ化されているのだと指摘する。ここで言及されてい

るモノローグとは，これらの論文における議論文脈から判断して，本書でいうホモフォニー・モノローグを示すと考えられる。

　このような教室におけるコミュニケーション状況を打開するため，様々な実践方法に関する研究がなされてきた。また昨今，学習者自身が主導権を握って進める学習スタイルを示す「アクティブ・ラーニング」（溝上，2007，pp. 270-271，2014，pp. 221-224）の概念が教育現場でも普及してきている。そして教員が学習者らに対して一方的な講義を行い，学習者らは受動的にそれを聞き取るというような従来型の教育方法だけではなく，学習者自身が学習対象となることば・イデオロギーについて調べ，話者との批判的な議論を展開する，いわばポリフォニー・ダイアローグの実現を目指す方法が価値づけられるようになってきている。

3-2　学びをアクティブにする聞き手の設定

　ただし授業で培う学びの交流を，ポリフォニー・ダイアローグにまで高めるためには，注意すべきポイントも多い。

　まず「誰のために」学習成果を発表するのかという，聞き手の設定を不明確にしたまま，この種の実践を行っても，学習者らの個々の人格における内的ダイアローグを活性化することにはつながりにくいという問題を指摘しなければならない。そもそも聞き手の設定が，その発言内容に関わる情報をよく知っている親しい仲間のままでは，モノローグ形式的に複雑で多面的な言語表現をともなう説明を行うことや，その内容について批判的に評価・検証することの動機づけが不明確になると考えられるからである（田島，2013a，pp. 74-80，2014a，pp. 3-9; 富田，2014，pp. 17-20）。

　このような状況では，学習者同士の話し合いは自動化されたダイアローグ形式の交流にとどまり，学習者個人の学習成果に関する内容吟味や言語化の程度も仲間内に通じる程度のもので終わってしまう可能性は高いだろう。[4]本書第4

4　宇佐美（2013, pp. 233-247）は，昨今の学校現場における授業研究者が学習者らの相互交流の実

部で紹介した田島（2010, pp. 3-9, 2013b, p. 83）のいう「分かったつもり」とは，このような状況で学習を行ってきた者が，異質な文脈を背景とする，強い抵抗を示す他者からの批判的な質問に十分に応じることができない状態を示すと考えている。

　裏を返すならば，学習者がこの種の自動化にとどまり続けることを避けるためには，彼らの学習成果に対して応答する聞き手の設定を，その発表内容について強い抵抗を示す人物にすることが有効だろう。つまり**その発話内容に関する情報の共有が期待できず，またその発話内容について否定的評価を下す可能性が高い他者**を聞き手に想定することが，学習対象に対する言語認識の自動化を防ぎ，彼らの学びとしてのやりとりを，ポリフォニー・ダイアローグにしていく上で効果的だと考えられる。

　　現に注力するあまり，学習者が一人でじっくりテキストに向き合い，論理的な批判を行う活動の重要性を十分に考慮しない傾向に対し警鐘を鳴らしている。「「対話」の過程においては，自分一人で静かに長時間，思考する自由が無い。考えをゆっくり文章に書く自由も無い。考えるために，問題意識を持って読書する自由も無い」（宇佐美，2013, p. 235）との指摘は，教室のやりとりが，本書でいう自動化されたダイアローグ形式の交流で埋め尽くされてしまった場合のリスクを示すものと思われる。一方で宇佐美は，「気分任せで流れて行ってしまう……「対話」自体を，分析・検討する思考」（宇佐美，2013, p. 237）として彼が「メタ対話の思考」と呼ぶ学習者の内的交流を価値づける。このメタ対話の思考をともなう交流は，本書でいえば，聞き手の知識の程度や批判的な応答可能性を鋭く予測しながら展開するポリフォニー・ダイアローグに相当するものといえる。

5　この種の，特定の意見に安易に同意せず，批判をともなうコメントを行う他者との相互交流に参加することが，学習者の学びを深化させ得るという効果は，バフチンの議論を教育実践に適用する複数の研究者によっても指摘されるものである（Dysthe, 2011, pp. 74-79; Matusov, 2001, pp. 388-391; 宮崎, 2013, pp. 5-8）。

6　鈴木（2014, pp. 86-90）は情報を共有せず，かつ，書かれた情報に対して否定的な評価を下す「口うるさい他者」と呼ぶ交流相手の視点を意識することが，論理的な文章の執筆において効果的であると指摘する。そして大学生を対象に，このような他者との交流をリアルな内的・外的ダイアローグとして展開する支援を行うことで，レポートを構成する言語構成の論理性を上げる（本書でいう説得力のあるモノローグ形式の交流とする）ことに成功した指導事例を報告している。

　　また森田ら（森田，2004, pp. 28-60; 田島・森田，2009, pp. 478-490）は，小学校5年生の理科授業における学習成果の発表活動を対象に，授業文脈を共有しない人物の視点を活用した研究授業の報告を行う。本実践において発表者は，この人物の立場から発表資料について批判的な検討を行い，聞き手もまた，この人物の視点から批判的な質問を行うことになっていた。この人物は，本書でいう，発表内容についての情報を知らないと同時に，発表内容について否定的評価を行う他者に該当する。この他者を聞き手として想定した発表活動とそれにともなう討論を通し，学習者たちは，資料の記述などを述べるだけの分かったつもりの状態から，他者が持ちこ

3-3　学習者たちのポリフォニー・ダイアローグを促進する教員のことば

　さらに本書で検証したバフチン－ヤクビンスキー理論の観点からいうなら，教員のことばが果たし得る役割を検証することも，学習者らの交流をポリフォニックなものに組織する上で重要だろう。

　無論，学習者らの意識世界の内実を無視したまま，教員が一方的な説明を長々と行う（権威的なモノローグ形式の）交流では，学習者らの内的ダイアローグを刺激し，彼ら独自の解釈を促進することは困難だろう。しかし一方で，たとえ教員が一人でしゃべり続け，学習者らが沈黙して傾聴し続けるような交流形態であっても，その教員のことばが，学習者らの既有知識や否定的な評価可能性を鋭く予測して，学習対象に関する解説を丁寧に行うものであれば，ソクラテスのことばのように，学習者らの内的ダイアローグを刺激し活性化するものにもなり得るだろう（説得力のあるモノローグ形式の交流になるということ）。例えば学習者らの視点からみて分かりにくいと予測される概念の意味を解説する際に，彼らが関心を寄せる身近な事物を事例として使用したり，彼らにとって分かりやすいと思われるモデル・実験を作成したりするような状況が想定できる。

　例えば，バフチンのダイアローグ論との関連が指摘される，ブラジルの教育学者・フレイレが展開する教育論においても（Bowers, 2005, pp. 368-369; 桑野, 2002, pp. 234-235），教員が展開し得るポリフォニックなことばの事例を見出し

む様々な観点を取り入れた，多面的な解釈を行えるようになった。
　以下に引用するやりとり（発表原稿を作成する際の討論）では，「なんでって（聞き手から）聞かれたらどうするんだよ？」という竹中くんの発言において，他者との内的ダイアローグの展開が示唆される。竹中くんは，調べた情報を単にまとめるだけではなく，設定された他者の否定的評価に対するセンシティビティを上げ，この他者の視点から発表内容を，内的および外的なダイアローグにおいて，異化的に検討するようになっていたと解釈できるだろう。
　　吉川：（発表原稿を読み上げて）ここで浸透圧方法について説明します。キュウリに塩をかけると水が出てきます。
　　竹中：なんでだよ，なんでだよ？
　　吉川：ねえ，みんな知っているよねえ？常識だよねえ？（竹中君をのぞく班のメンバーは，みな頷く）
　　竹中：知らない。知っているけれど，どうして（水が）出るのかが分からない。（中略）ねえ，なんで，なんでって聞かれたらどうするんだよ？
（田島・森田，2009, p. 485 から一部修正）

得る。彼の教育実践論を具体的に展開した著作の一つとして知られる『伝達か対話か』(1967) では，学習者の抵抗可能性に鋭く応答し，また挑発し得る教員のことばが，以下のように鮮やかに描き出されている。

> 一方のやり方は4×4を黒板に書いて，生徒たちにそれを暗記させるというやり方だ。もうひとつのやり方は，4×4を具体物におきかえて示すというやり方である。例えば，四つのレンガを四列に積み上げてみる。機械的に4×4を暗記するかわりに，生徒はそれが人間の営みとどのように関連しているかを，おのずと見い出すことになるだろう。（フレイレ，1982, p. 195）

　このような教員のことばは，学習者の生活文脈を考慮せず，機械的にテキストの情報を丸暗記させようとする教員のものとはまったく異なった性質を帯びるだろう。この教員は，抽象的な概念を説明するため，学習者にとって既知であり，かつ操作が容易と思われる具体物を活用して説明を行っている。いわば，学習者自身による批判的検証（数概念が使用できる応用範囲を拡張したり，生活場面で使用する計算方法との良し悪しを評価したりするなど）を挑発することばといえる（フレイレ, 1982, pp. 192-197）。またこのように発せられた教員のことばに対してであれば，学習者が黙って傾聴している間も，教員の展開する話と，自分の過去経験を照合させ，内的に批判的な応答を行う可能性は高いだろう。その意味で，この種の教員のことばは，たとえその表面的な交流形態がモノローグであったとしても，ポリフォニー・ダイアローグの展開を目指すものになっているといえる。
　Öhman (2017, pp. 17-19) はバフチン理論の視点から，教育現場におけるダイアローグ性とは，学習者間の交流形態を表面的に示す概念ではなく，教員が話す発話の長さを問題にするものでもないと指摘する。そして長広舌であっても，それが教材に対する教員自身の価値的視点が取り込まれたものであり，かつ，学習者の応答可能性を考慮した「評価的視点 valuating perspective」をもっ

て発せられているか否かが重要なのだと主張する。

　以上のような交流を展開するためには，教員は教材作成に取り組む時点で，自らの意識において学習者らの応答可能性とじっくり交渉する必要があるだろう。しかしこのようにして構成された教員のことばが，学習者らの内的ダイアローグと共鳴することができれば，彼らの積極的な学習姿勢を刺激する可能性は高いだろう。

3-4　学習者らの学びをポリフォニックにするロールモデルとしての賢明な愚者

　ただし，教員による説得力のあるモノローグ形式のことばが，それに対する学習者の過剰な「信用」を招き，権威的なモノローグ形式の交流に変質してしまうリスクがあることも指摘しなければならない。

　教員が発することばを学習者が信用することは，本書第4部の権威的な言葉に関する議論の中で論じたように，学習者の学びにおいて必須のプロセスでもある。しかし過度な信用は，ことばの解釈に対する学習者らの教員に対する依存を強め，彼ら自身の内的ダイアローグにおける検証活動を不活発にし続ける可能性もあるだろう。そしてこのリスクは実は，教員の発することばが学習者の思考世界に対して応答的なものであればあるほど，高まるように思われる。魅力的な教員のことばに学習者はより高い信用を置くだろうし，そのようなことばに対しては次第に（教員の当初の意図とは異なり），彼らが否定的な評価で臨むことがなくなるという事態は容易に想像できるからである。

7　Miyazaki (2010, pp. 42-44) および宮崎 (2012, pp. 17-20) は，教員をバフチンのいう小説の「作者」にたとえ，学習者らを「登場人物」にたとえる。そして学習者＝登場人物らがポリフォニックな交流を行うためには，教員＝作者がそのことばを初めて学ぶ学習者の視点に立ち，多面的な教材解釈を行うこと（この種の教材解釈を「文化との再会」と呼ぶ）が必要であると論じる。このような教員のことばにより，既存の意味の押しつけだけではなく，学習者＝登場人物らが授業の中で提案する様々な解釈を受け止め，さらなる解釈可能性に向けた新たな交流を創出することが可能になるのだという。

8　「信用」は，子どもが親や教員からことばを学ぶ際，批判的な応答を行うことなく，彼らのことばの模倣を可能にする心性として，著者が本書第4部において提唱した概念である。

9　Sullivan, Smith, & Matusov (2009, p. 340) も，魅力的で尊敬できる指導者の言説には，学習者の思考を，有無をいわさず従わせてしまう力があると指摘している。

したがって教員は，自らが見事な解説を行うだけではなく，学習者自身が，ポリフォニー・ダイアローグを展開できるように配慮する必要がある。この活動をバフチン－ヤクビンスキーの議論に引き寄せて言い換えるならば，教員から提示されたことば・イデオロギーを，学習者が向き合う聞き手に対して志向を向けた，独自のアクセント・解釈を付した彼ら自身の「声」(バフチン, 1996, p. 128) にしていく活動を支援するということになるだろう[10]。

　そのためには，教員は自分が発したことばに対する学習者たちの信用を過度なものとせず，場合によっては彼らの依存的心性をいったん突き放し，彼ら自身にこれらのことばを再編集させる働きかけを行うことも求められるだろう。

　その際にヒントとなるバフチンの概念が，ラズノレーチエをもたらす「賢明な無知」(バフチン, 2001b, p. 500) およびそれを展開する他者としての「賢明な愚者」と思われる[11]。賢明な愚者は部外者の立場から，人々の抱くイデオロギーを否定的に評価（異化）し，彼の批評に対する応答を人々に迫る他者である（ソクラテスもしくは探偵・刑事がその典型）。この種の役割を学習者らの人格に内化させ，その部外者的視点から，ことば・イデオロギーのアンビヴァレントな解釈可能性を検討するように促すことが，教室において学習者らがポリフォニー・ダイアローグを展開できることにもつながるのではないだろうか。そして場合によっては，教員自らがこの賢明な愚者となり，学習者に働きかける必要もあるだろう。

10　西口 (2015, pp. 108-121) は言語教育において，学習者はバフチンのいう「人格」の視点から発する「声」としてことばを学ぶ必要があると指摘する。その上で模倣的学習のウェイトが高い傾向にある（ホモフォニー・モノローグとしての交流になりやすい）学習初期段階において，教科書の会話例を機械的に読み上げて暗記するだけではなく，登場する人物の人格的視点を想像して情感を込めた交流を行う活動を促進する実践を設計した。学習者は，この人格的視点をモデルとして，今度はこのことばを自分自身の人格的視点から自らのエッセイに組み込み，また実際に他者に向けて話しかけてみるなどの交流活動を行うことになっていた。この種の活動を通し，聞き手の応答可能性と話し手としての自分自身の人格的視点を相関させ，教員から教わったことばを，自分なりのアクセントや言語表現を加えた声に仕立て直す支援を行うことこそが西口のねらいといえる。西口の実践は，初期段階の言語学習場面において，学習者固有の視点を活かしたポリフォニー・ダイアローグの展開を目指す試みといえるだろう。

11　「賢明な愚者」は，本書第4部において著者がバフチンのいう「賢明な無知」と関連づけた歴史的概念である。

具体的にいえばそれは，教科書・参考書の記述内容を学び，また教員の行う解説を信用しつつも，同時に，自分自身の経験や他教科・他領域の知識，他の社会に住む人びととの関連する意見など多角的な視座から批判的に再検証し直す，賢明な愚者が展開する陽気な相対性をともなう交流になるだろう。[12]

　以上のように学習者一人一人が賢明な愚者の視点を内化し，互いに否定的評価を下しあうポリフォニー・ダイアローグを促進する上で，教員と学習者，学習者と学習者との関係を，信用と同時に，ともに未来のダイアローグを陽気に切り拓こうとする「信頼」[13]できるものにしていくことは大切だろう。[14]つまり，

12　著者自身，大学で受け持っている生徒指導などに関するテーマを扱う授業で，この発想に基づく研究授業（受講者100名前後）を2014年から実施している（Tajima, 2014, 2018）。この授業では，全体のおよそ7割の時間を費やして心理学の基礎理論を古典的な講義スタイルで教示し，残りのおよそ3割の時間を使用して，各グループにおける話し合い活動を導入している。このグループ活動では，講義で学んだ理論とは一見，矛盾するようにみえる主張を行う他者（賢明な愚者）の役割設定を行い，グループメンバーから募った志願者にその役割を担わせて他のメンバーと議論するロールプレイ課題を実施する。これは例えば「不登校傾向の児童・生徒を支援する上で，別室登校などの個別指導は有効」という情報を学んだ学生に対し，「個別対応の先生が甘やかすから自分が担当する子どもが不登校になるのだ」と批判的に迫る教員の役割設定を行い，志願者にその主張を行わせ，他のメンバーは心理職の立場から，この教員役の志願者が持ち込む矛盾状況の解決を図るというような課題である。
　　この種のロールプレイを通して多くの学生たちが，学習した内容の暗記にとどまらず，その内容を多面的に検討し，複数の立場を考慮して現実的な打開策を構築するための批判的な評価を行う（場合によっては笑い楽しむ）ようになる効果を確認している。つまり，彼らは賢明な愚者とのダイアローグを通し，学習内容にポリフォニックにアプローチをするようになるのだと思われる。以下は，本授業を受講した学生の感想文からの抜粋だが，彼女がこの課題の中で心理学の情報を，聞き手の立場を熟慮して，ポリフォニックに活かそうとしていたことを示唆するものといえる。
　　　心理学の知識そのものは，私たちがそれを人々の生きた文脈と共感的に関連づけない限り，使い物にならないものだ。私たちは，私たちの聞き手が独自の視点と価値観を持って，それぞれの世界を生きているということを理解せずに，（その知識を使った）生産的なダイアローグを行うことはできない。（3年生女性21歳）
13　「信頼」は本書第5部において著者が提唱した概念であり，抵抗を示す他者と交流を続けることに対する価値を認め，彼らと共にあり続けたいと願う話者の心性を示す。信用が話し手の発することばをそのままの形で受け取る心性を示すのに対し，信頼はそのことばの内実に対する批判的な検討を相互に尊重し価値づける心性になると想定している。
14　Matusov（2001, pp. 388-393）は，学習者間の批判的ダイアローグが生産的に行われるために教員は，知的な情報の交換だけではなく，相手に対する尊重の念を互いに持つよう注意を払わなければならないと指摘し，これを「敬意を表する不一致 respectful disagreement」と呼ぶ。この場合の「敬意」は，この論文で紹介される，大学生を対象とした，学習者同士の人間関係をつなぎ直そうとする 著者自身による教育実践記録から判断して，本書でいう「信頼」に含まれる概念と判断される。

教室をポリフォニー空間とするためには，教員は教室内における人間関係を生産的な信頼感がともなうものとするマネージメントにも注力をしていく必要があるのだろう。[15]

　さらにこの種の教育実践における学習達成度の測定においては，同一の知識・イデオロギーを支持すると同時に，学習者独自の人格的関心・視点からの批判も表明するという「ソグラシエ」（バフチン，1995，p. 196）を意識すべきだろう。授業においてソグラシエを意識するとは，学習者が公的で慣習的なテキストに従った「正解」を表明することだけではなく，その表明に至る交流において，彼ら独自の人格的視点を発揮しているかどうかという動きにも関心を向けることを意味するといえる。当然，測定方法としては覚えた知識の再生可能性を測定するようなテストだけではなく，その場で展開されるディスカッションや発表場面において，学習者らが自分の意見を表明するなどのプロセスを記録し検討することができる方法の開発・活用も必要になるだろう。

　そしてこのように学習者たちの交流をポリフォニックなものとするならば，授業はバフチンが問題視した「文盲の農民」（バフチン，1996，p. 71）が生きる状況のような，自分たちの生活とは関わりのない知識を詰め込む場としてだけではなく，相互の人格的視点からそれらを批判的に捉えるための場として機能し得るだろう。

15　大学教員でありカウンセラーでもある山崎（2014，pp. 209-216）は，学習内容に関する学習者の内省的報告活動（本書でいう説得力のあるモノローグ形式の交流に当たる）を促進する上で，カウンセラーの技法である，クライエントを受け入れて「共感的に傾聴する」情動的な支援と，距離をとって「分からないことを指摘する」批判的な評価を同時に行うことが有効であると指摘する。この山崎の支援・指導モデル（学生の発表に対する共感的傾聴＝信頼の構築と，その内容に対する批判的検討＝否定的評価を同時に行う教員の指導）は，ポリフォニー・ダイアローグを展開する教室集団を組織しようとする教員にとって，有用なものであるように思われる。

第4章 まとめ

　ここまでも述べてきたように，人々が独自性・自立性の高い自己意識を保ちながら，その日常生活のパターンや慣習に埋没することなく，異質な文脈を背景とする人々とのポリフォニー・ダイアローグを実現するということは，現代においてもなお達成が容易とはいえない課題である。

　現代においては，様々な世界と行き来し，異なる文化属性の人々と交流する機会は飛躍的に増えている。しかし現在の世界情勢をみる限り，人々がそれぞれの人格的視点から，互いの異質なイデオロギーをポリフォニックに相関させていくダイアローグの動きは，まだ十分なものとはいえないだろう。その意味で，バフチンおよびヤクビンスキーの理論的視点は，今日においてもなお，意義深いものがあるだろう。そしてまた，このような動きを実現させ得る機関としての，学校教育の役割と可能性についても改めて評価し直していく必要があるだろう。

引用文献
秋田喜代美 (2010)．教師の言葉とコミュニケーション：教室の言葉から授業の質を高めるために　(教職研修総合特集)　教育開発研究所
バフチン, M. M. 望月哲男・鈴木淳一 (訳) (1995)．ドストエフスキーの詩学　筑摩書房
バフチン, M. M. 伊東一郎 (訳) (1996)．小説の言葉　平凡社
Bowers, R. (2005). Freire (with Bakhtin) and the dialogic classroom seminar. *The Alberta Journal of Educational Research*, 51, 368-378.
Dysthe, O. (2011). Opportunity spaces for dialogic pedagogy in test-oriented schools: A case study of teaching and learning in high school. In E. J. White & M. A. Peters (Eds.), *Bakhtinian pedagogy* (pp. 69-88). New York: Peter Lang Publishing.
フレイレ, P. 里見実・楠原彰・桧垣良子 (訳) (1982)．伝達か対話か：関係変革の教育学　亜紀書房
黒田篤志・森本信也 (2010)．対話的な理科授業を通した子どもの科学概念構築に関する教授論的研究　理科教育学研究, 51, 51-62.
桑野隆 (2002)．バフチン：〈対話〉そして〈解放の笑い〉　岩波書店
Matusov, E. (2001). Intersubjectivity as a way of informing teaching design for a community of learners classroom. *Teaching and Teacher Education*, 17, 383-402.
Miyazaki, K. (2010). Teacher as the imaginative learner: Egan, Saitou, and Bakhtin. In K. Eagan & K.

Madej（Eds.）, *Engaging imagination and developing creativity in education*（pp. 33-44）. Newcastle upon Tyne: Cambridge Scholars Publishing.
宮崎清孝（2012）． 対話的授業論：理論的考察のためのメモ　事実と創造, 8-21.
宮崎清孝（2013）． 対話的授業論：理論的考察のためのメモ②　事実と創造, 2-8.
溝上慎一（2007）． アクティブ・ラーニング導入の実践的課題　名古屋高等教育研究, 7, 269-287.
溝上慎一（2014）．　自己－他者の構図からみた越境の説明：社会的他者性を統合して発展する　富田英司・田島充士（編）　大学教育：越境の説明をはぐくむ心理学（pp. 221-230）ナカニシヤ出版
森田和良（2004）．「わかったつもり」に自ら気づく科学的な説明活動（使える理科ベーシック5）　学事出版
西口光一（2015）．　対話原理と第二言語の習得と教育：第二言語教育におけるバフチン的アプローチ　くろしお出版
Öhman, A.（2017）. The dialogic classroom: Bakhtin and the valuating perspective. *LTR. Journal. 8*, 11-21.
Плахматов А. А.（1911）. История русского языка: Литографир. курс лекций. СПб.
Skidmore, D.（2016）. Dialogism and Education. In D. Skidmore & K. Murakami（Eds.）. *Dialogic pedagogy: The importance of dialogue in teaching and learning*（pp. 27-57）. Bristol: Multilingual Matters.
Sullivan, P., Smith, M., & Matusov, E.（2009）. Bakhtin, Socrates and the carnivalesque in education. *New Ideas in Psychology, 27*, 326-342.
鈴木宏昭（2014）． ライティング：問題設定と論述のメカニズムとその支援　富田英司・田島充士（編）　大学教育：越境の説明をはぐくむ心理学（pp. 77-91）　ナカニシヤ出版
田島充士（2010）．「分かったつもり」のしくみを探る：バフチンおよびヴィゴツキー理論の観点から　ナカニシヤ出版
田島充士（2013a）．　異質さと共創するための大学教育：ヴィゴツキーの言語論から越境の意義を考える　京都大学高等教育研究, 19, 73-86.
田島充士（2013b）． 質的研究概念としての「分かったつもり」　質的心理学フォーラム, 5, 83-84.
田島充士（2014）． 大学における説明の教育とは：「越境の説明」の提案　富田英司・田島充士（編）　大学教育：越境の説明をはぐくむ心理学（pp. 3-16）　ナカニシヤ出版
Tajima, A.（2014）. Development as performing otherness: Using Vygotsky and Stanislavski to create real discussions. 第15回国際ヴィゴツキー学会発表論文集, *2*, 172-176.
Tajima, A.（2018）. Inculcating "meta-positions" that enhance understanding in conflictive worlds: A study based on Bakhtin's ideas about dialogic estrangement. In M. Puchalska-Wasyl, P. Oleś, & H. J. M. Hermans（Eds.）, *Dialogical Self: Inspirations, considerations, and research. Selected papers from the 9th International Conference on the Dialogical Self, 7-10 September 2016, Lublin, Poland*（pp. 95-112）. Lublin: Towarzystwo Naukowe KUL.
田島充士・森田和良　（2009）．　説明活動が概念理解の促進に及ぼす効果：バフチン理論の「対話」の観点から　教育心理学研究, 57, 478-490.
富田英司（2014）．「越境の説明力」育成の社会的背景と理論的展開　富田英司・田島充士（編）　大学教育：越境の説明をはぐくむ心理学（pp. 17-29）　ナカニシヤ出版
植西浩一（2001）．　ポリフォニックな学びとしての総合的な学習：奈良教育大学教育学部附属中学校第一学年の実践を通して　教育実践総合センター研究紀要, 10, 59-67.
宇佐美寛（2013）．　教育哲学問題集：教育問題の事例分析　東信堂
山崎史郎（2014）．　セルフ・リフレクション：振り返りを共同の環のなかで捉える　富田英司・田島充士（編）　大学教育：越境の説明をはぐくむ心理学（pp. 203-218）　ナカニシヤ出版

あとがき

　私がヤクビンスキー『ダイアローグのことばについて』に出会ったのは，2008年の冬だったと記憶している。教育心理学を専門とする研究者として，バフチンのダイアローグ概念を応用し，学校現場での学習活動に関するデータ収集・分析を行っていた私は，同じ筑波大学大学院出身の伊藤崇さん（北海道大学）が作成したホームページで紹介されていたこの論文に関心を抱き，その英語訳を何気なく海外から取り寄せた。後から考えるとそれは，オリジナル論文と比較して大幅に情報が削られた抄訳だったのだが，読み始めてすぐに魅了されてしまった。そしてこの論文を読んだ後でバフチン（そしてヴィゴツキー）の主要論文を再読すると，これまで何度読んでも理解できなかった文章の行間を読み取ることができるような気分になっただけではなく，教育現場で生じている様々な問題とバフチンの諸理論をより容易に結びつけられるような気分にもなった（とはいえ，あくまでも「気分」というだけで，実際には両者の議論の曲がりくねった関係を把握するためにずいぶんと苦労をすることになったのだが……）。

　その後，より全訳に近いといわれるドイツ語訳を取り寄せ，学部時代に学んで以降，ほとんど使わずにさびついていたドイツ語の知識を総動員して邦訳に取り組むことにした。しかし抄訳だった英語訳からは想像もできないほど複雑に入り組んだ文章の解読は遅々として進まず，たった一文の翻訳に丸一日をかけてしまうこともまれではなかった。それでもなお，翻訳作業を続けることができたのは，本論文のおもしろさのおかげであったことはいうまでもない。

　この翻訳作業の過程で，すでにヤクビンスキーに関する論文を発表され，そして同じ東京外国語大学の同期生でもあった朝妻恵里子さん（慶應義塾大学）

にご紹介をいただき，2014年の春にバフチン研究の権威である桑野隆先生（元早稲田大学）と直接お会いする機会に恵まれた。その席で桑野先生から「『ダイアローグのことばについて』の翻訳の必要性を感じてきた」とおっしゃっていただき，朝妻さんがロシア語からすでに一部翻訳された資料もあわせ，監訳という形でご支援をいただくことを快諾していただいた。

　次は，この翻訳論文をどのような形で世に問うかということが問題になった。なぜなら，『ダイアローグのことばについて』は，紀要などに投稿するにはテキストの分量が多すぎ，しかし一冊の本として出版するには少なすぎたからである。そこで桑野先生とも相談の上，ヤクビンスキーが活躍した当時のロシア（旧ソ連）の言語学の状況や，ヤクビンスキーとバフチンのダイアローグ論・モノローグ論との関係について論じる論文と合わせて一冊の本とする企画書を作成し，複数の出版社に打診した。その中でゴーサインを出していただいたのが，福村出版・宮下基幸社長（当時は編集長）だった。宮下社長には，具体的な事象に関するデータを主に扱う心理学においても，それらのデータを抽象的に総括する理論を扱う研究書は重要であるとおっしゃっていただき，本書の企画を快くお引き受けいただいた。

　この企画書が通ってから，私はヤクビンスキーだけではなく，バフチンの主要著書に関連する周辺情報の収集にも着手した。特にバフチンが引用情報を付すだけで，具体的な事例などをほとんど引用していない文学作品には，できるだけ目を通すように心がけた。具体事例を豊富に扱うヤクビンスキー論文の読解経験から，これらの情報が，バフチンの抽象的な概念展開を読み解く上で役立つ，心理学でいうデータになるはずというもくろみを持っていたからだった。文学的素養のない私にとって，これらの文献を読みこなすこの作業はかなりの苦痛をともない，また多くの時間を浪費するものだった。

　しかしこれらの具体的な「データ」から，おぼろげながら，それまで読み取ることのできなかったバフチン像を見出すことができるようになったと感じている。そしてこのような理論的視座は，私がこれまで見つめてきた教育現場における教員や生徒たちが展開するコミュニケーションの別様の姿を見出し，ま

た新たな実践を創り上げていく契機にもなった。

　本書をようやく世に送り出すことができ，心からうれしく思う。しかし出版に到達するまでの道のりは，決して平坦なものではなかった。そしてその過程で，本当に多くの方々にお世話になった。

　まず本書の企画段階から多大なご支援をいただいた桑野隆先生にお礼を申し上げたい。桑野先生の研究室にお邪魔し，またビールを飲みながら，ヤクビンスキーやバフチンについて議論をさせていただいたディープな時間は私にとって万金に値する貴重な経験だった。これらの議論をきっかけとして，ヤクビンスキーに関する知見にとどまらず，それまでの私の発想にはなかったバフチン像を多少なりとも描き出すことができたように思う。また本書の実質的な編集作業についても，多くのご支援をいただいた。

　次に私の学位論文の指導教員だった茂呂雄二先生（筑波大学）と有元典文先生（横浜国立大学）にお礼を申し上げたい。バフチンのダイアローグ論を応用して現場実践の分析を行うという，ある意味で無謀な当時の私の試みに対しご指導をいただいた際のご苦労は，大学院生の指導を行う立場となった今だからこそ実感している。先生方のご指導がなければ，心理学者としてバフチン・ヤクビンスキーと関わり続けることもなかったと思う。

　Craig Brandist 先生（The University of Sheffield）に感謝申し上げたい。本書の企画をスタートした直後の 2014 年の夏に，バフチンに関する書籍を集積した「バフチンセンター」を管理されている Brandist 先生のもとを訪ねた。その際，ヤクビンスキーも含め，バフチンに影響を与えたロシアの知識人について 4 時間近くにわたり，ディスカッションをさせていただいた。また Marie Cecile Bertau 先生（University of West Georgia）に感謝申し上げたい。心理学者として早くからヤクビンスキー理論の可能性に着目していた Bertau 先生とは，ことあるごとにコンタクトをとり，多くのインスピレーションをいただいた。さらに八木君人先生（早稲田大学）に感謝申し上げたい。シクロフスキーの異化論とヤクビンスキーの自動化論を論じる上で，ロシア・フォルマリズムを専門と

される八木先生から多くのことを学ばせていただいた。

　本書の草稿を丁寧に読み，多くのコメントを下さった西口光一先生（大阪大学）・百川敬仁先生（元明治大学）・石島照代氏（東京大学）・山本登志哉先生（発達支援研究所）および文化理解の方法論研究会メンバーのみなさんに感謝申し上げたい。多くの脚注を挿入し，読みにくい草稿を見ていただくのは大変な作業だったと思う。印刷校に仕上げる段階で，みなさまからいただいたコメントは本当に大きな助けとなった。

　私のゼミの大学院生である馬場正太郎氏（東京外国語大学）と加藤慧氏（東京外国語大学）には，校正段階の細かなチェックまで含め，大いに協力していただいた。そして福村出版の担当者である榎本統太氏には，本書の編集全般にわたり，最後までお世話になった。深く感謝したい。

　最後に，今日まで私の意志を尊重してくれた私の父と母，私の研究に関心を持って傾聴してくれた妻の父と母，そして私の健康を常に気づかい支えてくれた妻の由夏と飛び切りの笑顔で応援してくれた娘の充夏に心から感謝したい。

2019 年 2 月
東京外国語大学・研究室にて

索引

ロシア語由来の項目には日本語の項目にロシア語を，英語由来の項目には英語を併記している。

●人名

◆英数字

Alpatov, V. M.　149
Bertau, M. C.　94, 166
Billig, M.　201
Bowers, R.　253
Brandist, C.　116, 118, 148, 164-165, 188, 233
Bruner, J.　183
Clark, K.　117, 165, 169, 179, 184, 188, 211, 221
Dittrich, O.　156
Dysthe, O.　252
Eagleton, T.　101-102, 111
Emerson, C.　164, 166, 172, 173, 178, 180, 216, 218, 220, 233
Friedrich, J.　90, 94
Garfinkel, H.　97, 178
Gulida, V.　85, 89, 93
Halasek, K.　185
Havelock, E. A.　169
Holquist, M.　117, 154, 165-166, 169, 170, 179, 183, 184, 188, 211, 221
Hirzel, R.　148
Ivanova, I. S.　85-86
James, W.　86
Kaiser, W.　174
Kaus, O.　222
Lähteenmäki, M.　116, 118, 164-165, 188, 233
Lyra, M. C. D. P.　95
Matusov, E.　182, 185, 252, 255, 257
McCaw, D.　229
Morreall, J.　200
Morson, G. S.　164, 166, 172-173, 180, 182, 184, 216, 218, 220, 233, 237
Öhman, A.　254
Oliviera, R. S.　95
Poole, B.　148
Relihan, J. C.　219
Skidmore, D.　249
Smith, M.　182, 255
Spitzer, L.　148, 156
Sullivan, P.　182, 255
Uhlik, M.　116, 233
Zappen, J. P　198

◆あ行

アープレーイユス，L.　196
アイスキュロス　10-11, 77
秋田喜代美　250
朝妻恵里子　2, 102, 103
アリストテレス　8-13
アリプラデース　11
イヴァノフ，A. M.　131-132, 139, 141
石川達夫　176-177
磯谷孝　150-151
伊東一郎　212, 231
岩田靖夫　194, 198
ヴィゴツキー，L. S.　87, 162, 183
ヴィノクール，G. O.　134, 138
ヴィノグラードフ，V. V.　116, 132, 134, 142, 156, 230
ヴヴェジェンスキー，A. I.　69

265

上田徹　204
植西浩一　250
ヴェルドン, J.　174
ヴォルコンスキー, S. M.　73-74
ヴォルテール　208-209
ヴォロシノフ, V. N.　87, 131, 132, 140-143, 148, 149-153, 237
宇佐美寛　251-252
牛島信明　170
ヴント, W. W.　28, 88, 124, 128
エイヘンバウム, B. M.　16, 82, 130, 137, 138
エウリピデス　10-11, 77
エンゲリガルト, B. M.　130
エンゲルス, F.　132
エンペドクレス　11
オザロフスキー, Ju. E.　27, 73, 74
オストロゴルスキー, V. P.　73

◆か行

ガボリオ, E.　178
神吉宇一　94
カント, I.　9, 77, 85
菊岡由夏　94-95
北岡誠司　173
北野雅弘　219
グリボエドフ, A. S.　14
黒田篤志　250
桑野隆　2, 4, 87, 99, 100, 102, 106, 117, 120, 121, 123, 138, 148, 149, 154, 155, 158, 164, 166, 167, 174, 177, 179, 187, 188, 201, 210, 211, 230, 232, 233, 239, 253
ケベード, F. G.　197
ゴーゴリ, N. V.　14, 218
後藤明生　193, 194
コーニ, A. F.　130
ゴーリキー, M.　140, 141
コロヴァコフ, D. D.　72

◆さ行

サーサス, G.　97
サックス, H.　85

シェイクスピア, W.　14
ジェイムズ, W.　39, 85-86, 126
シェグロフ, E.　85
シェフチェンコ, T. G.　169-170
シクロフスキー, V. B.　11, 16, 82, 100-101, 102, 121-122, 124, 128, 129, 170, 174-179, 200-201
シチェルバ, L. V.　2, 28-30, 33, 70, 87, 93-94, 129, 130, 132, 134, 136, 142
シャフマトフ, A. A.　71-72, 105-106, 123, 129
ジルムンスキー, V. M.　16, 135-136
スヴェトリコヴァ, I. Ju.　127
杉里直人　199
鈴木宏昭　252
スタニスラフスキー, K. S.　229
セネカ, L. A.　196
セルバンテス, M. d. S.　171, 172
ソクラテス　169, 174, 193-196, 198-199, 201, 202, 203-205, 207, 211, 225, 253, 256
ソシュール, F.　2, 3, 139

◆た行

高橋誠一郎　221
田島充士　2, 80, 105, 140, 148, 184, 186, 192, 229, 244, 251-253, 257
ダニーロフ, G. K.　143-144
タルド, G.　21, 27, 82, 87, 93
デスニツキイ＝ストロエフ, V. A.　141
トゥイニャノフ, Ju. N.　16, 141
トウェイン, M.　170
トゥルゲーネフ, I. S.　46
ドストエフスキー, F. M.　24, 78, 87, 109, 157-158, 164, 192-238, 246
富田英司　251
トムソン, A. I.　13-14
ドリノフ, A. I.　73
トルストイ, L. N.　21, 46-47, 49, 66, 78, 87, 110, 162, 174, 175, 176, 206, 212-217, 221

◆な行

西口光一　256

◆は行

バイイ, C.　4
ピーサレフ, D. I.　145
フォスラー, K.　4
ブーバー, M.　148
フセヴォロツキー＝ゲルングロス, V. N.　130
プラトン　9, 169, 194, 195, 198, 199, 201, 202, 204-205
ブラン, J.　194, 196
ブリーク, O. M.　122
フレイレ, P.　253-254
フンボルト, W.　7-9, 13-14, 17, 76, 77, 87, 136, 230
ベフチェレフ, V. M.　27, 74
ベルグソン, H.　101
ヘルベルト　128
ボードアン・ド・クルトネ, I. A.　2, 3, 122-125, 128, 129, 133, 136, 139
ボガトゥイリョフ, P. G.　16
ポテブニャ, A. A.　11, 13, 15, 87
ポドグージェツ, Z.　215, 239
ホメロス　11, 168, 169
ポリヴァノフ, E. D.　2, 52-53, 86, 87, 100, 122, 129, 134, 136, 144
ボンジ, S. M.　130

◆ま行

マール, N. Ja.　131-132, 143-144
マクレイノルズ, L.　62
マルクス, K. H.　132, 143, 144
溝上慎一　251
宮崎清孝　252, 255
メイエルホリド, V. E.　130
メドヴェージェフ, P. N.　179
モーパッサン, G.　59-60, 78
森田和良　252-253
森本信也　250

◆や行

八木君人　82, 176
ヤコブソン, R. O.　3, 6, 16, 17, 127
山崎史郎　258
山城むつみ　234

◆ら行

ライプニッツ, G. W.　85
ラビッシュ, E.　41
ラブレー, F.　200, 235
ラーリン, B. A.　132
ルキアノス, S.　196, 211
ル＝ゴフ, J.　197, 200
ルナチャルスキー, A. V.　130
レーニン, V. I.　137, 139-140, 143
レオンチェフ, A. A.　94

●項目

◆あ行

アクティブ・ラーニング　**251**
悪漢 плут　**170**-171, 173, 177-179, 184, 187, 196, 197, 202, 235
宛先のある（話しかける）余剰 addressive surplus　**220**
ありきたりの日常の雑談 повседневная или условная болтовня　**8**
異化 остранение　**101**, 102, **174**-179, 200-203, 207-209, 219, 224-225, 231, 235, 236, 253, 256
生きた言葉［話し言葉］研究所 Институт живого слова　**130**, 134
意識の貸与 loan of consciousness　**183**
異常（例外的）な状況 исключительная ситуация　195-**196**
一方通行的なコミュニケーション形式 односторонняя форма общения　**4**, 81-83

267

イデオロギーидеология **164**-165, 171, 177-179, 181, **194**, 198-202, 211, 213-214, 215, 216, 220-221, 230-231, 233-235, 238-239, 256

イントネーションинтонация 22, 24, 27, 28, 38, 44, 47, 64, 65, **82**, 85, 97, 109, 110-111, 129, 150, 166, 216, 229, 230

韻文поэзия 7, 9, 11, 16, 19, 124

エスノメソドロジーethnomethodology **97**, 177

遠隔モードdistant mode **89**

応答реплика **19**, 22, 31-36, 54, 57

応答の準備подготовка реплики 152

オートマチスム（自動現象／自動化）автоматизм **68**-72, 79, **101**-115, 125-126, 128, 134-135, 163, 173, 175-179, 184, 195, 199, 200, 206-207, 224, 231, 234, 236, 239, 246, 248-252

オポヤズОПОЯЗ（詩的言語研究会Общество по изучению поэтического языка） 16, **99**-100, 120-122, 129, 202, 203

◆か行

カーニバル文学карнавальзованная литература **197**, 202-203, 209, 211

会話分析conversational analysis **85**

顔の表情мимика **20**-23, 26-28, 31, 38, 83, 166

学問的散文ученая проза **8**-9

化石化окаменелый **62**, 95

考えうる全体мыслимое целое **37**

慣習への不服従 **187**, 234

間接的ダイアローグ形式の交流 **91**

間接的なコミュニケーション形式посредственная форма общения 4, **38**, 81, 82, 88

間接的モノローグ形式の交流 **91**

希釈された笑いредуцированный смех 201-202, 211

期待 **86**, 88-90, 96-98, 107-110, 113, 114, 150, 159, 161, 194, 198, 200, 203, 245-249, 252

境界線上のダイアローグдиалог на пороге 196, 198, 207, 222, 228

教師учитель **204**-205, 219

共通理解common understanding **97**

教養豊かで思慮深い会話образованный и обильный мыслями разговор **8**

緊迫するダイアローグ形式の交流 **247**, 248, 250

吟味しあう二人の視線の，補助物дополнение к бросаемым друг на друга взглядам **21**, 82

空間的リソース **83**-85, 90-91, 111, 150, 213, 245

偶然の家族случайное семейство **234**

偶然の集団случайный коллектив **234**

愚者дурак **171**-175, 177-179, 184, 187, 196, 202, 235

口うるさい他者 **252**

芸術的な目的художественная цель **5**, 81

痙攣корчиться **225**, 227-228, 230-231, 235-236, 249-250

下宿人boarder **177**

権威的な言葉авторитарное слово **179**-186, 236, 255

権威的なモノローグ形式の交流 **247**, 249-250, 253, 255

言語活動の多様性многообразие речевой деятельности 2, 81, 88, 99, 115, 134-135

言語技術学технология речи **115**, 134, 137-138

言語的刺激речевое раздражение 27, 31, 39, 42, 45, 49, 54, 57, 61, 72, 83, 92

賢明な愚者wise fool **174**, 186, 194, 197, 209, 218, 256-257

賢明な無知мудрое незнание **174**, 218, 256

公式言説official discourse **117**

肯定的評価 **108**-109, 111-113, 163, 181, 184, 199, 200, 236, 246, 247, 249

声голос **166**, 170, 171, 205, 210, 214-226, 228-232, 234, 256

心に染み透ることばпроникновенное слово **227**-228

ことばのカラヴァン Караван речевой　**61**
ことばの機能性 функциональность речи　**17**
ことばのジャンル　**162**
ことばの「進歩的な」形式 «прогрессивная» форма речи　**70**

◆ さ行

再認 узнавать　**101**, 175, 177
産婆 повивальная бабка　**195**, 219
産婆術 родовспомогательный метод　**195**
散　文 проза　**7**-9, 11, 14, 15, 76, 122, 141, 151, 169, 175, 193, 230
視覚的刺激 зрительное раздражение　**27**
敷　居 порог　195-**196**, 206-207, 210, 221-222, 224, 228
志向 установка, интенция　**159**-161, 167, 181, 229, 256
自然さ естественное　**7**, 29-**34**, 91-94
実用言語 практический язык　5, **16**, **98**-103, 115, 120, 123-125, 135-136
実用的な目的 практическая цель　**5**, 81, 101, 123
詩　的　言　語 поэтический язык; поэтическая речь　5, 9-**12**, 15-17, 67, **98**-102, 115, 120-122, 124-126, 128, 134-136, 138, 172
自動化されたダイアローグ形式の交流　**247**, 248, 250-251, 252
詩の言葉 слово в поэзии　150-**151**, **167**-169, 179-180, 227
詩（芸術）の言葉 слово в поэзии (искусстве)　**150**-151
社会主義リアリズム socialist realism　**117**
社会的言語 социальный язык　**162**-163
社会的方言 социальный диалект　2, **53**, 88, 95, 103, 162, 231
視野の余剰（余裕・過剰）избыток видения　**154**, 159, 213-216, 220, 232, 238
ジャンルの記憶 память жанра　**209**
熟　考 обдумывание　19, 20, 35, **36**, 39, 61, 69, 88, 89, 102-103, 104, 109
手段 средство　**7**, 74, 123
称賛 хвала (肯定 утверждение)　**199**, 200
小説家 романист　**167**, 175, 216
小説の言葉 слово в романе　151, **165**, 167-170, 179-180, 216, 237
情緒的契機 эмоциональный момент　**3**
情報的側面　**108**-115, 157, 203, 222-224, 228-229, 231, 233, 245-246, 249
叙事詩 эпос　**168**-170, 193-194
叙述（語り）рассказ　**217**-221
人　格 личность　**166**-167, 170, 171, 216, 218, 221-222, 224-228, 229, 232-234, 238-239, 246, 248-251, 256, 258
身体の動き телодвижение　**20**
信用　**181**, 183, 185, 219, 236, 255-257
信頼　**235**-236, 257-258
生活の言葉 слово в жизни　**150**-151
世界知識 world knowledge　**85**
説得的な（鼓舞する）目的 убеждающая цель　**5**, 81, 115
説得力のあるモノローグ形式の交流　**247**, 249, 250, 252, 253, 255, 258
センシティビティ　**115**, 203-204, 207, 211, 219, 225, 230, 248, 253
相関 соотношение　**163**, 166-167, 172, 178-179, 197-198, 233, 256
相互的なコミュニケーション形式 перемежающаяся форма общения　**4**, 81
ソクラテスのダイアローグ сократический диалог　169, **193**-196, 198, 203, 204, 207, 225

◆ た行

ダイアローグ диалог（定義の説明箇所のみ）
　（ヤクビンスキーの）17-20, **83**-84, 161
　（バフチンの）151-153, **161**, 203-204, 237-238
ダイアローグ形式 диалогическая форма　**18**-20, 29, 69, 79, **83**-84, 87-88, 89, 90, 91, 92-94, 102-104, 107-110, 112-113, 151, 155, 157, 246, 248-249

269

戴冠 увенчание　197, **198**, 208, 211
第二次的・自動的活動 вторичноавтоматическая деятельность　**68**
奪冠 развенчание　**198**, 208, 211
単純な意志行為 простой волевой акт; простое волевое действие　28, **35**, 36, 61, 68, 69, 88, 102-103, 126
知識的リソース　84-85, 89-91, 111, 150, 161, 213, 245
中立的な目的 безразличная цель　5, **81**, 115
嘲罵 брань（否定 отрицание）　199-200
直視 видеть　**101**, 175, 177
直接的ダイアローグ形式の交流　**91**, 107
直接的なコミュニケーション形式 непосредственная форма общения　4, **81**
直接的モノローグ形式の交流　**91**
抵抗 противодействие　71-72, **105**-110, 112-115, 178, 203-207, 211, 219, 222, 225, 234, 247-250, 252, 254, 257
伝記的生活 биографическая жизнь　**206**-207, 224
同意・一致（ソグラシエ）согласие　**232**-236, 258
統覚 апперцепия　26, 28, **39**, 40, 53-54, 57, 85, 90, 95, 96, 158
統覚的背景 апперцептивный фон　**158**-160
統覚量 апперцепирующая масса　**39**-41, 47, 52-54, **85**-86, 95-97, 107-108, 112-113, 158, 245
道化 шут　**170**-171, 173, 174, **177**-179, 184, 187, 196, 197, 202
トーン тон　26-27, 51, 110-111, 114, 129, 163, 166, 171
独裁主義的な言葉 authoritarian discourse　**182**

◆な行

内的応答 внутреннее реплицирование　**32**, 92, **152**, 155
内的説得力のある言葉 внутренне убедительное слово　**179**-183, 185-186

内的ダイアローグ внутренний диалог　**155**-159, 163-164, 167, 177-179, 181, 183-185, 207, 216, 224, 226-228, 235-236, 238, 248-250, 251, 253, 255
内的論理 внутренняя логика　**220**
慣れ親しんだ（諸）環境のなかでのコミュニケーション бщение в привычной среде　4, 6, 81, 88
二声的な言葉 двуголосое слово　**166**
日常的なことば обыденная речь　10, **12**, 67

◆は行

パースペクティブ перспектива　**217**-218
背後期待 background expectancies　**97**, 177
パセティックな虚偽 патетическая ложь　**172**-**173**, 175
発達の最近接領域 ближайшая зона развития　**183**
話し合い беседа　**19**-20, 33
バフチン・サークル Круг Бахтина, Бахтинский круг　4, 131, 134, **140**-143, 149
パロディ пародия　102, **157**, 173, 219
パントマイム пантомима　**21**-22, 26
卑俗社会学主義 вульгарный социологизм　**116**
卑俗唯物論 вульгарный материализм　**116**
否定的評価　**108**-109, 112-115, 164, 169, 171-172, 175-178, 184-186, 187, 195-196, 198-200, 203, 205, 207, 220, 223-225, 227, 230, 235-236, 246-249, 252-253, 255-257
評価の視点 valuating perspective　**254**
評価の側面　**108**, 110-113, 114, 116, 157, 203, 223, 228, 231, **245**-246, 249
広場 площадь　**205**
複雑な意志行為 сложное волевое действие　28, **35**, 63, 102, 104, 108, 109, 113, 204
複雑にしてかつ不慣れな言語活動 сложная непривычная речевая деятельность　**66**, 68, 70, 104, 107, 113
不自然さ искусственное　**28**-30, 33-34

不慣れな(諸)環境との相互作用 взаимодействие с непривычной средой **4**, 81

不慣れな言語活動 непривычная речевая деятельность **65**-66, 79, 104, 126

文化との再会 **255**

方向 направление **7**

「保守的な」形式 «консервативная» форма **70**

ポドテキスト(サブテキスト) подтекст **229**

ほのめかし намек **47**, 52-53, **86**-87, 89, 109, 129

ホモフォニー гомофония **210**-211, 225, 233, 237, 246-247

ホモフォニー小説 гомофонический роман **210**

ホモフォニー・モノローグ **238**, **247**, 250-251, 256

ポリフォニー полифония **209**-211, 212, 220, 225, 228, 230-231, 234, 237, 246

ポリフォニー小説 полифонический роман **210**-211, 212, 215, 219, 221, 226

ポリフォニー・ダイアローグ **238**, **247**, 250-254, 256-257, 258, 259

◆ま行

真面目な笑話 серьезно-смеховое **193**, 197

身振り жест **20**-23, 27-28, 38, 60, 82-83, 86, 88, 129, 197, 229, 245

無冠 **211**

メタ言語学 металингвистика **230**, 233

メタ対話の思考 **252**

メニッペア мениппея **193**, 196-197, 208-210, 211, 219

メニッポスの風刺 Мениппова сатира **193**, 219

モスクワ言語学サークル Московский лингвистический кружок 3, **16**, 17, 99, 120, 138

モノローグ монолог (定義的説明箇所のみ)
（ヤクビンスキーの）17-20, **83-84**,
（バフチンの）151-153, **204**, 237-238

モノローグ形式 монологическая форма **18**-20, 29-30, 38, 70, **83**-84, 89-90, 91-94, 96, 102-104, 107, 109, 113, 116, 151-152, 157, 203, 223, 238, 246, 249-251

モノローグ小説 монологический роман **210**, 215, 216, 218, 220, 222

モノローグ的ダイアローグ монологический диалог **19**

文盲の農民 безграмотный крестьянин **162**-163, 167, 172, 178, 231, 258

◆や行

陽気な相対性 веселая относительность **198**-199, 201-202, 235-236, 257

◆ら行

ラズノグラシエ разногласие 167, 234

ラズノヤズィチエ разноязычие 145, **164**-165, 167

ラズノレーチエ разноречие 158, **164**-167, 169-172, 179, 181, 187, 231, 246, 256

ロシア・フォルマリズム Русский формализм 5, 6, **16**, 82, **99**-103, 120, 124, 126-128, 131-132, 144, 174

◆わ行

分かったつもり **186**, 252

笑い смех 193, **200**-204, 209, 211, 222, 235, 257

編著者・監訳者・訳者紹介

田島充士（たじま・あつし）

東京外国語大学大学院総合国際学研究院准教授。博士（心理学）。学校心理士。ガイダンスカウンセラー。日本教育心理学会・優秀論文賞（2007年），日本教育心理学会・城戸奨励賞（2009年）受賞。主な著書に『「分かったつもり」のしくみを探る——バフチンおよびヴィゴツキー理論の観点から』（単著，2010年，ナカニシヤ出版），『大学教育——越境の説明をはぐくむ心理学』（共編著，2014年，ナカニシヤ出版），『学校インターンシップの科学——大学の学びと現場の実践をつなぐ教育』（共編著，2016年，ナカニシヤ出版），『新・発達心理学ハンドブック』（共著，2016年，福村出版）。

桑野 隆（くわの・たかし）

元早稲田大学教育・総合科学学術院教授。主な著書に『バフチン　新版——〈対話〉そして〈解放の笑い〉』『（2002年，岩波書店），『バフチン——カーニヴァル・対話・笑い』（2011年，平凡社），『20世紀ロシア思想史——宗教・革命・言語』（2017年，岩波書店）。

朝妻恵里子（あさづま・えりこ）

慶應義塾大学専任講師。訳書にロマン・ヤコブソン『ヤコブソン・セレクション』（共編訳，2015年，平凡社），ピョートル・ボガトゥイリョフ『衣裳のフォークロア』（共編訳，2005年，せりか書房）。

第1部『ダイアローグのことばについて』
Copyright © Synchron Publishers GmbH, Heidelberg
Used by Permission of Synchron Publishers GmbH
through Japan UNI Agency Inc., Tokyo

ダイアローグのことばとモノローグのことば
ヤクビンスキー論から読み解くバフチンの対話理論

2019年4月5日　初版第1刷発行

編著者	田島 充士
発行者	宮下 基幸
発行所	福村出版株式会社

　　〒113-0034 東京都文京区湯島 2-14-11
　　電話 03-5812-9702　FAX 03-5812-9705
　　https://www.fukumura.co.jp

印　刷	株式会社文化カラー印刷
製　本	本間製本株式会社

Ⓒ 2019 Atsushi Tajima
ISBN978-4-571-22056-2
Printed in Japan

定価はカバーに表示してあります。落丁・乱丁本はお取替えいたします。
本書の無断複製・転載・引用等を禁じます。

福村出版 ◆ 好評図書

中村和夫 著
ヴィゴーツキーの生きた時代
[19世紀末～1930年代]のロシア・ソビエト心理学
●ヴィゴーツキーを補助線にその意味を読み解く
◎5,000円　ISBN978-4-571-23058-5　C3011

激動の革命期におけるロシア・ソビエトの心理学の動向を、天才心理学者の理論と対比することで浮き彫りにする。

中村和夫 著
ヴィゴーツキー理論の神髄
●なぜ文化－歴史的理論なのか
◎2,200円　ISBN978-4-571-23052-3　C3011

ヴィゴーツキー理論の中心にある「人間の高次心理機能の言葉による被媒介性」という命題を明らかにする。

中村和夫 著
ヴィゴーツキーに学ぶ子どもの想像と人格の発達
◎2,500円　ISBN978-4-571-23050-9　C3011

ヴィゴーツキーの想像の発達についての議論に焦点を合わせ、人格発達理論としてヴィゴーツキー理論を論証。

加藤義信 著
アンリ・ワロン その生涯と発達思想
●21世紀のいま「発達のグランドセオリー」を再考する
◎2,800円　ISBN978-4-571-23053-0　C3011

ワロンの魅力的な人物像と発達思想を解説し、現代発達心理学における〈ワロン的な見方〉の重要性を説く。

B. J. ジマーマン・D. H. シャンク 編集／塚野州一 訳
教育心理学者たちの世紀
●ジェームズ，ヴィゴツキー，ブルーナー，バンデューラら16人の偉大な業績とその影響
◎9,000円　ISBN978-4-571-22055-5　C3011

教育・発達心理学の発展過程を19世紀後半の哲学的基盤から21世紀の現在の研究到達点まで詳細に検討する。

H. ベンベヌティ・T. J. クリアリィ・A. キトサンタス 編／中谷素之 監訳
自己調整学習の多様な展開
●バリー・ジマーマンへのオマージュ
◎9,000円　ISBN978-4-571-22058-6　C3011

バリー・J・ジマーマンによる自己調整学習理論のさまざまな領域における展開と今後の可能性について検証する。

山崎勝之 著
自 尊 感 情 革 命
●なぜ，学校や社会は「自尊感情」がそんなに好きなのか？
◎1,500円　ISBN978-4-571-22054-8　C3011

人生を楽しくするのは自律的自尊感情の高まり次第。幸せな人生を送るための新しい自尊感情教育を解説。

◎価格は本体価格です。